COLLECTION
FOLIO/ESSAIS

Claude Hagège

L'homme
de paroles

*Contribution linguistique
aux sciences humaines*

Fayard

Certains lecteurs de la première édition de cet ouvrage, et parmi eux des linguistes professionnels, ont eu la bienveillance de m'aider par leurs critiques constructives. J'ai décidé d'en tenir compte dans la présente édition. C'est ainsi qu'une douzaine de pages ont reçu des corrections ou des modifications. Bien que cela représente une très faible proportion de l'ensemble du livre, la seconde édition qui paraît ici n'est donc pas en totalité identique à la précédente. Mes remerciements vont en particulier à Mmes et MM. S. Boucheron, J. Boulin, J. Deschamps, C. Jacques, K. Tommissen, C. Trocmé et A. Sauvageot.

Claude Hagège,
novembre 1986

Claude Hagège, né en 1936, est entré à l'Ecole normale supérieure de la rue d'Ulm en 1955. Agrégé des lettres classiques en 1958, il a reçu auprès de certains des grands maîtres français et américains de la linguistique une formation de linguiste professionnel, qu'il est allé parfaire sur des terrains multiples, rapportant de l'un d'entre eux (Afrique centrale) la matière d'une thèse d'Etat soutenue en 1971. En effet, habité par l'amour des langues depuis son enfance, il lui a toujours semblé que la réflexion théorique sur le langage, dont il a depuis longtemps le goût et la vocation, doit s'alimenter d'un contact direct et vécu avec les langues les plus diverses, telles que les parlent leurs usagers dans leur cadre naturel. La démarche inductive à partir d'un matériau aussi vaste que possible vient ainsi contrôler la méthode hypothético-déductive. C'est pourquoi Claude Hagège, depuis plus de vingt ans, parcourt le monde pour étudier sur place les langues humaines, de celles d'Afrique au chinois, des idiomes indiens d'Amérique à ceux d'Océanie, des langues sémitiques à celles de l'Europe.

Les principaux livres qui ont jalonné cet itinéraire à la fois théorique et expérimental sont : *La langue mbum de Nganha (Cameroun), phonologie, grammaire*, Paris, Société d'études linguistiques et anthropologiques de France, 1970, 2 vol. ; *Profil d'un parler arabe du Tchad*, Paris, Geuthner, 1973 ; *Le problème linguistique des prépositions et la solution chinoise (avec un essai de typologie à travers plusieurs groupes de langues)*, coll. linguistique publiée par la Société de linguistique de Paris, Louvain, Peeters, 1975 ; *La grammaire générative, réflexions critiques*, Paris, P.U.F., 1976 ; *La phonologie panchronique*, Paris, P.U.F., 1978 (en collaboration avec A. Haudricourt) ; *Présentation d'une langue amérindienne : le comox laamen (Colombie britannique)*, Paris, Association d'ethnolinguistique amérindienne, 1981 ; *La structure des langues*, Paris, P.U.F., « Que sais-je ? », 1982 ; *La réforme des langues : histoire et avenir*, Hambourg, Buske, 1982-1984, 3 vol. (en collaboration avec I. Fodor) ; *La langue palau (Micronésie), une curiosité typologique*, Munich, Fink, 1986.

AVANT-PROPOS

L'étude théorique du langage et des langues comme objets d'un savoir sur l'homme a connu un peu partout, après la fin de la Seconde Guerre mondiale et jusqu'aux années soixante de ce siècle, la faveur qui accompagne un puissant essor. Elle a même, un temps, exercé une sorte de fascination sur les autres sciences humaines. Il semblait en effet, parce que sa visée atteint au noyau le plus profond de l'espèce et parce qu'elle s'était inventé un discours rigoureux et ordonné, qu'elle avait vocation de modèle. Et il est vrai que ses formulations épurées ne paraissaient pas renvoyer à la subjectivité et à ses pauvres métaphores.

Pourtant, depuis près de quinze ans, ce magistère est contesté. A certains égards même, la situation s'est inversée. Aujourd'hui, les brillantes avancées de la sociologie, de l'anthropologie, de la psychologie, pour ne citer qu'elles, semblent reléguer les spécialistes du langage dans une sorte de besogneuse arrière-garde, qui produit des travaux trop techniques, sans toujours tenir, quant au dévoilement des nombreux mystères liés aux phénomènes humains, les promesses de naguère.

Cette situation ne laisse pas d'être surprenante. Car quel que soit l'avenir que doive réserver à l'homme le troisième millénaire, dont l'amorce est soudain si proche, on peut dire que cette fin du XXe siècle est vraiment le temps du langage, tout aussi bien que celui des découvertes sur le cosmos, les robots, l'atome ou la génétique. Du magnétophone à la télévision en passant par la radio, la presse et les livres, des rencontres au sommet jusqu'au plus modeste entretien privé par câbles, il est clair que les fulgurants progrès des moyens de communication, la révolution informatique et l'extension illimitée des contacts sociaux, tous processus où se lit une relative maîtrise du temps par la réduction de l'espace, multiplient à l'infini l'usage de la parole, orale, écrite ou diffusée. En ce dernier quart de siècle, l'espèce humaine est immergée dans un gigantesque océan de mots et de phrases.

Il importe donc de s'interroger sur la place qui revient aujourd'hui encore au langage dans la définition de l'homme. Singulière faculté dont les manifestations (mots et phrases) l'assaillent, en même temps qu'elles sont les instruments naturels de sa socialisation et, peut-être, les obstacles à sa solitude. Ce livre est né d'une intention précise : faire apparaître quelle contribution la linguistique demeure en mesure d'apporter à l'élucidation de l'homme, étrange objet de savoir autour duquel se sont construites des sciences, dites humaines et de statut fort complexe. Avec une malicieuse et obscure cohérence, l'homme tantôt s'offre à elles comme un lieu clairement discernable, tantôt décourage leur effort, tant il accumule d'imprévisible dans ses comportements. Signe d'espérance, peut-être. Car malgré toutes les machines d'autodestruction qu'il se fabrique, malgré tous les nuages dont son génie ambigu se plaît à charger les zones de lumière pour en composer, au-dessus de lui-même et de ses descendants, un ciel incertain, l'homme demeure une créature capable de toutes les volte-face. Créature indéfiniment avide, en outre, de *se surprendre*, quand ce ne serait que par la propriété dont il sera question dans ce livre : aptitude obstinée au dialogue avec son semblable, vocation à pratiquer l'échange. A commencer par celui qui fonde tous les autres et les rend possibles, à savoir l'échange des mots. S'il est *homo sapiens*, c'est d'abord en tant qu'*homo loquens*, homme de paroles.

*

Le présent livre, dans lequel la réflexion fait leur place aux données concrètes, se développe en trois étapes articulées sur une thématique progressive. On y expose d'abord l'état présent de certaines des principales directions de recherche sur le langage (Ire partie), ensuite les éléments qui établissent l'importance de la contribution apportée par la linguistique à la connaissance de l'homme (IIe partie), enfin la théorie linguistique de l'humain et du social qui peut être édifiée sur ces bases (IIIe partie). C'est une conception interactionnelle, dite ici *dialogale*, qui sous-tend le projet et oriente la problématique.

Dans la première partie, SUR CERTAINES AVANCÉES DE LA LINGUISTIQUE, OU LES REPÈRES DE L'HUMAIN, on fait apparaître d'abord comment la faculté de langage, *initialement inscrite au code génétique*, est bientôt investie d'un contenu social dont l'effet rend de plus en plus vaine toute tentative de la caractériser en termes de pure innéité et indépendamment des langues qui la réalisent ; d'où l'hypothèse d'une diversité originelle des *langues*, par opposition à l'unicité du *langage* comme aptitude (chapitre I : UNICITÉ DE L'ESPÈCE, PLURALITÉ DES LANGUES). L'importance des facteurs sociaux et la relation d'influence réciproque qui les lie aux schèmes biologiques sont ensuite mises en lumière grâce à l'étude d'une expérimentation naturelle rarissime dans les sciences humaines : celle qu'offre la genèse des créoles (chapitre II : LE LABORATOIRE CRÉOLE). A cet examen externe s'ajoute, en éclairage de la même dialectique, l'étude des propriétés internes qui, dans les domaines de la phonétique, de la grammaire et du lexique, apparaissent comme des candidats à l'universalité, ou bien, au contraire, servent de critères pour la distinction des langues humaines en types variés (chapitre III : UNIVERSAUX DES LANGUES ET DIVERGENCES TYPOLOGIQUES). Enfin, on montre que l'invention de l'écriture, bien qu'elle fixe des invariants sous une forme muette, sollicitant l'inscription anonyme ou différée d'une trace et s'ouvrant aux tentations de l'esthétisme, n'a pourtant pas remis en cause l'empire de l'oralité, lié à la diversité des contextes sociaux de la parole (chapitre IV : ÉCRITURE ET ORALITÉ).

La deuxième partie, UTILITÉ DE CE SAVOIR, OU UNIVERS, DISCOURS ET SOCIÉTÉ, oriente selon une finalité anthropologique les résultats de la première. L'étude des signes (mots) qui constituent les langues fait apercevoir que les pressions de l'existence en groupe engendrent des structures linguistiques à peu près cohérentes, orientées vers la transmission et l'interprétation de messages utilisables par tous, bien que les désirs individuels et les besoins expressifs remettent périodiquement en cause les stabilités (chapitre V : LE TERRITOIRE DU SIGNE). De manière convergente, le concours apporté par la linguistique au projet anthropologique apparaît en ceci qu'elle montre comment l'autonomie de la langue par rapport au pensable d'une part, à l'univers dont elle parle d'autre part, aux systèmes logiques enfin, est reliée aux instances dialogales (chapitre VI : LA LANGUE, LE RÉEL, LA LOGIQUE), tout comme l'est aussi l'ordre selon lequel le discours articule le monde (chapitre VII : OR-DRE DES MOTS ET ORDRE DU MONDE). Enfin, la connaissance que donne sur l'homme l'examen de ses conduites discursives peut ouvrir la voie à une exploitation culturelle ou politique, c'est-à-dire à une utilisation du pouvoir de la langue à des fins de pouvoir (chapitre VIII : LES MAÎTRES DE PAROLES).

La troisième partie, VISÉE THÉORIQUE, OU L'HOMME DIALOGAL, apparaît comme l'aboutissement naturel de cet itinéraire. S'appliquant d'abord à l'énoncé comme phénomène produit et interprété, cette construction théorique choisit trois angles d'approche complémentaires (chapitre IX : THÉORIE DES TROIS POINTS DE VUE). Le débat s'élargit ensuite en une perspective générale sur le rapport d'interlocution et les propriétés humaines qu'il définit (chapitre X : LINGUISTIQUE SOCIO-OPÉRATIVE, OU POUR UNE THÉORIE DE LA COMMUNICATION). La place faite au social conduit à développer un point central, à savoir le phénomène de variation linguistique (chapitre XI : LES OSCILLATIONS DE LA PAROLE). Et l'ouvrage s'achève par l'étude d'une pulsion dont le linguiste, à travers le modèle théorique qu'il propose, recherche l'alibi rationnel (chapitre XII : L'AMOUR DES LANGUES).

*

C'est au début de l'année 1982 que m'est apparue l'idée dont ce livre représente l'aboutissement : les travaux de linguistique ne peuvent pas continuer à mener imperturbablement la vie retirée qui est celle des écrits confidentiels, alors que le langage est au centre même de l'espèce humaine. C'est certes un pari, dans la situation actuelle, que de vouloir rendre présentables pour le public certains résultats d'une science qui, en s'efforçant de bâtir, sur l'homme, un discours de raison, s'est donné un profil austère. Etait-il possible de tenir jusqu'au bout ce pari ? Je dois dire que j'ai trouvé en Odile Jacob une attention et une bienveillance qui m'ont fortement encouragé, ainsi que les utiles suggestions d'une lectrice vigilante à laquelle il m'est agréable de rendre hommage.

Mes remerciements vont aussi à toutes les personnes qui n'ont épargné ni leur temps ni leur peine pour m'aider de leurs conseils, en particulier A. Dufour, J. Duvaut, M. et F. Gasser, S. Platiel et N. Revel-Macdonald.

C. H., Paris, février 1985.

I

*Sur certaines avancées
de la linguistique,
ou
Les repères de l'humain*

Chapitre I

UNICITÉ DE L'ESPÈCE,
PLURALITÉ DES LANGUES

Et la chair se fit verbe

Contrairement à l'idée courante, il est très probable que l'immense diversité des idiomes aujourd'hui attestés ne se ramène pas à une langue originelle unique pour toute l'humanité. S'il y a unicité, c'est celle de la faculté de langage propre aux hominiens, et non celle de la langue elle-même. A l'origine, donc, une seule espèce (monogénétisme de la lignée), mais non un seul idiome (polygénétisme des langues), telle est l'hypothèse ici proposée.

Il n'est pas facile de fixer des commencements absolus en histoire. De moins en moins facile, aussi bien logiquement qu'au regard des possibilités pratiques d'une transmission jusqu'au présent, à mesure que l'on scrute le gouffre au fond duquel on croit voir l'espèce humaine émerger. C'est pourquoi toute datation précise du « moment auquel l'homme apparaît sur terre » n'a d'autre fondement que la spéculation. En revanche, l'état le plus récent de la recherche anthropologique donne de fortes présomptions en faveur d'un scénario préhistorique dont les principales étapes peuvent être retracées, même si c'est à traits irrémédiablement approximatifs. Il y a

quatre à cinq millions d'années, les représentants du
genre *Homo* tendent à se différencier de plus en plus
nettement de l'Australopithèque, qui ne s'éteint d'ailleurs pas pour cela et continuera longtemps de vivre côte
à côte avec son descendant. A travers une série d'étapes
qui s'étendent sur une période de quelques millions
d'années, l'apparition de l'espèce *Homo habilis* semble
pouvoir être située autour de − 2 200 000 ans, c'est-à-dire
entre le plio-pléistocène (lui-même à la charnière des
ères tertiaire et quaternaire) et le bas-pléistocène. Et c'est
à partir d'*Homo habilis* que va s'amorcer un très lent et
irréversible mouvement d'expansion, fantastique aventure dont l'homme moderne est l'actuel avatar, en
attendant, pour les millions d'années à venir, d'autres
issues que la fiction se plaît à supputer et dont la science
ne peut rien dire.

La région du monde où, jusqu'à nouvelles découvertes, on localise l'émergence de notre très lointain ancêtre
est l'Afrique de l'Est et du Sud. Trois zones, en particulier, constituant une bande presque continue, se sont
révélées des mines fructueuses lors de récentes fouilles :
en Ethiopie, les sites de Melka Kunturé, de Hadar (dans
la province de Wollo, en pays afar) et de la vallée de
l'Omo ; au Kenya, l'est du Turkana, province occciden-
tale de ce pays ; en Tanzanie, le site d'Olduvai. Certes,
l'imagination des peuples n'a pas attendu les témoignages concrets apportés par les découvertes préhistoriques
de l'époque moderne et contemporaine pour situer dans
ces mythiques confins éthiopiens le berceau de l'humanité ; cette imagination, nourrie, il est vrai, par le contact
des terres et de leurs habitants, suffit à l'historien grec
Diodore de Sicile (ı^{er} siècle avant J.-C.), qui y fit de longs
voyages, pour aboutir à la même conclusion. Mais il reste
que l'on dispose aujourd'hui de traces concrètes, plus
fiables que les récits et mythes fondateurs.

Dans les trois lieux de fouilles, ainsi qu'en de très nombreux sites préhistoriques entourant ces gisements, des équipes d'anthropologues[1] ont mis au jour une quantité considérable d'outils, constituant ce qu'on a appelé la Culture des galets aménagés, c'est-à-dire des éclats de pierre à peine retouchés pour former grattoirs, pointes, fendoirs, gouges à encoches, etc. Certes, leur existence ne signifie pas que les primates qui les fabriquaient fussent déjà des représentants de l'espèce humaine au sens moderne. Mais il demeure que ces primates sont les tout premiers êtres vivants auxquels soient communément associés des objets fabriqués par eux, et non pas seulement des propriétés biologiques. L'invention et la transmission de recettes de fabrication tirées d'une longue expérience, comme l'organisation d'une activité collective aussi importante que la chasse, dont dépendait la survie de l'espèce, supposent des capacités de symbolisation ainsi que l'émergence d'une conscience et d'une saisie réflexive des émotions. On observe corrélativement que, par rapport à l'*Australopithecus robustus* et à l'*Australopithecus boisei*, derniers des Australopithèques, la capacité de la boîte crânienne est fortement accrue, tandis que la région temporale et l'aire de Broca, respectivement liées, chez l'homme d'aujourd'hui, à la mémoire et au langage, se développent ou émergent.

Seule une même niche écologique était susceptible de réunir le très grand nombre des conditions favorables à

1. L. Leakey, P. Tobias, J. Napier en 1964, puis Y. Coppens, F. Clark Howell, J. Chavaillon, M. Taieb, D. Johanson. On trouvera le rappel de leurs travaux dans Y. Coppens, *Le singe, l'Afrique et l'homme*, Paris, Fayard, coll. « Le temps des sciences », 1983, auquel cette section doit beaucoup. On peut consulter aussi S. R. Harnad, H. D. Steklis, J. Lancaster, eds., *Origins and evolution of language and speech*, Annals of the New York Academy of Sciences, vol. 280, New York, 1976.

l'éclosion d'une espèce aussi particulière. On imagine malaisément comment un ensemble aussi grand et aussi finement structuré de facteurs aurait pu se trouver identiquement réalisé en plusieurs biotopes dispersés. Or, l'Afrique orientale et méridionale est la seule partie du monde où l'on ait découvert les vestiges que l'on attribue à *Homo habilis*. Il faut donc bien, en l'état actuel des connaissances, considérer cette partie du monde comme le berceau de l'humanité.

Un problème cependant demeure. Quel processus peut être à l'origine des propriétés essentielles qui déterminent une espèce nouvelle, quoi que l'on pense des hypothèses chromosomiques esquissant, pour l'étape ultime, un ultra-rapide façonnement? Quels événements ont causé, avant cette identification proprement dite, la lente émergence d'hominiens qui ont dû, même s'ils ne s'en sont pas servis d'emblée, posséder dans leur code l'aptitude au langage? Il est probable qu'à partir du miocène supérieur s'est amorcé en Afrique un bouleversement climatique d'une importance décisive pour le destin de l'espèce humaine en gestation. S'étendant sur plusieurs centaines de milliers d'années, il finit, malgré quelques brèves phases de rémission, par transformer les savanes de l'Afrique orientale en espaces de maigres steppes. Ce phénomène naturel a précipité l'évolution qui devait conduire à *Homo habilis* et que l'on propose ici d'interpréter en termes néo-darwiniens. En effet, contraint de s'adapter à l'environnement nouveau qui s'est irréversiblement — bien que très lentement — imposé à lui, l'ancêtre de l'homme développe des aptitudes toujours plus spécifiques, afin de survivre dans un milieu de plus en plus hostile, et cela au prix de la disparition irrémédiable des individus qui ne parviennent pas à s'adapter ; on peut s'en former quelque vague idée si l'on songe à la sécheresse qui, aujourd'hui, et précisément dans cette même corne de l'Afrique orientale, ne laisse plus aux paysages qu'un faciès subdésertique, cependant qu'elle tue les hommes et ravage leurs troupeaux. Des propriétés que l'ancêtre développe alors, on possède de nombreux témoignages. Son volume endocrânien augmente, ce qui lui façonne un front de plus en plus « humain ». Corollairement s'accroissent la capacité de l'encéphale et l'irrigation de la dure-mère. Sa denture devient plus harmonieuse et porte d'évidentes traces de l'alimentation omnivore à laquelle le contraint la raréfaction des nourritures végétales. Les outils qu'il fabrique attestent la complexité croissante de ses représentations. Enfin, il y a toute apparence qu'un environnement rebelle et dangereux pour sa survie suscite la solidarité, créant un embryon de vie sociale et d'organisation pour lutter collectivement contre les menaces d'extinction. C'est dans ce cadre que la faculté de *langage* (mais non pas encore, bien entendu, son exploitation « immédiate » sous forme de *langues* dans l'acception moderne du terme) finit par s'inscrire, en même temps que l'aptitude, corollaire, à la vie en société, dans le code génétique de ce qui, il y a environ 2 200 000 ans, devait devenir *Homo habilis*.

Peut-on définir plus précisément la « naissance » d'*Homo habilis* ? De quand dater la faculté de langage ? Les plus prudents préfèrent l'assigner à une étape postérieure de l'histoire du genre *Homo*. Soit le moyen-pléistocène, entre – 1 500 000 ans et – 200 000 ans, époque où apparaît une nouvelle espèce, *Homo erectus*, et pendant laquelle la capacité de l'endocrâne est doublée, tandis que les outils deviennent de plus en plus réguliers et symétriques. Soit même la période du paléolithique moyen au paléolithique supérieur, entre – 200 000 et – 30 000 ans, qui est enfin celle de l'*Homo sapiens* : on y trouve des techniques de taille de la pierre relativement élaborées, des traces de culte, les premiers témoins de sépultures et d'offrandes tombales, et des inscriptions pariétales d'une complexité croissante : monuments très explicites d'art abstrait et de symbolisme rituel. En tout état de cause, l'homme a pu ne se servir qu'assez tard d'une faculté de langage apparue dans son code génétique dès l'étape d'*Homo habilis*. Si la faculté de langage, d'abord exploitée ou non sous forme d'une communication par gestes antérieure à des codes de cris diversifiés, peut être assignée aux caractéristiques d'*Homo habilis*, c'est parce que tout indique chez lui une très grande complexité d'organisation neurologique. Et, corrélativement, des propriétés physiques, intellectuelles et sociales supposant un mode de communication.

Or, on possède des traces d'un fait important pour le débat sur l'origine des langues. Un fait qu'il est possible, toujours en termes néo-darwiniens, d'interpréter à la lumière d'une sélection naturelle construisant des organismes de communication d'une grande diversité dès leur émergence même. Peu de temps après sa spéciation, *Homo habilis* entreprend de vastes migrations. En effet, on a trouvé, en des points aussi éloignés de l'Afrique que l'ouest de l'Europe et l'est de l'Asie, des restes de mâchoires et des galets taillés que l'on estime vieux de 1 600 000 ou 1 800 000 années, c'est-à-dire datant au plus tard de la phase intermédiaire entre *Homo habilis* et *Homo erectus*. Ce sont là les vestiges de très anciennes nomadisations de l'espèce humaine, remontant à des périodes où, à en juger par les traces d'activité observables, l'aptitude au langage, bien que très probable, était néanmoins fort loin d'avoir produit une communication linguistique au sens actuel.

Dans ces conditions, on est peut-être en mesure de dissiper sur quelques points l'épais brouillard des origines. Si l'on renonce à l'illusion fixiste qui prête à l'homme préhistorique les traits de l'homme contemporain, on admettra que les centaines de milliers d'années nécessaires à l'émergence de l'aptitude au langage sont suivies d'autres périodes immenses pendant lesquelles elle se développe. Et cela moyennant l'action réciproque qui, comme dans tous les organismes étudiés par les sciences du vivant, relie les facultés innées au milieu et à l'histoire. Ce développement va de pair avec une structuration de plus en plus complexe du néo-cortex. En effet, ce dernier, siège de la pensée conceptuelle, avec ses quelque trente milliards de neurones, investira de toutes parts, chez l'*Homo sapiens*, mais sans les supprimer, les composantes plus anciennes : cerveau archaïque ou reptilien, siège supposé des instincts, et cerveau limbique, siège des émotions [2].

Le divers et le mythe de l'Un

On a vu que tout indique une quasi-simultanéité entre les enfances de l'espèce et les lointaines migrations. Si, d'autre part, on garde à l'esprit la différence entre les notions de langage et de langue [3], alors on voit mieux s'esquisser cette vaste aventure. De perfectionnement en perfectionnement, les premiers balbutiements plus ou moins codés s'élaborent en formations régulières ; ils étendent leurs répertoires à mesure que l'aptitude à symboliser s'enrichit de la faculté, plus spécifique,

2. Cf. Maurice Auroux, *L'ambiguïté humaine*, Paris, Buchet-Chastel, 1983.
3. Cette différence entre faculté et réalisation n'empêche pas, toutefois, que dans le français le plus courant, le terme « langage » s'emploie aussi comme équivalent de « langues » au pluriel. Les propriétés assignées au langage sont alors entendues comme celles que possèdent les langues en général.

d'articuler la pensée en signes ordonnés s'exprimant par combinaisons de sons. Mais une telle évolution suppose elle-même une durée considérable et n'a donc pu aboutir à des *langues* humaines, au sens contemporain du terme, qu'*après* les grandes migrations. Ce processus s'est donc vraisemblablement déroulé en un grand nombre de lieux différents. Les milieux écologiques, la nature et ses bruits, les espèces végétales et animales ainsi que les phénomènes sonores qu'elles produisent étaient donc fort divers. De même l'ont été, dans chaque biocénose vivante (communauté d'êtres interdépendants), les embryons d'organisations sociales qui se sont constituées, et, partant, les premières langues elles-mêmes. Car dès l'origine, elles entretiennent avec ces organisations d'étroites relations, même s'il est vrai qu'à travers le figement progressif qui éloigne les mots et les structures de phrases du terreau vivant où ils sont nés, ces relations ont été occultées sous l'arbitraire.

Quant à l'universalité du « choix », par ces sociétés préhistoriques dispersées, du signifiant vocal-auditif pour produire du sens alors que d'autres canaux étaient possibles, elle peut s'expliquer. L'utilisation à des fins communicatives des organes qui, du nez et des lèvres au larynx, possèdent d'abord des fins nutritives, respiratoires, défensives, est naturelle. On peut le supposer tout autant chez les ancêtres de l'homme, qui devaient connaître cet usage avant l'épopée migratoire, que chez les animaux supérieurs, des mammifères aux oiseaux, avec lesquels leurs nomadisations les ont mis en contact sous des cieux variables. Le concept de « naturel » n'a pas ici d'implication métaphysique. Il n'y a que profit à renverser le dicton sur l'habitude comme seconde nature : ce qu'on appelle nature pourrait n'être pas davantage qu'une première habitude. Mais des facteurs favorables ont affermi l'habitude, qui rendent encore mieux compte de la brillante carrière du sonore dans l'aventure humaine du langage. Le développement des sens qui permettent une réception différée dans l'espace (récepteurs à distance, selon la terminologie de Hall[4]), à savoir la vue et l'ouïe par opposition au toucher, qui détermine une réception à proximité plus immédiate, est une caractéristique de l'espèce humaine. On peut s'expliquer que, parmi les récepteurs à distance, ce soit finalement l'ouïe qui l'ait emporté sur la vue, et que le caractère vocal-auditif (émetteur-récepteur) du langage humain ait pris le pas sur son caractère visuel. En effet, ce dernier caractère n'est pas exploitable en permanence, puisque les gestes ne sont guère, voire pas du tout, perceptibles quand il fait nuit. En sorte que le signifiant gestuel (même si son rôle, probablement antérieur à celui du signifiant sonore, a pu longtemps s'associer à lui et demeure, avec des variations d'une culture à l'autre, tout aussi présent aujourd'hui) était écarté de l'avant-scène par les contraintes mêmes du monde physique. En outre, à condition que la distance ne soit pas trop grande, un écran total (séparation, relief, accident naturel, etc.), s'il fait obstacle à la vue, n'empêche pas l'audition.

On note enfin que l'espèce humaine a privilégié les sons produits à l'expiration, alors que parmi les animaux qui entouraient l'homme primitif, il devait exister des espèces produisant des sons par aspiration de l'air, comme les équidés aujourd'hui. La seule contrée du monde contemporain où l'on trouve des sons aspirés, appelés consonnes claquantes ou clics, et dont l'existence n'est jamais exclusive de celle de sons expirés, est l'Afrique du Sud : les Hottentots, Bushimans, Zoulous et

4. E. T. Hall, *La dimension cachée*, Paris, Ed. du Seuil, coll. « Points », 1971 (trad. fr. d'un ouvrage paru à New York, Doubleday, 1966), p. 60.

autres populations parlent des langues à clics. Rien ne démontre que les clics africains soient des survivances et que l'homme primitif ait commencé par n'utiliser que des sons de ce type. Si l'on admet que l'évolution des langues est cyclique et non pas linéaire, des sons complexes aspirés ont pu se reformer à partir de sons simples ; et l'évolution des articulations peut se faire de l'avant vers l'arrière de la bouche après une phase du cycle où elle s'était faite de l'arrière vers l'avant. Dans ce cas, les clics primitifs et les clics attestés aujourd'hui n'auraient pas de lien de continuité. Mais il n'est pas exclu que dans certaines régions du globe où leurs migrations avaient conduit les ancêtres de l'homme, la toute première phase de l'histoire cyclique des langues ait connu des sons aspirés[5].

Ainsi, l'adoption du canal vocal-auditif pour communiquer est universelle ; elle caractérise tous les organismes manifestant concrètement la faculté de langage. Mais elle a lieu en des points du globe assez dispersés pour que ces langues humaines en formation soient dès l'origine distinctes les unes des autres. On peut donc poser une diversité originelle des langues comme parfaitement compatible avec l'unicité de l'aptitude au langage, laquelle entre dans la définition de l'espèce. Il est clair qu'en posant cette diversité, on remet en cause ici le mythe de l'unité. Certes, le caractère unique des langues-mères elles-mêmes n'est pas reconnu par tous

---

5. Sur ce point, et en particulier sur le débat relatif à l'évolution d'arrière en avant ou d'avant en arrière dans l'histoire des articulations sonores, cf. J. Van Ginneken, « Les clics, les consonnes et les voyelles dans l'histoire de l'humanité », in *Proceedings of the Third International Congress of Phonetic Sciences*, Gand, 1938 ; C. Hagège et A. G. Haudricourt, *La phonologie panchronique*, Paris, P.U.F., 1978, p. 19 et 57 ; J. Durin, « Hominisation — Base articulatoire », *Revue des Etudes slaves*, LV, 1, 1983, p. 7-25. Voir également, ici, chapitre V, p. 158-159.

comme une évidence. Les indo-européanistes, par exemple, ne considèrent pas nécessairement qu'il ait existé une unique langue indo-européenne originelle. Mais l'unité est un mythe tenace, qui sollicite depuis longtemps les spéculations d'amateurs, bien qu'il n'ait pas le même pouvoir sur la prudence des spécialistes.

Ces derniers tentent de reconstruire les proto-langues famille par famille. Et de réduction en réduction des divergences au rythme de la remontée du temps, on doit aboutir à un nombre de plus en plus faible de langues-matrices. A l'horizon de cette quête, c'est le mythe de l'unité qui se profile. Certes, on évite de proclamer explicitement le rêve de l'Un, dont les comparaisons sont l'alibi. Mais la confusion entre unité d'origine de l'espèce humaine et unicité de « la première langue » apparaît chez un des grands précurseurs des comparistes : Leibniz. « Il n'y a rien », dit en effet Théophile à Philalèthe[6], « qui combatte et qui ne favorise plutôt le sentiment de l'origine commune de toutes les nations, et d'une langue radicale et primitive ». Or, à mesure que l'on s'enfonce dans le passé, la distinction entre parenté de langues à ancêtre commun et emprunt entre langues d'origines différentes ne cesse de se réduire. Quelque artifice que l'on déploie pour la subsumer ou la précipiter dans le Tout, quelque nostalgie que l'on ait de la pureté adamique qui ne connaît d'autre parole que celle du Créateur, la diversité des langues résiste aux tentations de l'Unique.

6. Leibniz, *Nouveaux Essais sur l'entendement humain*, 1704, livre III, chap. II.

Le langage et l'inné

Le débat de l'inné et de l'acquis, pour avoir ignoré le caractère dialectique de la relation qui les associe, a déjà produit beaucoup de longues et vaines controverses. L'examen du langage y apporte une contribution précieuse, car il met en lumière un chaînon intermédiaire : l'aptitude humaine à engendrer un nombre infini de phrases, telle qu'elle est impliquée par le concept de *compétence* dû à N. Chomsky [7] (dont on verra ci-après que d'autres intuitions connexes sont plus discutables). On considérera ici que cette aptitude naturelle de l'enfant est appliquée aux modèles de phrases que lui fournit son entourage. Cependant, si ce maillon est bien restituable en ontogénèse (apprentissage chez l'enfant), il est absent des premiers moments de la phylogénèse (naissance du langage chez l'espèce). Là, l'organisation sociale suppose un moyen quelconque de communication. Ce moyen, d'abord rudimentaire, a fini, à une époque que les plus prudents se refusent à situer antérieurement à l'apparition de l'*Homo sapiens*, par produire des langues. Mais si l'on peut admettre qu'à l'origine, le social ait chez l'espèce humaine des racines biologiques, en revanche, il est clair que dès l'amorce du développement de la vie de groupe, l'interaction des facteurs social et cérébral devient permanente. C'est pourquoi on assortira de quelque pondération le point de vue des biologistes : « Il paraît probable (mais évidemment toujours hypothétique) que le développement du lien social, qui prend une grande ampleur chez les primates supérieurs, soit au départ la *conséquence* et non la cause de l'épanouissement du néo-

---

7. Cf. N. Chomsky, *Aspects of the theory of syntax*, Cambridge (Mass.), M.I.T. Press, 1965, I (« Methodological preliminaries »).

cortex. »[8] Si l'on accepte cette hypothèse, on n'aura garde néanmoins d'oublier que l'auteur lui-même ajoute aussitôt : « Il ne faut pas pour autant exclure la possibilité d'une contribution en retour du milieu social sur l'évolution génétique des ancêtres directs de l'homme. » Au reste, il était question plus haut[9] d'une « variabilité significative de l'organisation du cortex en relation avec l'environnement culturel ».

En supposant ainsi que l'inscription biologique n'est pas l'unique facteur à considérer, on est cependant loin de méconnaître son importance. Ce point a fait l'objet de beaucoup de travaux parmi les spécialistes du cerveau et ceux de l'aphasie[10]. On rappellera seulement que dès 1861[11], Broca avait établi une corrélation directe entre les lésions du lobe frontal gauche et le trouble de la parole auquel on a donné son nom : dans l'aphasie dite de Broca sont associées diverses atteintes sévères de l'expression orale (et graphique), lenteurs, substitutions et télescopages de mots, grammaire plus altérée encore que le lexique. On sait que la spécialisation hémisphérique des systèmes cognitifs est une caractéristique du cerveau humain, par opposition à celui des primates non humains. En outre, les bases biologiques de la sensibilité à la parole ont été mises en évidence par divers travaux. Ainsi, il semble que le cortex humain contienne des détecteurs de propriétés acoustiques spécifiquement

8. J.-P. Changeux, *L'homme neuronal*, Paris, Fayard, coll. « Le temps des sciences », 1983, p. 355.

9. *Ibid.*, p. 325.

10. Cf. H. Hécaen et G. Lanteri-Laura, *Evolution des connaissances et des doctrines sur les localisations cérébrales*, Paris, Desclée de Brouwer, 1977.

11. P. Broca, « Perte de la parole. Ramollissement chronique et destruction partielle du lobe antérieur gauche du cerveau », *Bulletin de la Société d'Anthropologie*, t. II, 1861, p. 219 s.

accordés aux traits distinctifs des sons dans les langues, si l'on en croit les expériences réalisées sur des nourrissons de trois à cinq mois : ceux-ci réagissent positivement aux oppositions *ba/pa* (consonne sonore/consonne sourde) ou *ba/da* (labiale/dentale) [12].

Peut-être ira-t-on encore plus loin dans l'avenir et verra-t-on mieux comment la diversité des langues, ici tenue pour donnée d'origine, s'harmonise avec l'unité de l'espèce humaine en tant que douée de langage. Une des voies les plus prometteuses et les moins prospectées, sans doute parce qu'elle postule une sérieuse compétence à la fois en linguistique et en neurologie, est la recherche des mécanismes cérébraux que met en jeu la communication. Des travaux qui demandent à être mieux fondés ont été amorcés dès 1962 et 1964, respectivement par les neurobiologistes Hyden et Barbizet [13]. Selon ces travaux, les stimuli sensoriels que déclenchent un objet ou une notion parviennent jusqu'au cortex par des voies aux innombrables ramifications qui constituent une sorte d'inflorescence neuronique ou *métacircuit* propre à chacun de ces objets ou notions. Pour tout signe d'une langue, le métacircuit serait alors la trace neurologique de ce qui, en linguistique, est la signification.

Mais d'autre part, il faut bien que cette signification, ainsi que les structures des phrases, soient fixées par une

12. Cf. P. D. Eimas, E. R. Siqueland, P. Jusczyk et J. Vigorito, « Speech perception in infants », *Science*, 172, 1971, p. 303-306 ; A. R. Moffitt, « Consonant cue perception by twenty to twenty-four week old infants », *Child Development*, 42, 1971, p. 717-731.

13. H. Hyden, « Molecular basis of neuron-glia-interaction », in *Macromolecular specificity and biological memory*, éd. par S.O. Schmitt, Cambridge (Mass.), M.I.T. Press, 1962, p. 55-69 ; J. Barbizet, « Le problème du codage cérébral, son rôle dans les mécanismes de la mémoire », *Annales Médico-psychologiques*, 122e année, n° 1, 1964, p. 1-28.

rétention mémorielle, qui doit intégrer également les motricités correspondant aux gestes articulatoires du locuteur et les reconnaissances perceptives liées à la réception des messages par l'auditeur. L'hypothèse de Hyden est celle-ci : les dépôts mnésiques ou *engrammations* se constituent dans le cerveau, le long des métacircuits, par des modifications de la structure des macromolécules d'acide ribonucléique (A.R.N.) ; celles-ci sont distinctes des macromolécules d'acide désoxyribonucléique (A.D.N.), comme le montrent par exemple leurs effets dans le cas des rétentions de traces : la mémoire génétique, c'est-à-dire la conservation, à travers toute la descendance, des propriétés liées au code des gènes, a son siège dans la structure des A.D.N., et elle est quasi indestructible, alors que la mémoire humaine, dont le siège est dans la structure des A.R.N., est notoirement labile et incertaine. En tout état de cause, l'hypothèse de Hyden revient à postuler le caractère biochimique des engrammations [14], et implique que la mémoire, en particulier la mémoire linguistique, n'est pas simplement la « fonction mentale » des philosophes classiques, mais qu'elle peut être, par sa face matérielle, caractérisée comme une propriété générale du tissu nerveux. De quoi ouvrir quelques brèches dans l'idéalisme impénitent de certains adeptes de sciences humaines, qui, dans la pure tradition scolastique, méconnaissent allégrement le terreau biologique des comportements.

Ce cadre général étant rappelé, on peut supposer que les modes d'engrammations varient selon les types de langues. Pour ne prendre qu'un exemple s'appliquant aux différences typologiques dont il sera question au

---

14. Pour plus de détails, cf. R. Husson, « Mécanismes cérébraux du langage oral, de la lecture et de l'écriture », *Les Cahiers du Collège de Médecine* nos 1-2, janvier-février 1967, p. 1-28.

chapitre III, il existe des langues à morphologie pauvre, c'est-à-dire à faible différenciation entre les mots de sens analogue et de fonctions distinctes. Les engrammations correspondant à cette opposition entre langues selon la complexité de leur morphologie doivent être elles-mêmes différentes. Au surplus, un autre facteur de distinction, à savoir l'ordre des mots, est investi d'un rôle accru dans les langues à morphologie pauvre, où il prend en charge les indications de fonctions variables (cf. chapitre VII, p. 204-217).

L'organisation et les processus neurologiques, dont on commence seulement d'apercevoir l'importance dans la communication par le langage, sont évidemment communs à l'espèce et innés. Cela n'exclut pas, cependant, la relation d'influence réciproque qui les lie au social durant le développement de l'espèce. D'autre part, si l'on considère les faits non plus selon l'histoire du langage chez l'espèce, mais selon le processus de son acquisition par l'enfant, alors on doit se demander quelle est au juste la nature de cette faculté chez l'homme d'aujourd'hui. En fait, l'aptitude à s'exprimer par des mots puis à les agencer en phrases n'est pas une donnée entièrement autonome et dissociable de l'intelligence.

La phase sensori motrice de cette dernière n'est pas exclusivement humaine et précède le langage dans le développement de l'enfant, comme il résulte de la simple observation de son comportement : établissement de correspondances entre les objets, perception de l'ordre de succession, emboîtement des schèmes, et autres structures liées aux coordinations générales de l'activité, et qui seront plus tard exploitées linguistiquement[15]. Peut-on dès lors tirer quelque chose des mécanismes

15. Cf. J. Piaget, *Le structuralisme*, Paris, P.U.F., coll. « Que sais-je ? », 1968.

abstraits contraignant la forme des grammaires, que la théorie générativiste considère comme universels et innés [16] ? Même si l'on admettait qu'ils aient une réalité et soient autre chose que de purs principes généraux incorporés à l'appareil théorique [17], ils ne seraient pas assez spécifiques pour faire apparaître le langage humain comme distinct des autres systèmes de communication. L'enfant possède une connaissance des structures du monde, et cette connaissance, indépendante du langage, tient au fait qu'il a un appareil perceptif particulier et vit sur terre, c'est-à-dire à des données biologiques. En apprenant à parler, il apprend d'une part à construire, par signes et par combinaisons de signes, les expressions linguistiques qui font sa langue, d'autre part à appliquer ces expressions, qui concernent le monde, à la connaissance qu'il a de ce monde. C'est l'aptitude à ce double apprentissage qui, en tant que faculté de langage, s'est, de l'*Homo habilis* à l'*Homo sapiens*, inscrite au code de l'espèce et qui, de manière parallèle mais non identique (cf. chapitre II, p. 38-45), s'inscrit dans la biologie de l'enfant.

Mais ces expressions linguistiques ne sont pas chez l'enfant, à la différence de ce qui a pu se produire aux aurores de l'espèce, créées à partir de rien. La transmission héréditaire d'une capacité d'apprendre à parler, ou

16. Cf. N. Chomsky, *La nature formelle du langage*, trad. fr. (Paris, Ed. du Seuil, 1969, rattaché à *La linguistique cartésienne*) de l'Appendice A de E. H. Lenneberg, *Biological foundations of language*, New York, Wiley, 1967 ; N. Chomsky et M. Halle, *Principes de phonologie générative*, Paris, Ed. du Seuil, 1973, trad. fr. des première et quatrième parties de *The sound pattern of English*, New York, Harper & Row, 1968.

17. Cf. Hagège, *La grammaire générative. Réflexions critiques*, Paris, P.U.F., coll. « Le linguiste », 1976, p. 65-68. Disponible en tr. amér., revue et enrichie de nouveaux documents : *Critical Reflections on Generative Grammar*, Chicago, Jupiter Press, coll. « Edward Sapir Monograph Series in Language, Culture and Cognition », tr. par R. A. Hall, 1981.

même d'un schéma fixe régulateur de la langue, ne peut suffire à rendre compte de l'apprentissage tel qu'on le voit se déployer. Certes, la faculté de langage ne saurait être elle-même apprise. Mais comment pourrait-elle à elle seule rendre compte de l'acquisition de la langue entre vingt-deux mois et 3-4 ans, si l'imitation des adultes, elle-même articulée sur la capacité d'intégrer ce qui est imité, ne jouait un rôle essentiel ?

On croyait, dans les années soixante [18], que l'environnement linguistique de l'enfant se caractérise par sa pauvreté et ses nombreux ratés : dès lors, on avait beau jeu de considérer que l'aptitude innée, face à un apport extérieur aussi médiocre, serait presque seule investie du rôle décisif. La réalité est autre : ce n'est qu'aux premières étapes de la vie, soit entre la naissance et la deuxième année, que les adultes, en s'adressant aux enfants, utilisent une langue simple (mais non pas pauvre) : ils tendent alors à exagérer les contours intonationnels et les inflexions de voix hautes, à raccourcir les phrases, à limiter les relations syntaxiques, à user largement des redoublements de syllabes et autres procédés hypocoristiques, à remplacer l'adresse directe (« tu ») par des « il », « bébé », etc. Une telle tendance se vérifie dans les langues du monde où ce type de communication a été étudié, du bengali (Inde) au tzeltal (Guatemala) en passant par le lituanien, le luo (Soudan) et le français [19]. Mais d'une part les enfants, jeunes et moins jeunes, sont exposés autant aux discours des adultes entre eux, qu'ils entendent sans cesse, qu'à celui que les adultes leur adressent ; d'autre part, les caractéristiques que l'on

18. Cf. N. Chomsky, *La nature formelle du langage, op. cit.,* p. 180.
19. C. A. Ferguson, « Talking to children : a search for universals », in J. H. Greenberg *et al.,* eds., *Universals of human language,* vol. I, « Method and theory », Stanford, Stanford University Press, 1978, p. 203-224.

vient de mentionner ne concernent que les premiers âges de la vie. Les enfants de trois ans eux-mêmes, à l'imitation des adultes, parlent « bébé » avec les plus petits. Cette adaptation générale du comportement dans la communication pourrait bien être une propriété générale de l'espèce, et même des espèces parentes, si l'on en croit les spécialistes de l'enseignement du langage des signes aux singes : les chimpanzés plus âgés ralentissent la cadence de leurs gestes lorsqu'ils s'adressent aux plus jeunes [20].

Pour les étapes suivantes, de nombreux travaux [21] établissent que les phrases des adultes aux enfants, à partir du moment, précisément, où ces derniers ne sont plus des enfants au sens étymologique (lat. : *in-fans* : « qui ne parle pas »), sont, dans les langues les plus différentes, variées et nettement structurées. Elles gagnent en complexité à mesure que l'enfant grandit, comme on peut évidemment s'y attendre.

Une des raisons qui entretiennent la confusion dans les controverses sur l'innéité en matière linguistique est qu'on ne sait pas toujours s'il s'agit du langage ou des langues. La distinction entre les deux notions, instrument nécessaire à la clarté du débat, nous est apparue dès la première partie du présent chapitre. Comme on l'a vu, ce dont les faits nous suggèrent de poser l'innéité, c'est la faculté de langage et elle seule. Mais certaines théories modernes de l'inné vont plus loin. Ainsi, la grammaire générative, qui déjà lui assigne les mécanismes abstraits contraignant la forme des systèmes linguistiques, intègre de surcroît à l'inné le domaine spécifique de la syntaxe. Celle-ci, en effet, se caractérise par

20. *Ibid.*, p. 217.
21. On en trouvera une liste dans W.J.M. Levelt, « What became of LAD ? », in W. Abraham, ed., *Ut videam : contributions to a history of linguistics, for Pieter Verburg,* Lisse, Peter de Ridder, 1975, p. 171-190.

une organisation hiérarchique des éléments de la phrase (quelle que soit la langue), qu'il s'agisse du plus simple énoncé à deux mots, puisqu'il faut bien qu'ils soient de fonctions différentes pour constituer un message et non une pure accumulation, ou de phrases complexes à nombreux termes conjonctifs, dans lesquelles les propositions sont subordonnées les unes aux autres, avec de fréquents cas d'enchâssement. La thèse innéiste soutient que cette organisation hiérarchique est inscrite dans le code génétique, en vertu de principes comme le cycle transformationnel : selon ce dernier, pour former, par exemple, une phrase complexe, une même suite de transformations s'applique successivement à ce qui sera la proposition subordonnée de dernier degré (dans des langues comme l'anglais ou le français), puis à celle dont elle sera la subordonnée, et ainsi de suite jusqu'à la principale[22].

Or une telle thèse ne s'impose pas. On peut tout aussi bien, en continuant d'appliquer à la linguistique, de manière partiellement métaphorique, les thèses néo-darwiniennes, soutenir que les entités complexes produites par une évolution comparable à celle qu'a mise au jour en biologie *L'origine des espèces*, sont hiérarchiquement organisées, en fonction des avantages sélectifs, par une « nécessité » statistique, quand bien même il n'y aurait pas là de nécessité logique[23]. En effet, dans le plus grand nombre des cas, les produits de l'évolution — ici les phrases que les langues permettent de construire — se constituent à partir d'éléments qui sont, ou qui proviennent d'éléments ayant commencé par être, des unités

22. Cf. N. Chomsky, *Language and mind*, New York, Harcourt, Brace & World, 1968, chap. 2 ; *id.*, *Reflections on language*, New York, Pantheon Books, 1975, chap. 3.

23. Cf. G. Sampson, *Making sense*, Oxford, Oxford University Press, 1980, chap. VII-VIII.

libres, faisant message à elles seules. L'évolution vers la complexité est donc − en attendant que l'histoire cyclique des langues amorce un mouvement inverse − assez naturelle : les unités libres s'associent pour former des phrases à structures enchâssées parce que c'est là pour elles le moyen de répondre aux pressions d'une communication qui, du fait de l'évolution des rapports sociaux, crée des besoins de formulation de plus en plus complexe.

Ainsi, les hiérarchies syntaxiques et autres propriétés que les modèles innéistes assignent à la totalité des langues et considèrent comme inscrites au code génétique peuvent être expliquées, en termes évolutionnistes sans le recours trop onéreux à une théorie de l'inné. L'expérimentation naturelle qu'offrent les créoles (chapitre II) va maintenant confirmer le rôle des facteurs sociaux, dont on fera également apparaître l'importance en étudiant ensuite les propriétés générales des langues (chapitre III), puis les situations d'oralité dans leur rapport à l'écriture (chapitre IV). C'est au long de ce cheminement que pourront se découper de plus en plus nettement les repères linguistiques de l'humain.

Chapitre II

LE LABORATOIRE CRÉOLE

Le retour et son ombre

La linguistique partage avec la plupart des sciences humaines l'impossibilité d'une expérimentation directe sur la genèse même de l'objet qu'elle se donne à étudier. On peut faire – et l'on fait – des expériences de toutes sortes sur l'acquisition du langage, sur la production et l'audition des sons, sur l'application des règles syntaxiques, sur la réception des messages. Mais il n'est pas possible de reconstituer expérimentalement la naissance d'une langue comme faculté de langage manifestée. On aurait beaucoup à apprendre d'une telle situation si elle était réalisable. Voir naître une langue à partir de l'absence de communication, ce serait pouvoir saisir dans sa nature profonde ce que l'homme a de plus humain ; ce serait aussi disposer d'un témoignage de prix dans le débat sur l'inné.

Or l'expérience idéale dont les linguistes se prennent parfois à rêver n'existerait-elle pas, cachée quelque part mais à leur immédiate portée ? Sur le territoire que leur interrogation parcourt, on rencontre un type fort particulier de langues, dont les uns ne se soucient guère, cependant que les autres, pour en avoir fait leur « spécialité », n'ont pourtant pas toujours une claire conscience des enseignements qu'elles peuvent apporter à la réflexion générale sur le langage. Les pidgins et les créoles semblent attendre que celui qui s'en éprendra les intègre à une théorie linguistique cohérente. Il se trouve pourtant que ces langues paraissent (on délimitera tout à l'heure le réel et l'apparence) fournir l'occasion, rare dans les sciences humaines, d'une expérience sans « protocole », en un laboratoire naturel restituant spontanément les conditions de la naissance. Une amnésie de la genèse est propre à toutes les linguistiques obstinément enfermées dans le présent. Sans cette occultation, l'étude des créoles pourrait être promue en discipline de pointe parmi les sciences du langage. Mais l'évidente sollicitude qu'on témoigne aujourd'hui aux pays où se parlent des créoles laisse deviner des mobiles plus économico-politiques que scientifiques. Dans la plupart des cas, ce sont des pays du Tiers-Monde, anciennes terres d'esclavage auxquelles l'Occident, sous la pression conjuguée de sa « mauvaise conscience » et surtout des intérêts qui s'y greffent, prodigue des marques purement verbales de mansuétude.

Mais, en dehors des créolistes, les linguistes occidentaux, en particulier techniciens des « grandes langues » (français, anglais, espagnol, portugais) qui, par la bouche des négriers et des colons, ont justement fourni les bases de la plupart des premiers pidgins, refoulent l'image des recommencements sans prestige, c'est-à-dire le modèle génétique, applicable à toute langue, que des espèces comme les créoles, si modestes qu'elles soient, sont pourtant capables de fournir. Derrière le racisme sublimé des protestations d'égards destinées à prévenir d'éventuelles dissensions, se cache un racisme intellectuel aux puissantes défenses : se pourrait-il que les Africains, les Asiatiques, les Antillais retracent au regard de l'Occident la naissance, mimée en raccourci, de ses grandes langues ? Plus encore, la formation des créoles décrirait-elle presque sous nos yeux, étant donné leur jeunesse, une figure condensée des derniers stades évolutifs du langage comme définitoire de l'*Homo sapiens* ? Si séduisante qu'en soit l'hypothèse, la situation est bien loin d'être aussi simple, sans compter que l'effigie du recommencement ravale clandestinement à un stade préhominien les hommes qui vont parler en créole. Elle implique, sous sa forme la plus stricte, une sorte de moindre humanité des esclaves dépossédés, croit-on, du pouvoir de parler leurs langues, et s'hominisant à travers la pidginisation. La connaissance précise des faits et la réflexion théorique sont ici, dans la nécessité de leur connexion, les préalables absolus à toute élucidation.

Les trois genèses

La référence au modèle des sciences du vivant, vieille tentation de la linguistique ! En biologie, la relation entre la phylogenèse, ou évolution des organismes, et l'ontogenèse, ou processus de développement embryonnaire, est le lieu d'un débat déjà ancien. On s'est beaucoup demandé si, dans l'histoire des espèces, la phylogenèse était vraiment la cause de l'ontogenèse, ou l'étape antérieure, ou le modèle à reproduire, et si le parcours n'était pas inverse[1].

C'est en 1866, on le sait, que fut proposée à la communauté scientifique la fameuse loi biogénétique d'E. Haeckel, « dont l'importance dans l'histoire des idées se compare à celle de Darwin »[2]. Selon cette loi, il

1. Cf. S. J. Gould, *Ontogeny and phylogeny*, Cambridge (Mass.), Harvard University Press, 1977.
2. J.-P. Changeux, *L'homme neuronal, op. cit.*, p. 342.

existerait pour les espèces vivantes, entre la phylogenèse et les étapes initiales de l'ontogenèse, une connexion qui « n'est pas extérieure ou superficielle, mais profonde, intrinsèque et causale »[3]. Prise à la lettre, cette loi refléterait[4] une vue strictement récapitulationniste des stades de l'embryon individuel, répétant, chacun pour sa part, une des séries complètes d'ancêtres adultes. Ce qui ferait de l'ontogénie un abrégé de l'histoire même de l'espèce. Les biologistes n'ont pas eu de peine à contredire cette vue simplifiée des faits, en montrant[5] que pour nombre d'espèces, l'ordre des étapes dans le développement embryologique est une violation de l'histoire évolutive telle qu'on la restitue. Mais la faille principale de la thèse de Haeckel est l'assignation erronée des étapes ontogénétiques répétitives à la forme adulte de l'ancêtre. S'il y a récapitulation, il faut considérer qu'elle ne concerne pas les ancêtres adultes, mais des stades homologues du développement de précurseurs phylogénétiques immatures. D'autre part, si une récapitulation a bien lieu, elle s'applique moins à l'embryon, globalement conçu en complète correspondance avec un des ancêtres, qu'à tels ou tels systèmes fonctionnels particuliers de sa physiologie, issus de sources évolutives qui les distinguent les uns des autres, et manifestant de manière indépendante divers schèmes de développement[6]. Rectifiée en ce sens, la thèse récapitulationniste de Haeckel retrouve tout son

3. E. Haeckel, *Histoire de la création des êtres organisés d'après les lois naturelles*, trad. fr. Paris, Reinwald, 1874. Cité par J.-P. Changeux, *op. cit.*, p. 342.

4. Cf. S. J. Gould, *op. cit.*

5. Cf. G. R. DeBeer, *Embryos and ancestors* (éd. rev.), Oxford, Clarendon Press, 1951.

6. Cf. J. T. Lamendella, « Relations between the ontogeny and phylogeny of language : a new recapitulationist view », in *Origins and evolution of language and speech, op. cit.*, p. 396-412.

intérêt et toute sa fécondité, qui sont indéniables en biologie, selon les avis autorisés.

La référence à la biologie n'est pas purement décorative. La puissance des courants inspirés par les sciences de la vie au XIXᵉ siècle a conduit nombre de linguistes, séduits par la possibilité d'adapter aux sciences humaines le modèle et la terminologie des biologistes, à traiter deux processus fondamentaux comme les deux manifestations, à des échelles différentes, d'une même histoire, notre histoire, celle de la construction réciproque de l'homme et du langage. L'un de ces processus est la phylogenèse de la parole, c'est-à-dire son développement chez l'espèce humaine depuis les « origines ». L'autre est l'ontogenèse, ou acquisition du langage à travers une langue particulière chez l'enfant. Mais on perçoit immédiatement quelles conséquences idéologiques aurait l'application mécanique du modèle récapitulationniste à la linguistique. Sous sa forme élémentaire, une telle méthode produit finalement des équations aux échos inquiétants : entre langage de l'enfance et enfances du langage, entre langues « primitives » et langues de « primitifs », entre langues évoluées et langues de « civilisés ». Ces équations, il y a cent dix ou cent trente ans, paraissaient assez naturelles[7]. On est plus circonspect aujourd'hui.

Pourtant, s'il existait un chaînon intermédiaire où puissent se lire à la fois les traits de chaque trajectoire, la phylogénétique et l'ontogénétique, alors, selon certains, le problème du lien qui les unit pourrait être posé à nouveaux frais : entre phylogenèse et ontogenèse, une tierce aventure, la caïnoglossie, ou naissance d'une

7. Cf. J. von Grimm, *Über den Ursprung der Sprache*, Berlin, 1852, ou L. de Rosny, *De l'origine du langage*, Paris, 1869. L'idéologie qui sous-tend ce genre d'équations fut, naguère encore, assez répandue...

langue nouvelle après perte supposée ! Dans un récent
ouvrage auquel la presse anglophone a fait un large
écho [8], D. Bickerton soutient que ce scénario de naissance, du fait qu'il est illustré de façon saisissante par
l'avènement des pidgins puis des créoles, fournit le
chaînon manquant. « L'équivalent de ce que furent les
Galapagos pour Darwin ! »

Il entreprend de montrer, en effet, que tous les créoles
partagent un certain nombre de caractéristiques syntaxiques et sémantiques, et en particulier l'existence de
trois oppositions, qu'il juge fondamentales (et qu'il
accentue, en radicalisant la vue traditionnelle d'une
discontinuité : v. chapitre III, p. 68) : celles entre deux
temps, antérieur et non antérieur, entre deux modes,
réel et non réel, entre deux aspects, ponctuel et non
ponctuel. Dès lors, conclut-il, il faut bien reconnaître,
sauf à laisser inexpliquées les ressemblances profondes
entre toutes ces langues, que les processus cognitifs
commandant le passage au créole à partir du pidgin,
étape antécédente définie par sa simplicité rudimentaire
et son économie, sont des propriétés caractéristiques du
langage. Ils appartiendraient donc à ce qu'il appelle un
« bioprogramme », génétiquement transmis à la naissance et déterminé par l'histoire de l'espèce. Mais,
poursuit-il, on ne voit pas de raison qui puisse faire que
les enfants créolophones soient seuls à posséder la
faculté de construire une langue ainsi structurée. La
même faculté doit être présente chez les enfants qui
apprennent n'importe quelle langue ; il entreprend de le
montrer en utilisant les travaux sur l'apprentissage, en
particulier ceux qui étudient les fautes créatrices et

---

8. *Roots of language*, Ann Arbor, Karoma, 1981. On pourra consulter, parmi d'autres recensions, celle de *Newsweek*, « The fossils of
language », 15 mars 1982, p. 80, due à S. Begley.

l'acquisition des catégories de la grammaire. Etendant la démonstration au problème de l'origine du langage comme aptitude propre à l'homme, l'auteur soutient qu'il a dû exister chez les espèces préhominiennes une structure cognitive charpentée de distinctions semblables à celles qu'opèrent les créoles, donc à celles que les enfants, dans toute langue, acquièrent devant les autres et de la manière la plus automatique.

La démarche est clairement récapitulationniste, bien que Haeckel ne soit pas mentionné : la créologenèse et l'acquisition de la langue maternelle répètent la naissance du langage lui-même. Les créoles apparaissent comme l'image irréfutable d'une pédogenèse linguistique. Non au sens qui inspire, en prélude à d'autres racismes, le vieux racisme linguistique du *baby-talk*, langue enfantine des Noirs grands enfants. Mais au sens où, comme l'enfant, ils créent la parole parce qu'ils sont programmés pour cela. Dès lors, les créoles ouvrent une voie royale. Ils conduisent à l'élucidation du mystère des enfances. L'argument est adroit : si les langues créoles témoignent, ce n'est d'aucune façon comme mimage rétrograde par la voix d'acteurs sous-développés, mais au nom d'une fascinante revanche. Revanche d'humiliés que ravalaient au rang de sous-hommes les fantasmes obstinés de négriers fort soucieux de s'absoudre en s'inventant cette « justification ». Voilà que les sous-hommes se mêlent − l'exergue du livre les en crédite explicitement − d'apprendre, à travers leurs langues, à l'« humanité véritable » qui elle est exactement. Que vaut ce témoignage, et que vaut l'usage qu'en fait l'ouvrage de Bickerton ?

Le substrat et l'apprentissage

Comme on l'a vu (chapitre I, p. 26 s.), ce qui, dans l'apprentissage linguistique de l'enfant, tient au code génétique, c'est-à-dire à l'inscription neurologique d'un schéma cognitif universel, est, à sa naissance, un donné déjà présent et entièrement constitué. Ce donné ne saurait, évidemment, refléter les étapes à travers lesquelles le code s'est élaboré durant les centaines de millénaires de l'histoire humaine. La première humanité ne disposait pas du modèle préexistant que l'enfant reçoit à sa naissance et dont il acquiert les premiers cadres durant sa vie intra-utérine.

La création de parole par les premiers usagers de pidgins est, elle aussi, spécifique. En la supposant homologue des deux autres genèses, on en trahit la nature. Bickerton parle, à propos du créole de Guyana (ancienne possession britannique), dont certains registres lui paraissent influencés par l'anglais, de « décréolisation », conduisant vers une ressemblance de plus en plus grande avec l'anglais. Ainsi, tout comme l'enfant tend à parler de mieux en mieux sa langue, de même les usagers d'un créole tendent de plus en plus vers la langue européenne dont ce créole est issu. Il s'ensuit que l'auteur défend la notion de *continuum* ou ligne de progression ininterrompue entre les registres les plus proches du pidgin et ceux qui ressemblent le plus à l'anglais. C'est ignorer les variations individuelles et l'image que chacun se fait de sa langue et de sa culture. C'est oblitérer le cadre social du discours. L'adhésion au continuum rejoint le rejet du *substrat*, ou langue disparue mais émergeant encore ici et là. Si l'on se donne pour dessein de prouver l'innéité des schèmes qui commandent des manifestations semblables dans des créoles très divers, grande sera la tentation de passer sous silence

– ou au moins de minimiser – le rôle du substrat. Inversement, ceux qui ne croient qu'au substrat sont peu sensibles à l'argumentation innéiste. Or, contrairement à ce qu'implique sa forme la plus rigide, il n'est pas vrai que les premiers locuteurs de pidgin n'aient eu à leur disposition aucun modèle préexistant, aucune langue d'origine qui se comportât comme substrat vis-à-vis des langues nouvelles, à savoir celles des colons, qu'ils acquéraient par imitation. La situation peut se comparer avec ce que l'on sait de pidgins beaucoup plus récents. A la fin du XIXe et au début du XXe siècle se sont constitués des pidgins véhiculaires, c'est-à-dire des moyens rudimentaires de communication entre groupes mis en contact mais parlant des langues différentes.

Car ces pidgins devaient beaucoup aux langues locales coexistantes. Ainsi, les pidgins mélanésiens, australiens ou néo-hébridais (bichelamar) font obligatoirement suivre tout verbe transitif d'une marque spéciale, *-im* ou *-em* : par sa forme, ce suffixe est un emprunt à l'anglais *him*, mais par sa fonction, il reflète directement une contrainte syntaxique vernaculaire : dans les langues mélanésiennes concernées, les verbes transitifs sont obligatoirement suivis d'un suffixe de transitivité. On pourrait citer des cas semblables dans le domaine de la possession ou dans celui de l'aspect et du temps. Or cette importance du substrat dans les pidgins mélanésiens de formation récente est loin d'être un cas unique. Les langues des premiers esclaves africains [9] arrachés à leurs foyers et transportés sur des plantations étrangères ont certes cessé d'être parlées par eux, mais cela ne signifie pas qu'elles aient totalement disparu par défaut d'usage.

---

9. Les pidgins et créoles ne sont pas tous parlés par des descendants d'Africains. Mais ces derniers sont en majorité parmi les pidginophones et leur cas est exemplaire.

Certes les négriers, voulant mener à bien l'entreprise de déracinement, brouillaient les pistes et mêlaient les individus afin de séparer les usagers des mêmes idiomes. Mais les recherches les plus récentes[10] remettent en cause la thèse de l'anéantissement linguistique. D'autre part, les langues des maîtres se sont greffées sur des structures de langues africaines largement homologues, bien que de familles distinctes. Dès lors, la ressemblance entre les stades évolutifs des créoles d'origine africaine et de base lexicale européenne peut s'expliquer : les substrats sont assez proches, ainsi, d'ailleurs, que les langues européennes qui se sont greffées sur eux et qui, elles-mêmes, sont génétiquement et typologiquement parentes.

Le concept de simplicité : mirages et réalités

Même si l'on négligeait l'objection du substrat, il resterait d'autres incertitudes dans la théorie des trois genèses. C'est le cas en particulier pour la manière dont les pidgins y sont conçus. Les créoles qui ont succédé à la plupart d'entre eux se sont formés assez vite et surtout assez récemment pour que le processus en soit quasiment observable, comme en une fabrique naturelle de langues. Or la thèse innéiste conçoit les pidgins, que ce traitement spontané transformera en créoles, comme des moyens de communication destinés à répondre aux urgences, des manières de codes rudimentaires dont les propriétés ne sont intéressantes à étudier qu'en ce qu'elles permettent de caractériser ce qu'est, dans l'échange dialogal, un *minimum opérationnel*.

10. Voir, en particulier, M. C. Alleyne, *Comparative Afro-American*, Ann Arbor, Karoma, 1980, et P. Baker & C. Corne, *Isle de France Creole*, Ann Arbor, Karoma, 1982.

Pour définir les propriétés d'un code de ce type, on a proposé[11] un discriminant lexical : pour une langue « normale », le nombre d'*hapax legomena* (mots qui n'apparaissent qu'une seule fois) dans un texte de cinq ou six cents mots représenterait 46 à 48 % de l'ensemble. Par conséquent, avec des pourcentages trop nettement inférieurs à ces chiffres, il ne pourrait plus s'agir de langues normales. Un tel critère présuppose que la possession d'un lexique assez étendu pour réduire les fréquences des mêmes mots dans un texte est une propriété définitoire d'une langue. C'est ne tenir aucun compte des possibilités qu'offre la juxtaposition de mots existants, mode naturel de création de sens nouveaux. Un texte chinois relativement court peut fort bien présenter un emploi récurrent des mots *zhǎo*, « chercher », et *dào*, « atteindre », non seulement pour exprimer chacun de ces deux sens, mais aussi en contiguïté, puisque « trouver » se dit *zhǎodào*. En tout état de cause, l'application de ce critère n'aboutit à rien de décisif : le pourcentage est de 42,94 % pour le motu (pidgin de Nouvelle-Guinée) et de 31,5 % pour le sango (variété pidginisée de ngbandi, en République Centrafricaine)[12]. Ainsi, le premier ne serait pas loin d'être une « vraie langue », et le second n'en serait pas. Or l'un et l'autre, utilisés sur une large échelle dans leurs pays respectifs, y ont le statut de première langue nationale... L'« inauthenticité » dont ils auraient à souffrir au regard du critère lexical proposé ne semble pas les empêcher de jouer pleinement leur rôle.

Le débat réel, ici, concerne la notion de simplicité. Surchargée de présupposés psychoculturels, cette no-

11. M. Joos, selon W. J. Samarin, « Salient and substantive pidginization », in *Pidginization and creolization in language*, D. Hymes ed., Cambridge, Cambridge University Press, 1971, p. 120 (117-140).

12. *Ibid.*

tion, que souvent l'on croit idéalement illustrée par les pidgins, demande une caractérisation objective. L'urgence communicative des situations de déprivation linguistique n'a pas, comme on le croit, imposé un minimum opérationnel, mais c'est elle qui explique la présence simultanée, dans ce type de langues, de trois tendances fondamentales : économie, analyticité, motivation.

La tendance à l'économie se manifeste dans le nombre réduit des sons, des types syllabiques, des prépositions, des temps verbaux, ainsi que dans l'usage de la courbe intonative pour marque unique des questions par opposition aux assertions, comme en français familier, où *tu viens*? est plus fréquent que *viens-tu*? ou *est-ce que tu viens*? L'économie apparaît encore dans l'invariabilité des formes, et dans son corollaire, la syntaxe de position : la nature des mots ainsi que leurs rapports sont fonction de leur place dans l'énoncé. Ainsi, en pidgin camerounais, le même mot *dem* (de l'anglais *them*) apparaît aussi bien en emploi possessif, c'est-à-dire devant un nom, comme dans *dem hat*, « leurs cœurs », qu'en emploi d'indice personnel au pluriel, c'est-à-dire devant un verbe, comme dans *dem kom*, « ils viennent ». D'autre part, les expressions discontinues, qui demandent une identification de chaque constituant et une restitution de la continuité, sont absentes : à l'anglais *bring him up* correspond, en bichelamar (Nouvelles-Hébrides-Vanuatu) et en pidgin mélanésien, *bringimapim*, « soulever », où *-im*, indice obligatoire de transitivité (v. *supra* p. 44 s.), est automatiquement suffixé, alors que dans la base anglaise, il est déjà présent entre le verbe et le postverbe *up*, devenu *ap*. Enfin, les pidgins recourent à peu près exclusivement à la juxtaposition comme procédé de création. Le rapport entre les deux mots juxtaposés résulte de leur pure contiguïté. Cette méthode

est donc moins onéreuse, en termes structurels, que
l'affixation (adjonction de préfixe, suffixe, etc.), la composition avec altération d'un composant ou des deux, la
modification interne par insertion ou réduction, et la
variation accentuelle ou tonale. Les pidgins font un large
usage de la juxtaposition de deux mots identiques,
procédé à valeur plurielle, intensive, etc. (v. chapitre V,
p. 163).

La tendance à l'analyticité, c'est-à-dire à l'association
transparente des unités, créant des sens prévisibles,
apparaît clairement dans la succession fixe des mots que
leur seule position suffit à assigner à la catégorie des
termes-idées ou à celle des termes-outils. On peut en
prendre un exemple créole qui, sur ce point particulier
de syntaxe, se trouve ressembler à ce qu'attestent les
pidgins : à une phrase française *il m'a cueilli une noix de
coco dont je me suis repu*, équivaut en créole haïtien
*I/fèk/sot/rivé/kéyi/ũ/kok/vin/bā/mwẽ/m/mãžé/vāt/mwẽ/vin/plẽ/
plẽ*, c'est-à-dire, littéralement : « il/ne fait que (= « vient
de »)/sortir/arriver/cueillir/une/noix de coco/venir/don-
ner (du français classique *bailler*)/moi/je/manger/ven-
tre/moi/venir/rempli/rempli ». On voit ici l'action se
fragmenter, selon une vision hyperanalytique et docu-
mentaire, en un véritable kaléidoscope de micro-événe-
ments, comme si la caméra du discours filmait linguistiquement ·son cinétisme. Au français *m'a cueilli*, qui
suppose un mouvement d'aller vers le but puis de retour
à partir de lui, correspond en créole une succession
« sortir-arriver-cueillir-venir-donner-moi ». Des langues
africaines comme l'éwé (Togo), le yoruba (Nigeria), le
féfé (Cameroun), présentent des structures analytiques
du même type, ce qui corrobore la thèse du substrat.

La troisième propriété tendancielle des pidgins, la
motivation, est logiquement reliée aux deux autres. Elle
illustre une loi de balance selon laquelle les gains en

travail de mémoire sont équilibrés par des impositions supplémentaires en encodage de structures. En effet, un lexique à haut degré de motivation abonde en paraphrases descriptives. Il contient un nombre plus élevé de combinaisons et, par conséquent, un nombre moins grand de mots qu'un lexique à motivation faible. Le pidgin néo-mélanésien présente une certaine quantité de couples comme *gut/nogut*. Les équivalents français et anglais, soit *bon/mauvais* et *good/bad*, ne sont pas construits sur l'opposition entre absence et présence d'un préfixe négatif, mais cette économie de structure est contrebalancée par l'opacité, puisque leur apprentissage suppose une double mémorisation, sans possibilité de démarche déductive applicable à un rapport dérivationnel.

L'évolution des pidgins aux créoles illustre dans beaucoup de cas le passage de l'analytique au synthétique comme moment essentiel d'un des parcours du cycle morphonosémantaxique (v. chapitre X, p. 332). Partant de la forme latine synthétique *cantabo*, on rencontre, au stade roman, *cantar(e) avyo*, forme disloquée par rapport à cette origine ; en français moyen puis classique, la forme se ressoude, et l'indice personnel suffixé s'épaissit d'un élément atone préposé *je*, d'où *je chanterai* ; nouvel avatar en pidgin haïtien, selon une ligne évolutive venant se greffer sur celle du français : notion verbale et sens futur se trouvent décumulés, la préposition-adverbe *après* se chargeant d'exprimer le futur, d'où *mo après chanter* ; mais en créole haïtien, la forme se resynthétise par double élision, d'où *m'ap-chanté*.

Il se trouve que les tendances à l'économie, à l'analyticité et à la motivation qui apparaissent ainsi comme des caractéristiques des pidgins sont celles-là mêmes que l'on observe également dans les styles parlés des langues possédant une tradition littéraire, distincte de ces derniers. Le français en est un exemple. *Tu vas où ?, ça veut dire quoi ?, vous êtes combien ?, il s'en va quand ?,* illustrent la tendance à l'invariabilité de séquence : la structure interrogative y conserve l'ordre des mots de la structure affirmative : *tu vas à Paris ; ça veut dire que non ; vous êtes six ; il s'en va demain.* De plus, le français parlé tend à utiliser, avec un contour intonatif différent, les mêmes mots-outils, de sens causal par exemple, dans l'interrogation et dans l'assertion : *La maîtresse l'a puni. — Parce que ? — Parce qu'il bavardait.* On préfère également les comparatifs ou négatifs analytiques : *mauvais/plus mauvais* et *pareil/pas pareil* sont des couples à plus forte motivation que *mauvais/pire* et *pareil/différent.* L'invariabilité domine aussi les dérivations sauvages que le français parlé des demi-savants et le français technique de certains intellectuels emploient sur une large échelle, peut-être en partie sous l'influence de l'anglais : *lister (liste), visionner (vision),* etc.

Cette ressemblance des pidgins avec les registres parlés de bien des langues contient plus d'un enseignement. Les trois tendances simultanément attestées dans les pidgins se retrouvent, à l'état dispersé, dans la majorité des langues de grande diffusion. Elles reparaissent cycliquement dans leur histoire sous la pression des styles parlés. Les traits qui illustrent ces tendances peuvent donc être considérés comme dominants, par opposition aux traits récessifs caractérisés statistiquement, c'est-à-dire comme propriétés en régression sur l'ensemble des langues du monde. C'est là, en définitive, le seul critère objectif de la simplicité. Une langue est plus simple qu'une autre si elle contient plus de traits dominants, c'est-à-dire de propriétés largement diffusées dans la plupart des langues connues. Cette large diffusion de traits dominants pourrait correspondre à un avantage sélectif pour les utilisateurs d'une langue. La situation serait alors comparable à celle qui fonde dans le néo-darwinisme la notion de trait dominant, illustrée par l'exemple classique du mélanisme (coloration noire) industriel chez la phalène du bouleau : une forme sombre de ce papillon se répand au détriment d'une forme claire qui, adaptée aux conditions de vie antérieures à la révolution industrielle, n'est plus adaptée à la situation nouvelle créée par cette dernière[13]. Tout en empruntant ici les termes à la biologie, on entend souligner le paramètre de fréquence qui rend compte des faits linguistiques et fournit une mesure de la simplicité. Les langues de sociétés traditionnelles vivant à l'écart des grands axes d'échange socio-économique sont le plus souvent celles où se trouvent des concentrations de traits récessifs.

De ce qui précède, il résulte que les pidgins, pour être des langues économiques, analytiques et motivées, ne sont cependant pas des langues simples au sens où il s'agirait d'instruments rudimentaires répondant à la nécessité d'une communication minimale. Ce sont en fait des langues riches en traits dominants. On ne peut

---

13. Cf. C. Petit et E. Zuckerkandl, *Evolution moléculaire. Génétique des populations*, Paris, Hermann, coll. « Méthodes », 1976, p. 28-30 : en Angleterre, aux environs de Manchester, on observe, avant la révolution industrielle, que la plupart des phalènes (espèce *Biston betularia*) ont des ailes blanches, comme l'écorce des bouleaux sur le tronc desquels elles se posent, les rares individus à ailes noires étant immédiatement repérés par les oiseaux prédateurs et éliminés ; mais lorsque la révolution industrielle noircit de suie les troncs des arbres, le gène codant pour la pigmentation noire des ailes, lequel s'était conservé chez les hétérozygotes, rend possible l'apparition du phénotype noir, qui constitue désormais une protection (puisque, sur fond noir, les ailes de cette couleur ne sont plus repérables), et par conséquent l'adaptation à l'environnement nouveau conduit à l'augmentation des individus noirs, qui deviennent, par inversion de fréquence, les plus nombreux. Je remercie Monique Gasser d'avoir attiré mon attention sur cette illustration.

donc pas considérer sans autre débat que le développement des créoles à partir de pidgins soit un argument en
faveur d'une théorie de la créologenèse comme chaînon
intermédiaire entre l'ontogenèse et la phylogenèse du
langage. Les créoles se sont développés dans une situation de vie communautaire imposée à des hommes de
langues différentes. Leurs tentatives pour communiquer
en l'absence d'une langue commune engendrent naturellement des codes. Si ces situations ne durent pas, ou si
elles ne sont qu'intermittentes, les codes ainsi créés
n'aboutissent pas à des créoles et peuvent même disparaître. Ainsi le russnorsk, pidgin russo-norvégien qui fut
parlé de la seconde moitié du XVIIIᵉ siècle jusqu'à la
Révolution russe de 1917, était utilisé uniquement
durant les mois d'été entre marchands russes et pêcheurs norvégiens. Quand cessèrent d'exister les conditions socio-économiques qui favorisaient ce commerce,
le russnorsk disparut. C'est assez dire le rôle des facteurs
de situation.

Il n'est certes pas question de nier que, dans les
circonstances qui leur étaient imposées, leur code génétique ne prédisposât les promoteurs des créoles à exercer
les facultés cognitives propres à l'espèce. Mais il n'est pas
plus raisonnable d'occulter le rôle des substrats, langues
préexistantes que les esclaves des plantations n'avaient
pas aussi totalement « oubliées » qu'on s'est plu à le dire.
Non seulement la parenté entre toutes ces langues
africaines constituait un puissant facteur de ressemblance entre les créoles d'anciens Africains, mais, en
outre, les langues européennes des maîtres, modèles
immédiatement disponibles, étaient elles-mêmes relativement proches. Ces deux éléments, l'un et l'autre
étrangers à toute innéité, ont joué un rôle essentiel et
expliquent pour une large part la ressemblance si remarquable entre les créoles. Dès lors, on ne peut se

contenter de retenir les prédispositions d'un bioprogramme, ordonnateur souverain des destinées linguistiques à l'abri de tout enjeu social. Le laboratoire créole n'est pas un autoclave aux charnières hermétiquement closes.

Chapitre III

UNIVERSAUX DES LANGUES
ET DIVERGENCES TYPOLOGIQUES

Le choc de la diversité

Le trait le plus fascinant, peut-être, de l'univers des langues est leur diversité. Or, ce ne sont pas les différences d'aptitudes qui en font la mesure. Chacun sait qu'une seule et même langue est commune, en n'importe quel lieu du globe, à des individus que presque tout oppose (ainsi, les différences économiques et culturelles sont grandes au sein des sociétés brésilienne, saoudienne, etc.), et qu'inversement, d'une nation ou d'une structure sociale à l'autre, des individus aux caractéristiques voisines ne peuvent communiquer, faute d'une même langue (par exemple avocats, écrivains, artistes). Il ne s'agit pas davantage d'un reflet de différences morphologiques. Si un observateur fictif venu d'une autre planète entreprenait de noter les propriétés physiques humaines et qu'il s'inspirât des résultats pour supputer le nombre des langues en fonction des variations de l'espèce, il aboutirait à un maximum d'une demi-douzaine. En effet, qu'il s'agisse du nombre des races, de la structure du squelette ou des groupes sanguins, c'est aux alentours de ce chiffre que se situent les évaluations les plus courantes des anthropologues. Supposons que l'observateur tienne compte des divergences nécessairement introduites par l'histoire et des variations reliant normalement entre elles, dans la nature, les grandes unités identifiables. Il pourrait dans ce cas, s'il recherchait plus de précision, supputer l'existence d'une douzaine de systèmes dérivés, correspondant à ce qu'on appelle des dialectes, et dont la parenté entre eux aussi bien qu'avec les langues principales serait assez étroite pour que les usagers humains en aient eux-mêmes une claire perception.

Or, la situation est totalement différente. Selon les critères de statut et de classement que l'on adopte, l'évaluation est variable, certes : les uns traitent certains idiomes (terme général) comme dialectes (systèmes de communication identifiés comme différents, mais pas assez pour faire obstacle à l'intercompréhension) au sein d'une même langue ; les autres leur attribuent à chacun le statut de langues ; les uns incluent et d'autres excluent certaines des plus prestigieuses langues mortes dont sont issues et auxquelles font encore des emprunts telles langues vivantes. Mais on peut considérer qu'il existe au moins quatre mille cinq cents à six mille langues aujourd'hui parlées sur la surface du globe, sans compter les centaines ou milliers d'autres qui ne sont pas prospectées. Ces dernières sont situées en des zones peu fréquentées, mal connues ou d'accès difficile à ceux qui ne sont pas accoutumés à y vivre en sédentaires ou à y nomadiser : Hauts-Plateaux de Nouvelle-Guinée, Amazonies brésilienne et péruvienne, centre et sud-ouest de l'Afrique, régions montagneuses bordant les frontières entre l'Union soviétique et la Chine, ou entre l'Inde et la Birmanie, grandes et petites îles de l'océan Indien et du sud de l'océan Pacifique, de Sumatra et Bornéo aux îlots polynésiens occidentaux.

L'extraordinaire diversité des langues nous apparaîtrait donc plus grande encore si nous connaissions toutes celles qui échappent à notre désir de connaître ou à notre pouvoir de classer. Elle le serait, si de nombreuses langues ne disparaissaient en même temps que les derniers vieillards qui les balbutiaient encore. A quoi faut-il attribuer ce phénomène assez fréquemment observé par les linguistes ? L'hypothèse de l'inadaptation comme facteur de dégénérescence, qui se vérifie pour les espèces vivantes, est infirmée dans ce cas particulier. En effet, les langues que l'on voit disparaître ne sont en aucune façon des organismes mal adaptés aux besoins de ceux qui s'en servaient, ou dont le lexique ou la grammaire se soient appauvris au point qu'elles cessent quasiment d'être utilisables. Les vraies causes sont ailleurs. Dans les zones accessibles où se parlent encore des langues de minorités qui ne parviennent plus à préserver leur identité, le foisonnement des contacts a pour effet l'irrésistible diffusion de langues qui portent avec elles l'argent, les techniques, l'idéologie : l'anglais américain à l'échelle du monde et, à l'échelle du plus vaste des Etats, le russe en Union soviétique. Impuissantes à se défendre, les langues ethniques minoritaires, qui ne sont pas celles dans lesquelles se parlent ces trois « valeurs », disparaissent les unes après les autres. Mais ce n'est là que la version contemporaine d'un mouvement d'extinction amorcé en fait depuis de nombreux siècles. Anéantissement continu des cultures et des langues les plus vulnérables, qui, relayé, il est vrai, par un mouvement inverse de naissance d'autres cultures et d'autres langues, caractérise l'histoire des hommes.

Le résultat dépend évidemment des capacités de défense. Du vieux perse et du tibétain classique, on a non seulement les monuments littéraires que l'écriture a préservés (v. chapitre IV), mais encore des descendances éclatantes, les langues vivantes issues de ces langues

« mortes ». Il n'en est pas de même pour les langues autochtones qui se sont éteintes et continuent de s'éteindre dans toute l'Amérique du Nord sous la pression de l'anglais, qui balaie les cultures indiennes. Ni pour celles que la poussée du russe, envahissant leur vocabulaire ou leur grammaire, engloutit ou fait disparaître du bassin de l'Amour et du Kamtchatka. Parmi ces langues de tradition orale, celles qui meurent ne laissent ni trace ni descendance. Il est vrai cependant que la mort d'une langue n'est pas un fait biologique, mais un fait culturel, et qu'en conséquence, sa résurrection, au moins quand la langue était écrite, n'est pas une impossibilité théorique. Mais ce n'est pas, dans la pratique, une figure d'évidence, et le cas de l'hébreu reste exceptionnel. Sa renaissance supposait un vouloir obstiné, des circonstances très favorables et quelque (in)consciente folie[1]. Toutes conditions qui ne sont pas aisément satisfaites, ni chacune, ni, moins encore, dans leur ensemble.

Et pourtant, malgré l'extinction des unes et l'inaccessibilité des autres, l'inventaire des langues dans leur diversité demeure immense. La thèse de la diversité originelle (v. chapitre I) reçoit ici quelque renfort. Elle s'accorde mieux que celle d'une unité première avec l'extrême richesse que l'on observe.

Cette diversité suscite deux réactions opposées. Certains s'en chagrinent, soit qu'ils n'aient ni goût ni aptitude pour l'apprentissage de langues étrangères, soit qu'ils voient dans ce pullulement la cause — comme s'il n'y en avait pas d'autres plus fondamentales ! — des obstacles à la compréhension, ou même des conflits entre les nations ; soit encore parce que, sans être hostiles à

---

1. Cf. C. Hagège, « Voies et destins de l'action humaine sur les langues », Introduction générale à I. Fodor & C. Hagège, eds., *Language reform : history and future*, Hambourg, Buske, 1983-1984, vol. 1, p. 11-68.

d'éphémères nomadisations d'une langue vers l'autre, ils décèlent dans de trop longs séjours une menace pour l'unité de la pensée. Vieille et stérile défiance d'unilingue, dont on trouve des échos à toutes les époques, et par exemple dans ce mot de Rivarol[2] : « Leibniz cherchait une langue universelle [...] Ce grand homme sentait que la multitude des langues était fatale au génie, et prenait trop sur la brièveté de la vie. Il est bon de ne pas donner trop de vêtements à sa pensée ; il faut, pour ainsi dire, voyager dans les langues, et, après avoir savouré le goût des plus célèbres, se renfermer dans la sienne. » La seconde réaction accueille volontiers la diversité, délectable aliment de la curiosité envers l'autre. Mais que ce soit pour en gémir ou pour s'en féliciter, presque tous sont frappés par ce foisonnement, et bien peu, sans doute, y demeurent indifférents. Car il a ses aspects extrêmes. Souvent, sur de tout petits espaces, d'un village à l'autre, à dix ou quinze kilomètres de distance, les langues diffèrent, qu'elles aient ou non à l'origine des liens génétiques, et si chacun n'apprend pas celle du voisin, les relations restent de surdité.

Mais doit-on s'en tenir au constat de cette variété ? On peut, certes, dire que bien qu'elle ne reflète aucune diversification physique de l'espèce, elle coïncide souvent — ou même est liée par un rapport profond — avec une diversité d'univers sensoriels et de structurations de l'espace et du temps chez les groupes humains selon leurs habitudes sociales. Mais la curiosité, mobile d'une recherche constituée en savoir scientifique, est en quête de ressemblances par-delà les différences. Qu'en est-il ici ?

---

2. *De l'universalité de la langue française, Discours qui a remporté le prix à l'Académie de Berlin*, Paris, Bailly et Dessenne, 1784, Ed. du Club français du livre, 1964, p. 99.

Pièges et délices de la traduction

La faculté de langage est une (v. chapitre I). Les langues qui la manifestent présentent donc nécessairement quelque unité. C'est à ce titre que la linguistique les étudie comme objets discernables. Les appeler toutes des langues, c'est poser des traits universels sous-jacents à leur immense diversité. Mais il s'agit alors d'universaux définitionnels, ou traits généraux propres à toute langue et figurant dans sa définition. Ceux qui s'en tiennent là ne reconnaissent comme universelles que les propriétés attachées à la notion même de langue. Or, la manière dont cette notion est conçue varie selon les visées théoriques. Les traits retenus sont ou trop formels pour recouvrir les langues comme données d'expérience, ou trop généraux. Ce second cas est illustré par le structuralisme américain des années cinquante, dont une des tendances ne mentionnait comme traits définitoires que la créativité, la distanciation dans l'espace et le temps, la réception à la source, la réflexivité (métalinguistique), l'apprentissage par éducation, etc. ; utiles pour distinguer les langues humaines des langages animaux, ces traits ne sont pas assez spécifiques pour les saisir elles-mêmes.

Les langues sont des objets assez familiers pour qu'on puisse se contenter, à l'étape présente, de l'expérience quotidienne qu'en a chacun, et s'affranchir du passage par les chicanes des universaux définitionnels. La caractérisation première est immédiatement disponible. Elle se trouve impliquée par une activité aussi vieille que les cultures les plus anciennes, attestée jour après jour, indéfiniment reconduite dans sa permanente nécessité au mépris des écueils supposés : la traduction. Pauvre envers d'une tapisserie (Cervantès), utopie (Ortega y Gasset), ou au contraire quête juste et obstinée jusqu'aux

horizons de l'intraduisible (Goethe) ? Ceux qui vou-
draient lui dénier toute valeur de critère, sous prétexte
qu'on traduit toujours misérablement, doivent pourtant
bien admettre que tout texte d'une langue — car ce sont
des textes, non des langues, que l'on traduit — est,
approximativement ou parfaitement, traduisible en un
texte d'une autre. Pourtant, à s'en tenir aux systèmes de
signes, on sait assez l'étendue des variations entre
équilibres structurels, et l'impossibilité pour un signe
d'une langue d'y occuper la même place qu'occupe dans
la sienne le signe par lequel on s'efforce de le traduire.
Mais en dépit de cet obstacle, chaque langue possède
cette propriété singulière d'être une « sémiotique (système de signes — C.H.) dans laquelle toutes les autres
sémiotiques peuvent être traduites »[3], à commencer par
les autres langues elles-mêmes.

La traduction, pratique téméraire, englobe même les
textes poétiques, considérés parfois comme les plus
intransmissibles secrets en chaque langue, et dont la
version originale, investie de l'expressivité propre d'une
voix singulière, n'est déjà pas toujours diaphane. La
traduction poétique enferme, il est vrai, certains préalables : non seulement, comme pour toute autre, une
parfaite connaissance des deux langues et une extrême
minutie, mais encore, que le traducteur soit poète et que
son chant, sur une autre gamme, soit aussi expressif que
le chant premier. Faute de quoi il peut recourir à ce
pauvre artifice auquel on est si souvent contraint :
abriter dans des notes, au bas des pages imprimées, tout
ce que sa traduction est impuissante à restituer et que dit
le poème. Malgré ces difficultés, on traduit des textes
poétiques, comme on en traduisait hier. Le français, par

3. L. Hjelmslev, *Prolégomènes à une théorie du langage* (1942), Paris,
Ed. de Minuit, 1968, p. 138.

exemple, peut en accueillir plus qu'honorablement, même s'ils viennent de langues aussi éloignées de lui que l'hébreu, l'arabe, le chinois, le japonais, le hongrois, le malgache, le persan[4]. Il suffit de satisfaire aux exigences qu'implique cet accueil, telles qu'on vient de les rappeler.

A quoi tiennent alors les obstacles ? A deux types de différences, en prose comme en poésie. Les unes sont liées aux conditions physiques et culturelles. Au-delà d'une base invariable qui façonne l'unité de l'espèce et de ses modes de vie, ces conditions construisent des réels, humains et autres, fort divergents. Or, lorsque l'on traduit, on passe par la réalité désignée. L'autre type de différences concerne les structures sonores, grammaticales et lexicales (v. ici p. 70-71). Ainsi, il n'est pas possible d'évoquer par les mêmes moyens la mélancolie des voyelles nasales dans « les sanglots longs des violons » si l'on traduit Verlaine en japonais, car cette langue n'a pas de voyelles nasales[5]. Dans le domaine de la grammaire, qu'il s'agisse de poésie ou de prose, d'oral ou d'écrit, il faudra renoncer à traduire en français, en anglais ou en espagnol les morphèmes de classes, c'est-à-dire les éléments obligatoirement affixés, dans de nombreuses langues, soit au groupe nominal (chinois, vietnamien, idiomes bantous d'Afrique, etc.), soit au groupe verbal (langues athapaskes (nord-ouest de l'Amérique), néo-guinéennes, australiennes, etc.) ; ces éléments indiquent les attributs physiques des objets, les situations dans l'espace ou les modes d'appréhension du monde. Ainsi, le chinois *yī-zhī-qiānbǐ*, mot à mot « un-

---

4. V. *Colloque sur la traduction poétique*, organisé par le Centre Afrique-Asie-Europe de l'Institut de Littérature générale et comparée, Sorbonne Nouvelle-Paris III, les 8-10 décembre 1972, Paris, Gallimard, 1978.

5. *Ibid.*, p. 10, remarque de R. Etiemble.

objet (en forme de bâton)-crayon », ne peut être traduit
en français que par « un crayon », et rien ne répond dans
cette traduction au morphème *zhī*. On devra faire le
sacrifice, aussi, des indications de statut social intégrées
aux pronoms personnels dans de nombreuses langues
d'Extrême-Orient (v. chapitre XI, p. 373 s.), quand on les
traduira par la seule opposition *tu/vous*, ou, pis encore,
par l'unique *you*. Il faudra, enfin, se résigner à perdre la
trace des variantes sexuelles et dialectales qu'identifient
aisément les destinataires de la version originale. Ainsi Y.
Kawabata, dans son roman *Kyōto* (traduction française
déjà inexacte d'un titre japonais *Koto*, c'est-à-dire « l'ancienne capitale », autre nom de Kyôto rappelant son
brillant passé), donne voix aux femmes de la ville,
facilement reconnaissables pour des lecteurs japonais à
certaines formes (entre autres, de politesse) qu'elles
emploient et qui sont moins fréquentes chez les hommes
de cette région du Japon, le Kansai, berceau de sa
civilisation. Il est exclu de traduire en français ces
indices. *Les langues diffèrent non par ce qu'elles* **peuvent**
ou non exprimer, mais par ce qu'elles **obligent** *ou non à
dire.*

Sur le plan du lexique, enfin, chaque langue, on l'a
assez redit, impose ses grilles aux objets du monde, en
sorte que tout passage dans une autre n'est au mieux
qu'une équivalence. Ce qui est central ici est là marginal.
Des procédés parfaitement naturels dans la source ne
sont que partiellement exploitables dans la langue-cible :
il n'est pas courant de dire *go there by foot* en anglais,
mais c'est là ce que dit le français : *y aller à pied*, et non
marcher là, qui est la formule préférée de l'anglais : *walk
there*. Le sens se coule dans une grande variété de
moules formels. « Le sens est partout. Les traducteurs le
savent, d'instinct ou d'expérience, qui choisissent une
position pour traduire une forme, ou une forme pour

traduire un mot. »[6] Quant aux jeux verbaux, ils sont par définition intraduisibles, sauf évidemment quand les contextes culturels sont assez proches et les contacts assez anciens ou les lexiques assez voisins pour que des décalques soient interprétables. En dehors de ces cas, les traductions, dans leur imperturbable assurance, risquent de demeurer opaques. Qui ne sait l'hébreu ne peut comprendre pourquoi, quand le prophète dit : « Je vois une branche d'amandier », Iahvé répond : « Tu as bien vu, car je veille sur ma parole, pour l'accomplir » (*Jérémie*, I, 11-12) : la Bible, ici, comme en d'innombrables autres passages, associe par le sens les étymologies, même quand une différence formelle, par exemple entre deux voyelles, donne deux mots bel et bien différents : « celui qui veille » est *shoked* ; et l'amandier est appelé *shaked* (« vigilant ») parce que, dit-elle, fleurissant avant les autres arbres, il est censé s'éveiller le premier du sommeil de l'hiver. Dans une tout autre culture, les haïn-teny malgaches procèdent de même : « Si j'ai planté des aviavy, je voulais que tu viennes », dit un de ces couplets. Que peut cette traduction face au jeu métalinguistique qui relie au verbe *avy*, « venir », le nom de ce figuier aux nombreux fruits noirs venant tomber au sol à maturité ? Mais même quand les cultures sont proches, la traduction vient parfois buter sur la difficulté des œuvres qui exploitent jusqu'à l'extrême les latitudes de distorsion des langues. *Finnegans wake*, de James Joyce, en est l'illustration sans doute la plus étonnante. Si l'on peut considérer la récente tentative de P. Lavergne[7] comme un succès relatif, c'est dans la mesure où il a réinventé les jeux de Joyce en fournissant des équiva-

6. J.-M. Zemb, *Vergleichende Grammatik, Französisch-Deutsch*, Teil 1, Bibliographisches Institut Mannheim, Wien, Zürich, Dudenverlag, coll. « Duden-Sonderreihe Vergleichende Grammatiken », 1978, p. 27.

7. Paris, Gallimard, 1982.

lents français qui, bien que fort éloignés du texte anglais, proposent des aliments comparables à l'imagination.

Toutes ces différences, dont il faut prendre son parti et qui rendent si périlleuse une activité fort antique, contribuent pourtant, mais en creux, à constituer le dossier des universaux : elles font savoir ce qui, en tout état de cause, ne pourra pas y figurer. Mais le plus étonnant est que même imparfaitement, même de façon très approximative, on puisse toujours traduire. Il faut bien que les langues aient de sérieuses homologies pour que les messages qu'elles permettent de produire puissent ainsi voyager. Ceux-là mêmes qui minimisent ces homologies admettent pourtant qu'elles ouvrent un champ au désir de savoir, puisqu'ils se donnent pour objet le minimum de traits qui fait qu'une langue est langue. Il n'est donc pas vrai que, comme le soutenaient il y a trente ans certains structuralistes, on doive s'en tenir à la « tradition américaine (Boas) selon laquelle les langues pouvaient différer les unes des autres sans limites et de manière imprévisible »[8]. Leur formation d'anthropologues les rendait sensibles aux sérieuses divergences de structures sociales. Mais dans l'univers des langues, c'est justement parce que les différences sont de types prévisibles, et contenues dans certaines limites, qu'une entreprise universaliste est concevable.

La recherche des universaux

Il est évident que dans le monde linguistique, les écarts sont trop accusés pour que des universaux de substance aient quelque apparence de probabilité. Ceux-

8. M. Joos, *Readings in linguistics*, Washington, D.C., American Council of Learned Societies, 1957, p. 96.

ci sont des assertions sur la matière même des langues. Par exemple, « on trouve partout une voyelle *u* » : cela est faux en japonais, où la voyelle notée *u* en transcription latine est, en fait, prononcée avec les lèvres étirées et non pas arrondies comme pour le « ou » du français. Ou encore : « toutes les langues ont des adverbes signifiant "toujours" et "seulement" » : cela se trouve infirmé par des langues comme le palau (Micronésie) ou le comox (Colombie britannique), où il s'agit de verbes, dans des structures du type « il-toujours-passé travailler », signifiant « il travaillait toujours »[9]. Ou bien : « si les adjectifs de mesure formant couple d'antonymes sont dérivés l'un de l'autre, c'est "petit" qui sera dérivé et "grand" qui sera base » : cela se vérifie souvent, mais il y a des contre-exemples, comme celui du bugis (Célèbes, Indonésie), où « grand » se dit « non petit » *(teng-baiccu')*. Ou enfin : « il existe universellement un nom "homme" et un verbe "voir" primaires, c'est-à-dire, étant donné l'importance et la généralité des concepts correspondants, un nom et un verbe qui sont des mots simples non analysables, et non des composés ou dérivés » : assertion démentie par le diegueño (Mexique), où « homme » se dit *'isk^w-ič*, soit « celui qui est grand », et par le kalam (Nouvelle-Guinée), où « voir » se dit « (avec les) yeux-percevoir ». Cette dernière langue, hyperanalytique, n'aurait même, selon son descripteur le plus récent[10], que quatre-vingt-quinze verbes, dont vingt-cinq sont d'usage courant, ce qui implique un très haut degré de combinaisons pour exprimer le nombre considérable des états

9. Cf. C. Hagège, *Le comox laamen de Colombie britannique. Présentation d'une langue amérindienne*, Amérindia, n° spécial 2, Paris, Association d'Ethnolinguistique amérindienne, 1981, p. 87-91.

10. A. Pawley, « On meeting a language that defies description in ordinary terms », *Kivung Congress of the Linguistic Society of Papua New Guinea*, Lae, 1980.

et actions d'ordre dicible, auxquels, en français par exemple, correspondent le plus souvent, malgré les dérivations, des verbes différents.

Si l'on trouve tant de flagrants démentis aux universaux de substance, est-ce à dire qu'il faille s'en tenir à des universaux de forme ? La conception que l'on s'en fait aujourd'hui reste assez éloignée de la réalité des langues, comme il apparaît dans le plus récent des formalismes dont l'histoire de la linguistique laisse apercevoir la renaissance périodique, à savoir la grammaire générative. Selon cette théorie [11], sont réputés universels des mécanismes liés aux contraintes formelles qui dessinent une grammaire, reflet de la connaissance que possède le locuteur-auditeur idéal d'une langue. Cette grammaire met en jeu certains types de catégories, utilise certaines espèces de règles, et les applique selon des suites ordonnées et cycliquement, afin d'obtenir toutes et rien que les phrases que peut produire l'utilisateur de la langue. Les structures profondes à partir desquelles est engendrée la surface (le produit final, à savoir ce qui se dit et s'entend) sont évidemment, comme l'indique le nom qu'elles reçoivent, inaccessibles à l'observation directe. Au niveau d'abstraction où elles se situent, elles sont proches de l'idée que l'on se fait des systèmes logiques, et donc suffisamment générales pour dépasser de loin les traits spécifiques des langues individuelles. Mais la distance est grande entre les systèmes logiques et leur exploitation dans les langues.

Ces dernières sont des compromis momentanés, en équilibre instable, parce que situées sur un axe de temps et soumises à des pressions contraires, d'où l'occultation périodique des sens logiquement justifiables sous des sens nouveaux, en particulier quand ces derniers corres-

---

11. N. Chomsky, *Aspects of the theory of syntax, op. cit.*

pondent à un changement de situation dont l'expression linguistique, beaucoup plus lente dans son évolution (v. chapitre XI, p. 360 s.), n'a pas suivi le rythme. Les illustrations concrètes sont nombreuses. Parmi les plus simples, directement reliées au problème de la logique des expressions linguistiques, on peut citer trois cas : ceux du puluwat (Micronésie) et du hindi, où l'épouse est « celle de la maison », même quand aujourd'hui elle travaille au village, et celui du wunambal (Australie), où « boire » se dit « aller boire », même quand il n'y a aucun mouvement, car l'expression, dans sa forme littérale, remonte à l'époque où la marche vers le ruisseau, pour se désaltérer, suivait la pratique du repas sec. Dans ce cas comme dans le précédent, la forme linguistique s'est démotivée, c'est-à-dire a pris un sens qui ne correspond plus à ce qu'elle dit littéralement et qui était logiquement relié à un état de choses aujourd'hui disparu.

Ainsi, les langues sont assez éloignées des systèmes logiques (v. chapitre VI, p. 188 s.). Les universaux de forme, de par leur abstraction, sont des procédures peu opérantes pour l'élucidation des langues en elles-mêmes. Les universaux de forme sont en réalité non des universaux des langues, mais des conditions générales de cohérence de la linguistique, des exigences d'ordre épistémologique. Ils peuvent nous apprendre quelque chose sur les systèmes logiques, sur les méthodes utilisables en sciences humaines et sur l'ingéniosité de celui qui les façonne, mais non sur les langues elles-mêmes comme manifestations de la faculté de langage, ni sur l'homme, qu'elles contribuent à caractériser. Ce n'est pas parce qu'une théorie linguistique requiert certaines démarches méthodologiques que l'on doit considérer ces dernières, en confondant la procédure avec l'objet auquel elle s'applique, comme inhérentes aux langues.

Limites de l'écart entre les langues. Tendances générales

Si l'on ne rencontre une voie fructueuse ni dans les universaux de substance, ni dans ceux de forme, que peut-on tirer des traits linguistiques généraux, déductibles de la définition d'une langue ? De tels traits sont, par exemple, la contradiction entre la continuité des univers physique et mental d'une part, et, d'autre part, la discontinuité des oppositions distinctives des langues. Ces dernières, en effet, sont souvent exprimées en termes polaires : voyelles françaises *a*, ouverte, et *i*, non ouverte ; indicateurs spatiaux situant les objets du monde comme plus proches ou moins proches d'*ego* ; marques de temps et d'aspects comme accompli/inaccompli, réel/irréel, ponctuel/duratif, etc. En réalité, cette vue traditionnelle d'une discontinuité demande quelque pondération. Les langues organisent leurs oppositions avec plus de souplesse qu'il n'y paraît, et entre les « extrêmes », on trouve une série de degrés intermédiaires (v. chapitre VI, p. 183). Un autre trait est la variation parallèle qui affecte la forme des mots et leur sens, selon un processus indéfiniment remis en cause par nombre d'accidents, d'où l'existence, à des échelles variables selon les langues, d'homonymies et de synonymies. Malgré leur intérêt et avec les réserves faites sur le premier, ces traits ne sont pas directement utilisables. Ce sont de simples caractéristiques générales des langues. Ils ne peuvent constituer la base d'hypothèses empiriques vérifiables. Or de telles hypothèses sont bien les points d'ancrage nécessaires au progrès du savoir sur les langues et sur leurs utilisateurs. On peut concevoir un universal [12] comme une hypothèse fondée sur la connais-

---

12. On propose ici, pour répondre au pluriel « universaux », ce singulier, qui fut autrefois en usage et qui s'inscrit dans une formation *-al/-aux* courante en français.

sance pratique d'un certain nombre de faits (d'où la désignation, non contradictoire, comme hypothèse empirique), mais allant au-delà de la simple collection de ces faits, pour s'intégrer à un ensemble de corrélations entre les propriétés des langues. Il convient de soumettre ces hypothèses au contrôle, en vérifiant leur validité sur un ensemble beaucoup plus grand de faits. On aura soin d'en diversifier les sources, afin d'éviter d'attribuer à des propriétés universelles les faits homologues qui peuvent s'expliquer aussi bien par l'origine commune (parenté génétique) ou par des relations continues dues au voisinage géographique (parenté aréale).

Ainsi, il ne s'agit ni d'inventer des universaux de forme *a priori*, ni de se contenter de simples inductions à partir de faits accumulés. Ceux-ci demeurent contingents. Le matériau linguistique utilisable n'épuise pas nécessairement l'ensemble des propriétés qu'une perspective universaliste attache aux langues comme objets théoriques. Mais il faut bien admettre de ne pouvoir opérer qu'avec les seuls faits dont on dispose. C'est donc à des tendances et non à des lois que l'on aboutira, même si l'on parle de lois pour faciliter, par une formulation plus rigide, l'invalidation éventuelle. Les faits présentent très souvent des contre-exemples aux hypothèses dont on est parti. C'est en étudiant ces derniers comme tels, et à condition, il va de soi, qu'ils soient assez nombreux pour être révélateurs, que l'on peut progresser dans l'entreprise d'élucidation de certains mystères des langues comme phénomènes propres à l'espèce. Un type privilégié d'hypothèses propose des *tendances implicationnelles*, de forme A $\equiv$ → B, soit : « si une langue possède un trait A, elle possède probablement aussi le trait B », que le cadre théorique et les contenus expérimentaux jusqu'alors disponibles conduisent à considérer comme impliqué par A. La vérification de telles tendances ouvre un vaste champ à la recherche.

Mais avant de s'engager dans la voie ainsi définie, il faut fixer des cadres. Un détour technique est ici nécessaire. *Les langues ont des problèmes à résoudre, qui tous se ramènent à un : associer des sens à des sons.* Mais elles ne forment pas n'importe quel son, elles ne produisent pas n'importe quel sens, elles n'associent pas sens et sons de manière fortuite. Sur les sons, il existe des contraintes physiologiques, qui tiennent à l'appareil articulatoire qui les produit et à l'oreille qui les perçoit. Mais, en outre, sur l'ensemble des sons articulables, chaque langue ne retient pas la même matière. Chacune est caractérisée par le nombre, la nature de ses phonèmes (sons minimaux), et les types de combinaisons entre eux qu'elle admet : le français oppose *p* et *b*, le chinois et le danois *p* et *ph*, le hindi *p, ph, b, bh* ; le français ne possède pas de mot commençant par *tp-*, alors que le palau (Micronésie) en possède. La *phonologie* est la partie de la linguistique qui étudie les systèmes de sons distinguant les mots, et les combinaisons de ces sons dans la chaîne parlée.

Quant à ce qu'on appelle la signification (le signifié) de ces mots, elle est liée à la manière dont chaque langue construit son réseau de relations par rapport aux objets extérieurs, c'est-à-dire au référent, lequel s'ajoute, comme partie intégrante de l'élaboration du sens, à l'association du signifié et du signifiant (v. chapitre V, p. 130 s.). Ce qu'on appelle les mots, tel est le produit de cette construction : mots ou, pour ceux qui sont immédiatement décomposables, parties de mots. L'ensemble constitue le *lexique*. Les mots du lexique ne sont pas un simple répertoire indifférencié et immuable. Les pressions qui, d'autre part, s'exercent sur eux dans les phrases où ils s'emploient, finissent, à des degrés divers selon les langues, par les spécialiser en catégories telles

que noms, verbes, etc., susceptibles d'assumer certaines
relations de manière régulière. L'étude de ces catégories
(parties du discours) et de ces relations est le domaine de
la *syntaxe*. Mais, en outre, il arrive souvent que la
différenciation des mots en types s'assortisse de marques formelles qui les identifient les uns par opposition
aux autres. L'examen de ces marques est la *morphologie*,
plus ou moins développée selon les langues. Et les quatre
domaines définis par la phonologie, le lexique, la syntaxe
et la morphologie fixent le cadre d'assignation des traits
universels.

La diversité n'étant pas un pullulement anarchique, et
les langues ne pouvant appartenir à n'importe quel type
qu'il plaira d'imaginer, la forme que prennent ces traits
est celle de propriétés sujettes à des variations contenues
dans certaines limites. Variations prévisibles, non fortui-
tes, car même si les pressions externes, tenant à l'histoire
des sociétés, sont contingentes, la manière dont les
langues réagissent à ces pressions ne l'est pas. Dans
l'univers des langues, pourtant si bariolé, c'est bien une
régulation de l'écart qui se donne à voir. Pour toute
langue, une relation unit certaines fonctions et certaines
structures qui les assument. Ces structures parcourent,
derrière une apparence d'extrême diversité, un champ
d'écart non infini.

La distinction des types sur fond d'universel

C'est pourquoi la recherche des universaux des langues est le fondement de l'entreprise de classement qui
répartit ces dernières en espèces, et dont l'importance
apparaît ainsi en pleine lumière. « C'est seulement par la
typologie que la linguistique s'élève à des points de vue

tout à fait généraux et devient une science. » [13] On aurait
pu pourtant les croire incompatibles, puisque la première aime les récurrences et la seconde les variations.
Mais c'est sur un arrière-plan de discriminants généraux
et de principes abstraits que la diversité des types se
découvre. Dans le cadre dessiné par les quatre domaines
qu'on a définis, l'ordre de différenciation croissante va
de la syntaxe à la morphologie en passant par la
phonologie et le lexique.

La phrase est une unité importante de la syntaxe (mais
ce n'est pas la seule : v. chapitre IX). Une phrase non
elliptique s'organise en un centre, appelé son prédicat, et
une périphérie. Un exemple simple est celui de la phrase
française *sa sœur est endormie*, analysable en un prédicat *est endormie* et une périphérie, non-prédicat, *sa sœur*.
Mais à partir de cette condition minimale de dicibilité,
les langues montrent une grande variété quant au degré
de spécialisation de certains mots dans l'une ou l'autre
de ces fonctions ou de celles qui peuvent se définir
en rapport à chacune d'elles. Les catégories de mots
sont loin d'être également réparties : beaucoup de langues n'ont pas d'adjectifs, de nombreuses autres possèdent des morphèmes de classes (v. l'exemple chinois
donné ci-dessus p. 61-62), d'autres encore disposent de
noms spéciaux utilisés pour les relations de parenté, et
dont le comportement syntaxique est différent de celui
des noms ordinaires. Les structures de phrases varient
elles aussi [14] lorsque deux participants, agent et patient,
sont en cause : on distingue les langues dites ergatives,
les langues accusatives et les langues mixtes (v. chapi-

---

13. L. Hjelmslev, *Le langage* (1963), Paris, Ed. de Minuit, 1966,
p. 129.
14. Ces faits sont étudiés en détail dans C. Hagège, *La structure des
langues*, Paris, P.U.F., coll. « Que sais-je ? », 1982, p. 39-40.

tre X, p. 328). Il existe encore un quatrième type : c'est celui où, même dans la structure la plus simple, qui fait intervenir non pas un agent et un patient agissant l'un sur l'autre, mais un seul participant, avec des verbes signifiant « courir », « tomber », « travailler », etc., ce participant peut être marqué par deux morphèmes différents, ou mis à deux cas de déclinaison distincts, selon qu'il exerce plus ou moins volontairement, plus ou moins consciemment, l'action dont il s'agit. Telle est la situation en guarani (Paraguay), dakota (Oklahoma), etc.

Toutes les langues peuvent préciser, outre les participants de l'action, ses circonstances. Mais les traitements formels, ici encore, sont assez différents. Pour ne prendre qu'un exemple, celui de l'instrument ou de la manière, le français dit *il coupe l'herbe avec un couteau*, tandis que le poular (Sénégal) emploie, pour ce sens d'« avec », non un mot indépendant, mais un affixe qu'il associe au verbe fonctionnant comme prédicat : *tay-ir-ta paaka hudo-ka* (couper-instrument-présent couteau herbe-morphème de classe).

Dans n'importe quelle langue, il est possible de déterminer un mot à l'aide d'un autre mot, comme le fait le français au moyen du joncteur *de* dans *le père de l'enfant*. Mais le recours à un joncteur est loin d'être la seule solution. Certaines langues juxtaposent les deux termes, et c'est l'ordre de succession fixe, déterminé-déterminant ou déterminant-déterminé selon le cas, qui est indicateur du sens de cette relation. Les langues à déclinaisons se servent d'une désinence de génitif (ex. latin), ou d'un autre cas commandé par un joncteur (ex. allemand *von* + datif). On rencontre encore bien d'autres types de structures marquant ce même rapport : adjonction d'un article au déterminant postposé, avec altération éventuelle du déterminé (arabe, hébreu) ; changement d'accent (fataluku de l'Ile de Timor) ou de ton

(v. chapitre V, p. 153 s.) dans les langues bantoues du sud-ouest du Cameroun ; altération du déterminant (ex. dans les langues celtiques (breton, irlandais, etc.), ou en guiliak de Sibérie orientale, tous idiomes où ce sont les consonnes initiales qui changent) ; emploi d'un support de détermination « celui (ou celle, ceux, celles) de », s'accordant avec le déterminé (ex. haoussa (Nigeria), tchamalin (Caucase), berbère, hindi) ; recours à un possessif, en apposition duquel vient le déterminant, comme en hongrois (« l'enfant père-son ») ou en palau de Micronésie (« le père-de lui l'enfant »).

Un autre cas, relié à ce dernier, est celui de la possession telle qu'elle s'exprime dans une phrase entière (et non plus dans le seul groupe de détermination, qui n'est qu'une partie de phrase). Toutes les langues connues peuvent dire la relation entre possesseur et possédé, qui est universelle. Mais la structure des phrases qui l'expriment présente une grande variété. Si X figure le possesseur et Y le possédé, la formulation peut être[15] équative : « X est Y-possesseur », comme en ketchoua (Pérou-Bolivie) ; attributive, comme dans les langues australiennes qui offrent la structure « X est Y-ifié » ; existentielle, comme en jacaltec (Guatemala), où l'on dit « Y de X existe » ; situative, comme en russe, dans les langues sémitiques et couchitiques (Afrique de l'Est), où la formule est « Y est à (pour, chez, dans, avec) X », ou bien comme dans les langues d'Afrique centrale qui, inversement, construisent « X est avec Y » ; active, enfin, dans celles qui disposent d'un verbe « avoir », comme les langues romanes (dont le français), germaniques, les principales langues slaves autres que le russe, et toutes

---

15. On prend ici pour bases les types sémantiques définis au chapitre IX, p. 284, dans le cadre de la théorie des trois points de vue.

celles où ce verbe est étymologiquement relié aux mots signifiant « tenir » ou « main » (idiomes du nord-ouest du Caucase, par exemple).

Enfin, un procédé récursif typique de la syntaxe, l'emboîtement des phrases simples produisant des phrases complexes à subordination, est lui aussi universel[16]. Les réalisations en sont cependant variées. Les propositions subordonnées dites relatives posent de nombreux problèmes techniques et sont depuis longtemps entre les grammairiens l'enjeu de controverses savantes qui en font un des objets favoris de la quête universaliste[17]. En s'en tenant aux surbordonnées autres que relatives, on note que beaucoup de langues marquent un rapport de hiérarchie syntaxique par la courbe intonative seule. Les usagers savent alors, sans que des conjonctions soient nécessaires, qu'une suite de mots doit être comprise en tant que partie de phrase exprimant un complément, une circonstance de temps, de cause, d'hypothèse, de but, etc., comme si l'on avait respectivement « que », « lorsque », « parce que », « si » ou « pour que ». En effet, la direction de la voix, en l'absence du contour propre à une phrase complète indépendante, indique qu'il s'agit d'une proposition non autonome. Le même fait est attesté dans les registres oraux de nombreuses langues occidentales, ainsi, apparemment, que dans toutes celles dont les registres écrits ou plus formels utilisent soit des conjonctions comme celles qu'on vient de citer, soit un mode spécial de subordination (subjonctif, conjonctif), soit une forme particulière de pronom ou un type propre (ex. l'infinitif latin) dans la subordonnée d'un verbe

16. De là, dans les théories innéistes (pour lesquelles la problématique de l'universel est liée à celle de l'inné), son assignation au code génétique. V. p. 26-35.

17. Voir, pour les détails, C. Hagège, *La structure des langues, op. cit.*, p. 60-65.

assertif. Ainsi, en français parlé, la phrase *il faisait un seul pas, il se faisait tuer* a le même sens, bien qu'elle possède une marque purement intonationnelle du rapport d'hypothèse, que celle, d'un style plus proche de l'écrit, dans laquelle ce rapport est marqué par conjonction spéciale : *s'il avait fait un seul pas, il se serait fait tuer*. On note enfin que, quand la conjonction s'emploie, sa place elle-même n'est pas universellement identique : située le plus souvent à la frontière entre les deux propositions, elle ne l'est cependant pas dans toutes les langues : en basque du Labourd (sud-ouest de la France, au contact de l'Espagne), ce qui équivaut à *je dis qu'il fait cela* est une structure *erran/dut/au/iten/due-la* [18], soit mot à mot : « dis/je le/cela/fait/il l'a-que »), où la conjonction *la* apparaît non à la suture des deux propositions, mais suffixée au verbe de la subordonnée. Il en est de même dans d'autres langues, comme le guarani (Paraguay).

On peut s'en tenir ici à ces traits. Tous font apparaître que les langues, sur une base commune d'organisation des rapports qui expriment à peu près les mêmes contenus universels, divergent quant aux structures par lesquelles elles les représentent.

Les divergences sont plus fortes en phonologie. La finitude spatiale et fonctionnelle des organes de la parole et de l'audition impose des limites universelles aux possibilités de variations des systèmes de sons. Le canal vocal-auditif, lieu sonore par lequel passe la production de sens dans la communication orale, est certes un des traits définitoires de l'espèce. Mais hors cette base commune, les systèmes sont divers. La supériorité du nombre des consonnes par rapport à celui des voyelles n'est elle-même qu'une forte tendance, mais non une loi :

---

18. G. N'Diaye, *Structure du dialecte basque de Maya*, La Haye-Paris, Mouton, 1970, p. 219.

le hawaïen, par exemple, présente dix voyelles pour huit consonnes, et d'autres langues polynésiennes connaissent des proportions comparables. Variété encore au sein des sous-systèmes : beaucoup de langues possèdent les trois consonnes articulées aux trois points équidistants, soit les lèvres (labiales comme *p*), les dents (dentales comme *t*), le voile du palais (vélaires comme *k*). Mais d'autres n'en ont que deux : *p* et *t* en tahitien, *p* et *k* en hawaïen[19]. Et *p* est absent, en tant que phonème, dans plusieurs langues, comme le palau ou l'arabe, lequel, il est vrai, possède son correspondant sonore *b*. Cette opposition de consonnes sourdes et sonores, qui est caractéristique du français (*p/b*, *f/v*, *t/d*, *s/z*, etc.), est attestée dans 37 % des langues connues. Il existe également des consonnes aspirées, d'autres glottalisées (c'est-à-dire à fermeture puis réouverture de la glotte avant ou après l'articulation propre), etc., et les combinaisons de ces types entre eux produisent une forte diversité. A cela s'ajoute la façon dont se répartissent, dans les sous-systèmes de consonnes, les nasales (en français, *m* et *n*, les plus répandues de toutes), et liquides (*l* et *r*, pour ne retenir que les plus courantes).

Les sous-systèmes de voyelles offrent une abondance comparable. Aux trois unités de base *i*, *u* et *a*, respectivement les plus fermées à l'avant et à l'arrière du palais, et la plus ouverte, viennent s'ajouter toutes espèces d'articulations intermédiaires, depuis la tenue qui produit une longueur ou un redoublement vocalique (ex. en allemand où *bitten*, « prier », avec un *ĭ* bref, se distingue de *bieten*, « offrir », avec un *ī* long), jusqu'aux nasales, comme les trois voyelles françaises (écrites avec un « -n » final dans l'orthographe) qui donnent par exemple les

19. Cf. A. G. Haudricourt, « Richesse en phonèmes et richesse en locuteurs », *L'Homme*, I, 1, 1961, p. 5-10.

trois mots *Ain, on* et *an*. Le français est une des langues
connues qui possèdent des voyelles nasales, difficilement
prononçables par les adultes étrangers parlant une de
celles, plus nombreuses, qui en sont dépourvues. En
outre, les voyelles peuvent porter des accents dont la
place suffit, dans de nombreuses langues (espagnol,
anglais, russe, allemand, hébreu israélien, etc.), à différencier des mots par ailleurs identiques. Et dans la
plupart des langues d'Afrique, dans un quart de celles
d'Asie et d'Amérique du Nord, quinze pour cent de celles
d'Océanie et quatorze pour cent de celles d'Amérique du
Sud, les voyelles portent des tons dont le rôle est
également distinctif (v. chapitre V, p. 153 s.).

A cette variété des systèmes et sous-systèmes de sons
s'ajoute celle des combinaisons dont ils forment les
mots. Les différences entre langues sont fortes quant
aux groupements de consonnes et de voyelles qui sont
admis en chacune des trois positions initiale, médiane et
finale, et par conséquent quant aux types de syllabes
attestés. On peut néanmoins poser quelques universaux
implicationnels à propos de certaines articulations,
occlusives, fricatives, liquides, et de leurs associations en
groupes. Les occlusives sont des consonnes réalisées par
fermeture d'une cavité (la bouche), suivie d'une ouverture avec petite explosion lors de la sortie de l'air : *p, t, k,
b, d, g,* etc. Les fricatives, quant à elles, s'articulent par
frottement de l'air à travers un passage étroit, parce que
légèrement entrouvert : *f, v, s, z,* etc. Si une langue admet
des groupes constitués de deux occlusives ou de deux fricatives,cela implique qu'elle connaît aussi les combinaisons d'une occlusive avec une fricative. D'autre part, si une
langue associe, au moins dans un des groupes consonanti-
ques qu'elle admet, une occlusive ou une fricative avec
une nasale, alors elle doit également permettre au moins
une combinaison d'occlusive ou de fricative avec une li-

quide. Le français, moins riche que l'allemand en groupes d'occlusives, de fricatives ou d'occlusives-fricatives, offre des exemples comme *aptitude* (occlusives *p* + *t*), *asphodèle* (fricatives *s* + *f*) et *aphteuse* (fricative *f* + occlusive *t*), ou comme *jasmin* (fricative *s* + nasale *m*) et *frapper* (fricative *f* + liquide *r*). Dans d'autres langues, l'implication est vérifiée sur une plus large échelle : le bengali (Inde), le berbère, le bulgare, le cambodgien, tous concernés par l'impliqué, connaissent aussi l'impliquant.

Les différences quantitatives, et partant structurelles, entre les lexiques, d'une langue à l'autre, existent même au sein d'une seule entre deux ou plusieurs individus. Le premier, par exemple, emploie le plus souvent un répertoire de mille deux cents mots, alors que celui du deuxième est de deux mille, et qu'un troisième en connaît deux mille cinq cents. Au-delà de ces déséquilibres, qui pourraient conduire à attribuer trois langues distinctes à trois individus pourtant « également » francophones, les langues n'établissent pas aux mêmes lieux les frontières, alors que les données naturelles sont identiques. Elles se construisent des classes différentes par leur nombre et par leur contenu. Les mots chromatiques (cinq couleurs nommées ici, trois seulement là), en sont un exemple classique, ainsi que les noms de parenté : le mot turc *kardeş* ne peut avoir la même extension que *frère* ou que *sœur*, puisqu'il signifie « frère ou sœur ». Quant aux objets culturels, ils changent avec les écologies, et parallèlement changent aussi les inventaires de leurs noms. A l'unique *saumon* du français et à son *renne* indifférencié répondent une dizaine de noms distincts, respectivement chez les Comox, pêcheurs d'eaus poissonneuses autour de l'île de Vancouver, et chez les Lapons de Finlande. Chacun sait enfin que le lexique des notions comme « liberté », « conscience », « honneur », diversement tissé au gré des croyances et des sociétés, multiplie les pièges de la traduction.

Tous ne se laissent pas intimider par ces chicanes. On a, au moins depuis le XVIIᵉ siècle en Occident, tenté de subsumer sous tous les lexiques du monde un nombre fini d'invariants sémantiques. Seuls seraient en variation d'une langue à l'autre les types de combinaisons. Et le vocabulaire de chaque langue ne serait qu'un des ensembles d'associations possibles. Il suffit, pour se persuader de la légitimité d'une telle démarche, de n'être pas exigeant et de disposer d'exemples bien choisis que l'on recueille dans un petit nombre de langues. Mais les faits sont moins simples. Il y a, de par la diversité des besoins et des situations, une créativité de l'homme de paroles, et un renouvellement constant des sens. C'est assez pour démentir les invariants qu'une vue atomisante impose *a priori*. En outre, le monde extérieur aux langues ne cesse de se transformer. Même une analyse componentielle (analyse en traits de sens minimaux) aussi « évidente » que celle de « père » en « parent mâle » dans toute langue risque de se trouver infirmée depuis que des opérations chirurgicales se pratiquent, par lesquelles il est loisible de changer de sexe : un homme dont une semblable intervention fait un transsexuel cependant qu'il avait autrefois engendré est bien un père, mais un père femelle [20]. De surcroît, que peut nous apprendre sur la signification, propriété cardinale, cette méthode circulaire ? Représenter par des mots les invariants sémantiques minimaux au moyen desquels s'analyserait le lexique de toute langue, c'est laisser entier le problème de la décomposition de ces mots eux-mêmes. Certes, on peut s'évertuer à soutenir que ces mots sont de simples symboles abstraits, les primitifs d'un métalangage, des entités mé-

20. Cf. G. Sampson, *Making sense, op. cit.*, p. 63-65. D'autres préféreront parler d'un père eunuque.

thodologiques, et non des mots d'une langue réelle. On n'échappe pas, quoi que l'on prétende, à l'aporie que produit un fait incontournable : *la linguistique est la seule science actuelle dont l'objet coïncide avec le discours qu'elle tient sur lui.*

Quant aux assertions générales impliquant, elles aussi, une analyse en traits sémantiques minimaux et invariables, elles n'ont pas beaucoup plus de solidité. Selon deux des plus connues, les noms propres doivent « être assignés à des objets remplissant une condition de contiguïté dans l'espace et dans le temps », et, d'autre part, les « choses fabriquées sont définies en termes de certains buts, besoins et fonctions propres à l'homme, au lieu de l'être seulement en termes de propriétés physiques »[21]. Cette seconde assertion remonte au moins à Aristote[22]. N. Chomsky la reprend avec approbation, de même que la première, qu'il emprunte à B. Russell[23]. Bien qu'il apporte un correctif à celle-ci en mentionnant le nom des Etats-Unis qui viole la condition de contiguïté spatio-temporelle[24], il déclare qu'il n'existe pas de raison logique qui justifie l'absence de tels mots dans les langues[25], en sorte que les cas qui vérifieraient l'assertion devraient conduire à voir dans cette absence une

21. N. Chomsky, *Aspects of the theory of syntax, op. cit.*, p. 29.

22. *De anima*, 403 b, où l'idée est illustrée par le cas du mot « maison » *(oîkos).*

23. *An inquiry into meaning and truth*, Londres, Allen and Unwin, 1940, p. 33.

24. L'Alaska et Hawaii, Etats américains, sont séparés du reste du pays par d'immenses portions de terre canadienne ou de mer (en dépit de la situation actuelle, aucun manuel de géographie ne présente l'océan Pacifique comme un lac intérieur). A cet exemple peut être ajouté celui de noms communs tels que *constellation*, ensemble discontinu d'étoiles en français et en anglais, ou, en français, *rouage*, ensemble des roues d'un mécanisme (horloge, par exemple).

25. Chomsky, *ibid.*, p. 201, n. 15.

propriété innée. Or, d'une part, il ne suffit pas qu'une propriété n'ait pas de nécessité logique pour qu'on la répute innée. D'autre part, la seconde assertion se trouve elle aussi démentie par des termes tels que l'anglais *hardware*, ensemble des équipements métalliques de diverses machines, comme les ordinateurs : *hardware* désigne bien une série d'objets artificiels dont les traits se rapportent à des propriétés physiques, et non à leurs fonctions, qui sont extrêmement variées.

La difficulté d'établir des universaux du lexique conduit à se servir, comme en syntaxe, de critères généraux. De tels critères sont constitués par ce qu'on peut appeler les échelles de gradation. Il s'agit de variations régulières fournissant à la comparaison entre langues une base commune. On examinera ici cinq de ces critères, à savoir les échelles suivantes : extension synonymique, extension polysémique, arbitraire, précision dans les taxinomies, et enfin extension des catégories obligatoires.

Les lexiques des langues recourent de façon variable à la synonymie, que les synonymes appartiennent au même registre ou qu'ils se distinguent par le niveau stylistique et les circonstances dans lesquelles chacun peut être utilisé. Quant à la polysémie ou pluralité de sens pour un même mot, certaines langues la développent plus que d'autres. C'est le cas de celles qui utilisent les noms de parties du corps pour former des indicateurs de relations spatio-temporelles, lesquels n'annulent pas l'emploi des noms concrets dont ils sont produits : « visage » → « devant », « ventre » → « dans », « dos » → « derrière », etc. (cas fréquent en Afrique, Océanie, Amérique centrale, et attesté même, probablement, dans le monde entier, mais alors à des époques historiques variables et pour des indicateurs dont les bases nominales ont disparu de l'usage).

Certaines langues offrent plus de prise que d'autres à l'analyse de mots complexes en éléments simples. Elles possèdent donc un lexique à moins haut degré d'arbitraire. Ainsi, la série allemande *aufnehmen, abnehmen, mitnehmen*, où les sens sont déductibles par addition de celui du préverbe à celui du verbe de base *nehmen*, « prendre », est moins arbitraire que la série des verbes français correspondants : *relever, ôter, emporter*, qui ne s'analysent pas tous aussi clairement. On peut rapprocher selon le même critère la série estonienne *kirjandus, kirjanik, kirjastaja* et celle des correspondants français *littérature, écrivain, éditeur*, opaques en l'absence d'une racine commune à la manière du *kir-* estonien. Dans certaines langues, les composés descriptifs, de sens prévisible à partir de ceux des composants, sont très nombreux, d'où un vocabulaire « pauvre » parce que fortement motivé. Tel est le cas des langues africaines, océaniennes, tibéto-birmanes, etc., dans lesquelles « crâne » s'exprime par « os de la tête », « poussière » par « farine de la terre », « cheville » par « œil du pied », « moustache » par « poil de la bouche », etc.

Selon le type de rapport qui se construit avec le monde environnant, une langue dispose d'un éventail plus ou moins large de termes pour classer les objets. Dans les langues de sociétés industrielles, les sous-ensembles techniques du lexique sont déjà fort importants en physique, biologie, industries diverses, et ne cessent de se développer. Plus généralement, certains domaines fournissent une particulière abondance de désignations par les mots, dès lors que ces domaines correspondent à des activités définitoires ou chargées de symbolisme culturel. Il en est de même en d'autres types de sociétés, comme on a pu l'apercevoir à propos des noms lapons du renne ou des noms comox du saumon. Il peut arriver aussi qu'il n'y ait pas d'*hyperonyme*, c'est-à-dire de terme générique coiffant la prolifération des termes spécifiques. Ce phénomène, qui n'est pourtant pas une exclusivité des sociétés non industrielles, a parfois inspiré de hâtives inférences à coloration raciste sur la « mentalité primitive », qui n'aurait pas d'aptitude à s'élever jusqu'à l'abstraction généralisante. Mais que les langues nomment en priorité ce qui est ancré sur les besoins de la vie quotidienne, hautement variables d'une société à l'autre, c'est là une norme universelle et parfaitement logique. En outre, l'aisance d'acquisition de langues à termes génériques par les habitants de brousses à spécificités lexicales suffit à écarter les extrapolations sur la mentalité des peuples.

Enfin, les catégories comme le genre (masculin, féminin, neutre, raisonnable, inanimé, etc.), le nombre (singulier, duel, pluriel, etc.), la classe (physique, fonctionnelle, etc.), la position dans l'espace, et d'autres, sont présentes à des degrés divers selon les langues. Elles peuvent n'être pas immédiatement manifestes, se révélant à travers les compatibilités des mots entre eux. Ainsi, le français ne peut dire *il feuilletait son gant* dans les conditions les plus courantes, du fait du type d'action et du type d'objet auxquels réfèrent ici *feuilleter* et *gant*. On peut considérer les différences de répartition selon les langues entre catégories nécessaires comme un cas particulier d'un principe général qui présente un évident intérêt typologique : *la division des tâches entre le lexique et la grammaire*. Ce qui est obligatoire dans les unes est confié au lexique dans les autres[26]. Ces répartitions

---

26. La grammaire et le lexique peuvent aussi associer leurs contributions dans certaines langues, tandis que dans d'autres un seul des deux domaines prend en charge l'indication des sens. Ainsi, alors qu'en français un adverbe comme *demain* et un adverbe comme *hier* s'associent aux formes verbales pour indiquer le futur ou le passé, le hindi n'a qu'un seul adverbe sous-spécifié *kǝl*, voulant dire « demain » ou « hier »,

divergentes s'inscrivent évidemment au dossier des pièges et délices de la traduction.

Le dernier domaine d'une quête des universaux, la morphologie, est aussi le plus décevant. C'est celui qui produit la plus maigre moisson. Mais aussi, peut-être, celui qui nous apprend le plus, pour cette raison même. La morphologie est le champ de plus forte différenciation. Comparables sur ce point aux espèces vivantes, les langues se ressemblent par les fonctions dont elles sont investies et par la place qu'elles occupent entre l'homme qui les utilise et l'univers dont elles parlent, mais rien ne postule d'homologie de leurs formes. Si l'on admet qu'elles ont besoin de mots doués de sens et analysables en unités de sons, cette nécessité de base suffit, et elle n'implique pas que la structure desdits mots doive être uniforme. Au XIXᵉ siècle et au début du XXᵉ, on ne reliait pas, comme cela est fait ici, l'entreprise typologique et la recherche des universaux, qu'elle devrait présupposer. C'est alors qu'un classement typologique des langues, amorcé par les frères F. et A.-W. Schlegel (1808 et 1818) et encore utilisé aujourd'hui par beaucoup de linguistes et de non-linguistes, est devenu célèbre à travers les recherches de W. von Humboldt, F. Bopp, A.-F. Pott, A. Schleicher, H. Steinthal, F. Misteli, F. N. Finck, R. de La Grasserie et E. Sapir, lesquelles s'échelonnent entre 1833 et 1921 [27]. Les langues y sont réparties en flexionnelles, agglutinantes et isolantes.

Les flexionnelles sont celles dont les mots sont constitués de combinaisons de radicaux et d'affixes, avec

selon que le verbe est au futur ou au passé. Il en est de même en huron (langue iroquoise éteinte). C'est, en français également, la situation attestée pour *tout à l'heure*.

27. Pour plus de détails sur ces travaux ainsi que sur les types de langues rapidement esquissés ici, voir C. Hagège, *La structure des langues, op. cit.*, p. 4-9.

fusion à la frontière entre les deux, aussi bien pour les
noms (déclinaisons) que pour les verbes (conjugaisons) :
le latin dit *tempus* « le temps », mais *temporis* « du
temps », le français oppose *savons* à *sais*. Les agglutinantes sont celles dont les mots résultent d'une pure juxtaposition des radicaux et des affixes, sans accidents aux
frontières : au français *des maisons* répond en turc
ev-ler-in, soit « maison-pluriel-génitif ». Les isolantes
présentent des mots invariables et inanalysables (bien
qu'elles n'ignorent pas la composition et la dérivation), et
les rapports entre ces mots y sont indiqués par la
position. C'est le cas du chinois mandarin, où *gěi* veut
dire « donner » ou « à », et *yòng* « utiliser » ou « au moyen
de », selon leur position dans la phrase. Les mots des
langues isolantes tendent en outre, contrairement à ceux
des autres types d'idiomes, au monosyllabisme. Enfin,
certains auteurs, comme Pott, ont, en reprenant une
suggestion faite dès 1819 par l'érudit franco-américain
P. S. Du Ponceau, ajouté un quatrième type, dit polysynthétique, bien représenté dans les langues amérindiennes, où sont synthétisés sur la base d'une racine unique
un certain nombre d'affixes de sens aussi bien concret
que grammatical, en particulier par le procédé appelé
incorporation. Le résultat est une fréquente coïncidence
du mot et de la phrase.

Cette typologie, bien que fondée en son principe sur la
morphologie, y mêle, comme il apparaît vite, des considérations syntaxiques. D'autre part, implicitement évolu-
tionniste, elle place les langues flexionnelles au sommet,
alors que les changements sont cycliques et que les
langues isolantes comme le chinois ont très probablement été flexionnelles autrefois. Enfin, elle laisse entendre que les langues relèvent chacune d'un type, alors que
les faits sont beaucoup moins simples : la plupart des
langues possèdent des traits qui ressortissent à plusieurs

types à la fois. En dépit de ses insuffisances, cette tri-(quadri-)logie a du moins le mérite de faire apparaître combien les mots sont variables d'une langue à l'autre. La morphologie ne laisse guère de place aux universaux. On se trouve ici au point extrême des variations. Si, au-delà du seuil ainsi défini, des bornes sont imposées à la diversité théoriquement possible, c'est seulement parce que toutes les langues assument un ensemble commun de fonctions, qui appellent des structures formelles non susceptibles de varier de manière totalement anarchique.

Selon les théories rationalistes, les universaux sont innés. En les concevant ici comme des hypothèses empiriques vérifiables qui prennent pour objet le degré d'écart entre les langues par rapport à des propriétés générales, on reste assez éloigné d'une problématique de l'inné. Il ne s'agit ici ni d'universaux de formes, ni d'universaux de substance. Le débat sur l'inné, cependant, est loin d'être indifférent. Mais pourquoi les universaux seraient-ils le résultat uniforme de propriétés de l'esprit humain génétiquement héritées ? Pourquoi ne s'agirait-il pas de réponses analogues, en toutes les langues, aux situations que l'espèce rencontre dans le rapport d'interlocution ? Les thèses innéistes ne tiennent guère compte de l'usage qui est fait des langues. C'est du langage, non des langues, qu'elles font en réalité leur objet. Mais, même alors, elles demeurent discutables. Une expérience connue depuis fort longtemps confirme négativement ce que l'observation naïve fait subodorer. L'aptitude à la vie sociale, qui s'est probablement inscrite, au cours d'une évolution de centaines de milliers d'années, au code de l'espèce (v. chapitre I), comme la faculté que cette aptitude accompagne, le langage, supposent nécessairement un groupe d'individus. L'expérience est celle des enfants sauvages, qu'il faut, quand

on les a soustraits à leur état d'origine, élever, non sans
de grandes difficultés, pour en faire des êtres sociaux.
Ainsi, la faculté de langage n'aboutit à la communication
que s'il y a vie sociale. Certes, le langage a d'autres
fonctions en sus de la communication. Mais si l'on peut
le caractériser aussi comme faculté autonome, l'espèce,
elle, ne se définit qu'en groupe. La désignation de soi et
des autres dans l'acte d'interlocution est universelle, que
l'expression en soit un pronom personnel, une forme du
verbe ou tout autre moyen. Si l'homme en a l'aptitude,
c'est parce qu'un « je » dit « tu » à un autre « je », dont il
reçoit lui-même un « tu » en retour. S'il existe des
universaux, les instances dialogales en sont, tout ensemble, l'explication et la finalité.

Chapitre IV

ÉCRITURE ET ORALITÉ

Scriptophiles et verbophiles

D'où vient que certains s'éprennent de l'écrit ? Et à quoi songent ceux qui ne s'intéressent qu'à l'oral ? Le destin des langues, systèmes signifiants, qu'un façonnage réciproque relie étroitement à l'espèce au long des temps, et qu'elle n'a cessé d'affiner tout en y traçant le contour de plus en plus net de sa propre identité, ce destin s'est trouvé bouleversé par une immense aventure. Et, avec lui, le destin des hommes, ou du moins d'une grande partie d'entre eux. Aventure de l'écrit, née d'une initiative si lente à produire un résultat, et qui met en jeu, pour le faire évoluer encore, tant de facteurs différents et complexes, qu'on en vient à se demander si le mot « invention », accrédité par l'usage et par le titre de beaucoup de livres, est vraiment adéquat.

On pourrait considérer que, contrairement à l'écriture, l'oralité va de soi, qu'elle est constitutive des langues « depuis toujours ». Aucun débat portant sur la chronologie n'aurait alors de sens. Or, la relation de l'oral et de l'écrit se trouve être un objet d'antiques et incessantes controverses. Bien des linguistes modernes de formation structuraliste ne verraient sans doute qu'égarement dans ces lignes de Fabre d'Olivet, fort caractéristiques d'un courant de pensée qui ne s'est pas limité au début du XIXᵉ siècle :

« Les livres des principes universels appelés *King* par les Chinois, ceux de la science divine appelés Veda ou Beda par les Hindous, le Sépher de Moyse, voilà ce qui rend à jamais illustres et le chinois, et le samscrit, et l'hébreu. Quoique le tâtare oïghoury soit une des langues primitives de l'Asie, je ne l'ai point fait entrer au nombre de celles dont l'étude est nécessaire à celui qui veut remonter au principe de la Parole ; parce que rien ne saurait ramener à ce principe dans un idiome qui n'a point de littérature sacrée. Or, comment les Tâtares auraient-ils eu une littérature sacrée ou profane, eux qui ne connaissaient pas même les caractères de l'écriture ? Le célèbre Gen-ghis-kan, dont l'empire embrassait une étendue immense, ne trouva pas, au rapport des meilleurs auteurs, un seul homme parmi ses Moghols, en état d'écrire ses dépêches. Timour-Lenk, dominateur à son tour d'une partie de l'Asie, ne savait ni lire ni écrire. Ce défaut de caractère et de littérature, en laissant les idiomes tâtares dans une fluctuation continuelle, assez semblable à celle qu'éprouvent de nos jours les dialectes informes des peuples sauvages de l'Amérique, rend leur étude inutile à l'étymologie, et ne peut servir qu'à jeter dans l'esprit des lueurs incertaines, et presque toujours fausses » [1].

Le primat de l'écriture n'est pas la seule idée contenue dans ce texte. L'autre en est le corollaire. C'est un préjugé d'après quoi les langues sans tradition écrite sont fluctuantes et informes. Ce préjugé ne pouvait qu'être accrédité par les pauvres récits de missionnaires

---

1. *La langue hébraïque restituée* (v. ici p. 147), Dissertation introductive, p. XI-XII.

dépourvus de compétence linguistique et incapables de percevoir la savante complexité et la continuité historique de nombreuses langues d'oralité. Sous des formes variables, ces idées dominent en Occident depuis au moins la Renaissance. L'invention de l'imprimerie y a certainement joué un rôle décisif.

A l'aurore de l'époque classique, B. de Vigenère et C. Duret déclarent même, l'un et l'autre[2], que l'écrit précède le parlé tout aussi bien que le « principe mâle » domine la part femelle du langage. A leurs yeux, il a probablement existé avant le Déluge une écriture naturelle, celle-là même qu'Adam déchiffre sur les bêtes marchant et volant, conduites devant lui par l'Eternel en vue de l'attribution des noms. Ce point de vue est loin d'être abandonné au XXe siècle. Dans sa classique *Histoire de l'écriture*[3], J. Février consacre trois pages à la réfutation des thèses du P. J. Van Ginneken, selon lequel[4] l'apparition de l'écriture aurait précédé celle du langage articulé, les premiers pictogrammes n'étant que la transposition graphique des gestes de la main, eux-mêmes source première de tout langage. Sur ce dernier point, bien qu'à l'évidence on ne puisse fournir aucune preuve, on a certes quelques présomptions. Mais l'hypothèse d'une graphie originelle des gestes est, quant à elle, infirmée par ce que l'on peut apercevoir des écritures le plus anciennement connues. Ces écritures sont les dessins, vite stylisés, des objets, et non des gestes qui les miment. En outre, même si l'on s'obstine à considérer

2. B. de Vigenère, *Traité des chiffres et secrètes manières d'écrire*, Paris, 1586, p. 1-2 ; C. Duret, *Trésor de l'histoire des langues*, Cologne, 1613, p. 19-20.

3. Paris, Payot, 1959, p. 13-15.

4. *La reconstruction typologique des langues archaïques de l'humanité*, Amsterdam, Uitgave van de N. V. Noord-Hollandsche Uitgevers-Maatschappij, 1939.

que l'écriture « réelle » est fort antique, son existence n'exclut nullement le langage parlé, et rien ne prouve que ses essais initiaux ne soient pas contemporains de ce dernier. Un scriptophile notoire semble le penser, qui n'admet pas la primauté de l'oral, mais pas davantage celle de l'écrit : « Les philosophes ont cru bien à tort que les langues sont nées d'abord et plus tard l'écriture ; bien au contraire, elles naquirent jumelles et cheminèrent parallèlement »[5]. Et J. Derrida, dans un ouvrage à la gloire de l'écriture (prise, il est vrai, en un sens assez élargi), note pourtant que « parler d'une écriture première ne revient pas à affirmer une priorité chronologique de fait »[6].

Il n'empêche que ceux de l'autre camp, les tenants de l'oralité comme absolu des origines, s'en prennent à la « redoutable amnésie livresque »[7], dont la responsabilité serait imputable à la diffusion en Occident de l'écriture imprimée :

« Les écrivains d'abord, puis les imprimeurs et les industriels du livre et de la papeterie ont commis le même attentat sur la faculté du souvenir. Ils ont rendu notre mémoire paresseuse et c'est tout juste aujourd'hui si les mieux doués parviennent à retenir les noms de leurs amis les plus intimes. Ne concluons pas à notre dégénérescence, mais simplement à la déchéance d'une faculté qui, avec tout notre arsenal épistolier et livresque, est devenue presque superflue »[8].

La mise en écriture de textes comme ceux de l'enseignement traditionnel des grandes religions ne paraît pas, aux yeux des amis de la parole vive, comporter d'activité

5. G. Vico, *Scienza nuova*, Naples, 1744, 3, 1.

6. *De la grammatologie*, Paris, Ed. de Minuit, 1967, p. 16, n. 1.

7. M. Jousse, *Le style oral*, Paris, Fondation Marcel Jousse, 1981 (1ʳᵉ éd. 1925), p. 257.

8. C.L. Julliot, *L'éducation de la mémoire*, Paris, 1919, p. 33-35.

rédactionnelle importante ; elle est considérée comme un simple moyen au service du « portage oral », comme un adjuvant inévitablement incomplet des gestes articulatoires vivants :

« L'enseignement oral a précédé presque partout l'enseignement écrit, et[...] il a été seul en usage pendant des périodes qui ont pu être fort longues[...] D'une façon générale, un écrit traditionnel (par exemple la récitation hébraïque de la Création) n'est[...] que la fixation relativement récente d'un enseignement qui s'était tout d'abord transmis oralement ; ainsi, alors même qu'on serait certain d'être en possession du manuscrit primitif, il faudrait encore savoir combien de temps avait duré la transmission orale antérieure »[9].

Il y a plus encore que cette antériorité de la voix vive. Dans certaines civilisations, un interdit frappe l'écriture et garantit la transmission orale du savoir. De nombreux textes talmudiques attestent ce tabou : « Celui qui met par écrit des légendes [*aggadot*, récits juifs traditionnels] n'aura point de part à la vie future »[10], ou encore : « quiconque confie à l'écrit les *halakot* [règles de conduite pratique du judaïsme] est comparable à celui qui jette la Torah aux flammes »[11]. De tels textes ont quelque lien avec la manière dont est vécu l'être juif chez certains écrivains, par exemple E. Jabès, tourmenté par la difficulté de l'accomplir, « qui se confond avec la difficulté d'écrire ; car le judaïsme et l'écriture ne sont qu'une même attente, un même espoir, une même usure »[12]. Si l'on fait de ce texte une lecture agnostique,

9. R. Guénon, *Introduction générale à l'étude des doctrines indoues*, Paris, 1921, p. 43.
10. *Talmud de Jérusalem*, Paris, Maisonneuve, 1972, Traité Schabbat, XVI, 1, vol. 3, p. 162.
11. *Talmud de Babylone*, Traité Guittin, 60 b.
12. *Le livre des questions*, Paris, Gallimard, 1963.

on n'en admettra pas moins qu'une telle attente doit être vécue par les religieux comme l'absence de la parole directe en terre promise, et que dès lors toute écriture, jusqu'à celle de la Cabbale qui s'arrête à la lettre même des mots pour en interroger le sens, est une conduite d'exil, hors de l'échange vivant des paroles proférées.

Ecriture : l'invention et les rêves

Le terme d'écriture a des acceptions variées. On peut y inclure, par exemple, les mythogrammes rupestres du paléolithique supérieur, montrant des scènes de chasse. Mais si l'on s'en tient au sens le plus courant, selon lequel il s'agit d'une technique de re-présentation de la parole par une trace laissée sur un support conservable, alors il est possible de parler (mais en un sens fort large) d'une invention. On est en mesure, bien que de manière approximative, de l'assigner à un espace historique. Aventure décisive pour cette partie de l'humanité qui put en tirer profit. Aventure comparable en importance à ce qu'avait été, beaucoup plus loin dans l'obscurité des temps, la découverte du feu. L'espèce commençait alors à disposer d'un moyen durable de fixer les paroles et de retenir la connaissance de notre histoire au bord du gouffre où la mémoire collective, même à travers des transmissions orales millénaires, ne peut plus toujours suffire à conjurer son engloutissement.

Ainsi, pour les plus anciennes civilisations connues, la naissance de l'écriture est celle de l'histoire. C'est là toute l'ambiguïté d'une innovation révolutionnaire. Absence des protagonistes, relation différée des circonstances, le texte écrit, à l'opposé de cela même qu'il reproduit, est un sillon mort ; un dialogue à distance, où s'abolit le voisinage des bouches, des oreilles et des yeux. Mais, en même temps, et par cela précisément, il est présence d'un objet disponible pour tout lecteur, et auquel son état confère durée et densité. Il permet, par son étalement sur une portion d'espace, toutes les combinaisons et tous les retours, toutes les permutations qu'on voudra, substituant aux choses absentes, ainsi qu'aux mots proférés que leur succession annule tour à tour, des traces figées de mots auxquels chacun peut s'arrêter pour les contempler. L'écriture, dès lors, a le pouvoir de solliciter la réflexion, et peut-être aussi de favoriser le développement des facultés d'analyser et d'abstraire. De ces facultés, les hommes des sociétés de l'oral ne sont nullement privés, mais ils les développent par d'autres moyens, sans doute moins couramment disponibles pour chacun. En outre, une au moins des activités intellectuelles de l'homme n'est pas concevable sans l'écriture : la numération de position, qui suppose un alphabet de chiffres et un ordre de succession écrite, tels que les étudie l'arithmétique.

Aux temps préhistoriques, l'aptitude à la vie de groupe et la faculté de langage ont, de façon toujours plus décisive au long de centaines de milliers d'années, distingué une nouvelle espèce. En revanche, pour autant qu'on le sache dans l'état présent des recherches, c'est en un nombre fort restreint de sociétés qu'apparaît l'écriture. Et, dans tous les cas, elle semble étroitement liée à une complexité particulière des rapports humains et à un réseau finement tissé de hiérarchies, caractéristiques de sociétés sédentaires à économie fortement structurée. Il ne s'agit donc pas, cette fois, d'un développement naturel, encore moins d'une propriété définitoire.

Pour saisir l'importance de l'enjeu et le destin dans lequel il a engagé l'espèce, un détour encyclopédique est ici nécessaire. Les trois centres civilisateurs où le phénomène apparaît ont abrité de vieilles sociétés agricoles,

partiellement urbanisées, à démographie importante et
système élaboré d'échanges. Ceux qui sont situés au
Proche-Orient, à savoir Sumer et l'Egypte ancienne, ont
inventé l'écriture presque au même moment, à deux
cents ans près : Sumer vers 3300 avant J.-C. (inscriptions
d'Uruk), l'Egypte vers 3100, et sans que l'on sache
clairement si l'un a joué ou non pour l'autre un rôle de
modèle. Les rapports entre les deux centres étaient
certes étroits. Mais on en vient à s'interroger sur la
réalité d'une influence lorsque l'on constate la différence
entre les techniques.

A Sumer, terre limoneuse inondée de Basse-Mésopo-
tamie, le support était un pain d'argile fraîche, façonné
en tablettes dans lesquelles le calame qui servait d'instrument imprimait des droites par pression du roseau, et,
par pression de l'amorce, des têtes de clous en figure de
coins, d'où le nom d'écriture cunéiforme. Cette technique devait très vite, par stylisation croissante, abolir
toute ressemblance avec les objets que l'on avait d'abord,
au stade pictographique initial, simplement représentés.
Elle a donc connu le passage par les deux étapes
classiques du pictogramme ou dessin de la chose, puis de
l'idéogramme ou schéma de l'idée à laquelle correspond
un mot de la langue. Cette histoire, en dépit de son
antiquité, redevient très familière si l'on songe que le
monde d'aujourd'hui, retrouvant leur vertu, multiplie les
idéogrammes : guides de tourisme, lieux publics, signali-
sations routières, publicités de toutes sortes, caisses et
colis d'objets dont des schémas d'idées non ambigus
indiquent le bas, le haut, la fragilité, le degré hygromé-
trique, etc. [13]. A Sumer, en tout état de cause, c'est

---

13. Un genre existe, qui combine le dessin pur et simple et la graphie
de la langue notant les dialogues et les situations : la bande dessinée,
dont le succès considérable est devenu dans la seconde moitié du xxᵉ siè-

seulement après le pictogramme qu'apparaît le phono-gramme[14] : il s'agit d'un signe écrit qui, du fait qu'il représente un mot dont la prononciation contient tel(s) ou tel(s) son(s), finit par se spécialiser comme écriture de ce son pour noter tout mot ou toute partie de mot qui le contient.

En Egypte, les scribes utilisaient une tige de jonc dont ils mâchonnaient en pinceau l'extrémité, et qu'ils trempaient dans de l'encre au noir de fumée. Ils la faisaient courir sur du papyrus, espèce de cypéracée alors abondante sur les rives du Nil. On en coupait la tige en tronçons, et on collait leurs lamelles l'une sur l'autre afin d'obtenir, après séchage, lissage et assemblage, un rouleau souple et solide[15]. Cette différence entre les techniques d'Egypte et de Sumer n'est pas la seule. Une autre existe, fondamentale : aussi loin que l'on remonte dans les témoignages du passé, l'écriture égyptienne apparaît d'emblée constituée sous sa forme durable. En effet, non seulement les hiéroglyphes des textes les plus anciens sont déjà répartis entre pictogrammes et idéo-grammes, mais encore on y trouve un système complet de phonogrammes fonctionnant de la même façon que ceux du cunéiforme, c'est-à-dire selon le principe du rébus. Ils présentent même toute une série de signes hiéroglyphiques spéciaux, que l'on a appelés les déter-minatifs : placés à côté de ceux qui correspondent à des mots homonymes quant aux consonnes (seules notées), ils résolvent les ambiguïtés en précisant (comme les clés

cle une caractéristique de la culture dite populaire, en attendant de connaître peut-être dans l'avenir un développement plus remarquable encore. Cf. U. Eco, *Apocalittici e integrati*, Milan, Fabbri-Bompiani, 1964.

14. *Naissance de l'écriture*, Cunéiformes et hiéroglyphes, Catalogue de l'exposition du 7 mai au 9 août 1982, Paris, Editions de la Réunion des musées nationaux, 1982, p. 51, contribution de B. André-Leicknam.

15. *Ibid.*, p. 351, contribution de D. Beyer.

des caractères chinois homophones) à quelle catégorie
sémantique ou syntaxique appartient le mot.

Le raffinement que révèle cette écriture, si l'on songe
à son antiquité, a longtemps été méconnu. Son interprétation a été l'occasion de bien des méprises. Ainsi
J.-J. Rousseau [16] :

« Plus l'écriture est grossière, plus la langue est
antique. La première manière d'écrire n'est pas de
peindre les sons, mais les objets mêmes, soit directement
comme faisaient les Mexicains, soit par des figures
allégoriques, comme firent autrefois les Egyptiens. Cet
état répond à la langue passionnée, et suppose déjà
quelque société et des besoins que les passions ont fait
naître[...] La peinture des objets convient aux peuples
sauvages. »

En 1822, Champollion déchiffre les hiéroglyphes.
Pourtant, six ans plus tard, C. Nodier peut encore écrire :

« Les noms des choses, parlés, ont été l'imitation de
leurs sons, et les noms des choses, écrits, l'imitation de
leur forme. L'onomatopée est donc le type des langues pro-
noncées et l'hiéroglyphe, le type des langues écrites » [17].

Ainsi, le même dont le nom, en littérature, est lié au
conte fantastique et à l'illuminisme cherche dans des
spéculations néo-cratylistes, en pleine époque d'essor de
la grammaire comparée, la clé des mystères des langues ; et le rapprochement qu'il esquisse ici entre
hiéroglyphes et onomatopées n'est pas pour surprendre
quand on lit dans ses *Notions élémentaires de linguistique* [18] :

---

16. *Essai sur l'origine des langues*, Œuvres, éd. 1826, t. I, chapitre v,
« De l'écriture ».

17. *Dictionnaire raisonné des onomatopées françaises*, Paris, 1828,
Préface, p. 11.

18. Paris, 1834, chapitre II, « Langue organique ». Cité par M. Yaguello, *Les fous du langage*, Paris, Ed. du Seuil, 1984, p. 182.

« Les noms des êtres créés furent[...] leurs vrais noms dans la langue d'Adam [...qui...] les formait d'après sa sensation, c'est-à-dire en raison de l'aspect le plus saillant sous lequel les choses lui eussent apparu. »

Ces aimables visions romantiques méconnaissent évidemment la complexité des cultures qui inventent le cunéiforme et l'hiéroglyphe. Dans les deux cas, en dépit des différences qu'on vient de dire, la naissance de l'écriture paraît liée au développement d'une comptabilité de plus en plus envahissante, que rendait nécessaire la gestion des richesses accumulées. Tout comme l'argent résulte d'une substitution des signes aux choses, de même l'écriture, au Proche-Orient, est une invention de marchands. A l'Hermès de la mythologie grecque, dieu de la ruse qui est aussi celui des voleurs et celui du commerce, correspond, dans la mythologie égyptienne, Thot, dieu des sciences et des techniques, mais aussi dieu de l'écriture, dont Platon, à la fin du *Phèdre*, lui attribue l'invention. Et selon toute apparence, c'est aux utilisateurs périphériques, étrangers, voyageurs et commerçants de toutes les régions voisines des deux grands empires centraux, qu'est dû un progrès décisif : la stylisation, première étape sur la voie qui conduit à une véritable écriture détachée de la représentation pictographique des choses, et donc au développement, puis à la systématisation, des syllabes phonétiques. En effet, l'extrême spécialisation requise par la profession de scribe, qui nécessitait un long apprentissage et par conséquent des moyens financiers, avait fait de la connaissance de l'écriture un privilège. Rien ne prouve, au reste, que les scribes, investis de fonctions officielles, et les prêtres qui se l'appropriaient en eussent été eux-mêmes les inventeurs. Peut-être, se saisissant d'un système de notation d'abord conçu en commun, le détournaient-ils à leur profit. Car l'écriture est instrument de pouvoir, elle qui permet de dépêcher des ordres aux provinces lointaines et de noter la loi dont on se prévaudra. Et quand l'écriture est pénétrée de mystères, elle est plus efficace encore. On peut supposer que « l'ésotérisme, loin d'être la forme première du savoir, n'en est que la perversion »[19]. Pure hypothèse, certes. Mais l'Egypte n'est pas un cas unique de privilégiés soucieux de préserver leurs privilèges et peu enclins à les partager. Pour ne citer qu'un seul exemple comparable, pris dans un espace géographique et culturel entièrement différent, la connaissance de l'écriture aztèque, elle aussi mixte et complexe, était réservée aux prêtres et aux notables : « A mi-chemin entre la pictographie et le phonétisme, en passant par l'idéographie, l'écriture aztèque demeurait ésotérique, comme le savoir lui-même dans une société fortement hiérarchisée »[20].

Mais le contact d'autres sociétés ne va pas sans échanges qui bouleversent les ordres établis. A Sumer, dès la première moitié du 3e millénaire, la langue sémitique qui coexiste avec le sumérien en Mésopotamie utilise le cunéiforme. C'est aussi par lui que l'on notait (un peu comme on le fait en japonais à l'aide d'un syllabaire spécial, le *katakana*) les nombreux emprunts du sumérien à partir du sémitique, ainsi que les noms étrangers, comme ceux des Sémites voisins[21]. Cette

19. M. Foucault, *Les mots et les choses*, Paris, Gallimard, 1966, p. 103, n. 1. L'auteur cite à l'appui l'*Essai sur les hiéroglyphes des Egyptiens*, de W. Warburton, Londres, 1741 (trad. fr. 1744).

20. J. Soustelle, « De la pictographie au phonétisme dans l'écriture aztèque », in *Colloque du XXIXe Congrès International des Orientalistes*, présenté par J. Leclant, Le déchiffrement des écritures et des langués, Paris, L'Asiathèque, 1975, p. 173 (169-176).

21. V. J. Bottéro, « De l'aide-mémoire à l'écriture », in *Actes du Colloque International de l'Université Paris VII*, Ecritures, systèmes

situation a entraîné deux conséquences essentielles. D'une part, en accadien, langue officielle de l'Empire d'Accad dès − 2340, et par contrecoup en sumérien même, se sont multipliées les graphies phonétiques au détriment des idéogrammes[22], après une période de notation mixte. Cela aboutit à un système qui note la langue proprement dite, représentant unité par unité les signifiants de ses signes, tels que les usagers les prononcent. D'autre part, cette situation a conduit à une invention capitale, celle de l'alphabet, dont la première expression, datée d'environ 1500 avant J.-C., fut cunéiforme et non hiéroglyphique, en dépit des nombreux contacts qu'entretenaient les Egyptiens avec ses créateurs sémites, les habitants du royaume d'Ougarit (aujourd'hui Ras Shamra, en Syrie).

Cette invention, pour décisive qu'elle ait été, est vouée à l'imperfection : on observe en effet dans toutes les langues une modification progressive, plus ou moins rapide, de la prononciation, qui rend caduque une graphie initialement fidèle. C'est ce qui fait aujourd'hui la difficulté de l'orthographe française, et qui explique en partie la débâcle de son apprentissage. On notera toutefois que si la difficulté de la notation alphabétique, qui garde trace d'anciennes prononciations, peut croître en raison directe des changements phonétiques, il arrive

idéographiques et pratiques expressives, Paris, Le Sycomore, 1982, p. 32 (13-37).

22. Il n'est pas impossible toutefois, que, comme le soutient J.-M. Durand (« Espace et écriture en cunéiforme », in *Actes du Colloque International de l'Université Paris VII*, Ecritures, *op. cit.*, p. 63 (51-63)), indépendamment de l'influence accadienne, les progrès de la notation du sumérien soient « une des preuves les plus nettes de la disparition de cette langue de l'emploi vernaculaire. Ce n'est que quelqu'un dont la connaissance de l'hébreu ou de l'arabe est imparfaite qui soupire devant l'absence de voyelles et en réclame la notation. »

qu'elle soit aussi un facteur de stabilité. Ainsi, en français, l'-*r* final des infinitifs en -*ir*, qui était tombé, a été rétabli par analogie avec les formes comme celles des infinitifs du premier groupe où la chute du *e* (« muet ») laissait un -*r* final à l'écrit[23]. Inversement, l'ignorance massive de l'alphabet peut être un facteur d'accroissement des changements et de leur rythme : c'est au Moyen Age, période antérieure à l'imprimerie, et où les analphabètes sont en très grand nombre, que le français connaît les changements phonétiques les plus considérables.

En tout état de cause, au moment où naquit l'alphabet, on perçut sans doute plus ses avantages que ses inconvénients. Très vite, il servit à noter de nombreuses langues, sémitiques et non sémitiques[24]. Il en fut de même pour un autre alphabet dont l'attestation est plus récente, le linéaire des commerçants phéniciens (Liban actuel), aux lettres en ductus droit ou courbe tracées sur papyrus, qui devait connaître un brillant avenir : c'est lui qui, à travers différentes étapes dont l'adjonction par les Grecs de voyelles aux consonnes, seules notées jusqu'alors, est parvenu, sous une de ses formes, jusqu'à l'époque présente en Occident. Ce n'est pas par hasard que les inventeurs de l'alphabet sont des hommes de langue sémitique. *L'écriture est une analyse linguistique à des degrés divers de conscience.* Etant donné le type de langue qu'ils parlaient, ils ne pouvaient arrêter le découpage au mot, comme le font les idéogrammes de l'écriture chinoise, laquelle note une langue monosyllabique à mots invariables. Car en sémitique, de très nombreux

---

23. *Chanter*, issu de *cantare*, fut donc prononcé non plus « channtère » avec e final faisant syllabe, mais (comme aujourd'hui encore dans le sud-est de la France et dans certains styles traditionnels de dictée scolaire) « chantèr », puis « chanté ».

24. J. Février, *Histoire de l'écriture, op. cit.*, p. 173-179.

mots sont constitués de plusieurs syllabes, et les changements de consonnes ou de voyelles (alternances) sont investis d'un rôle grammatical, c'est-à-dire servent à opposer, par exemple, le singulier et le pluriel du nom, ou les formes du verbe. C'est la prise de conscience, plus ou moins nette, des phonèmes, liée au type de langue, qui a favorisé l'éclosion de l'alphabet. Réciproquement, l'écriture alphabétique a nourri une réflexion sémiotique propre à l'Occident. Car les lettres transcrivent — même imparfaitement, en raison des changements phonétiques — les sons constitutifs des mots, de sorte que les sens dont ces lettres figurent la face phonique apparaissent, pour les linguistes de tradition grecque et latine, comme liés à cette face par une relation d'univocité. Il en va tout autrement pour une notation d'idéogrammes, comme aujourd'hui l'écriture chinoise ou la partie chinoise de l'écriture japonaise (dont l'autre partie est faite, elle, de syllabaires). En traçant des idéogrammes, c'est-à-dire le profil d'un sens libéré de ses attaches au son, et par conséquent conçu en dehors de la relation (que toute langue érige en institution) entre structure phonétique et contenu, cette écriture n'est pas de nature à favoriser la saisie d'un lien univoque entre signifiant et signifié.

Cela dit, Sumer et l'Egypte, les centres d'écriture antérieurs à l'alphabet, doivent être considérés pour eux-mêmes et non en fonction de ce qu'on sait de l'histoire. C'est *a posteriori*, et parce que le Proche-Orient et l'Occident sont aussi les sièges des civilisations de l'alphabet, que l'on tend à assigner arbitrairement aux écritures historiquement pré-alphabétiques une finalité qui devrait les vouer à l'alphabet. L'écriture égyptienne est là pour prouver qu'il n'y a aucun caractère de nécessité dans cette évolution. Une « vieille préoccupation européo-centriste » pousse à rechercher dans les

étapes de cette histoire de l'écriture une solution au
« problème de l'origine de l'écriture alphabétique », alors
que c'est d'abord « le rôle réciproque du signe et du
signifiant »[25] qui doit solliciter l'intérêt.

Le troisième type majeur d'écriture peut contribuer à
éclairer ce rôle. Les caractères chinois ont certes quelques traits en commun avec ceux des écritures de Sumer
et d'Egypte. Et d'abord leur haute antiquité, bien qu'il
n'y ait pas vraiment d'accord sur leur date d'apparition :
pour les uns[26], ce serait la fin du deuxième millénaire,
alors que pour les autres[27], ils remonteraient à 4000
avant J.-C. Autre trait commun : leur diffusion dans
toute une aire culturelle extrême-orientale : Vietnam
jusqu'au XVIIᵉ siècle, aujourd'hui encore Japon, où ils
sont associés aux signes des syllabaires, et, sur une
échelle moins large, Corée, où l'on se sert surtout d'un
code semi-alphabétique d'une grande précision[28].

Ici s'arrête cependant la ressemblance entre écritures
chinoise d'une part, sumérienne et égyptienne de l'autre.
L'origine de l'écriture chinoise, en effet, paraît magico-
religieuse et divinatoire plutôt qu'économique et mar-
chande. De plus, quoiqu'une stylisation des pictogrammes ait bien eu lieu, elle ne s'est pas assez généralisée
pour que des traces de représentation directe du monde
ne soient, aujourd'hui encore, visibles dans certains
caractères. Mais surtout, l'introduction du principe

25. J. Leclant, Présentation du *Colloque du XXIXᵉ Congrès International des Orientalistes, op. cit.*, p. VII.

26. J. Février, *Histoire de l'écriture, op. cit.*, p. 69.

27. Jao Tsung-I, « Caractères chinois et poétique », in *Actes du
Colloque International de l'Université Paris VII*, Ecritures, *op. cit.*,
p. 272 s. (271-291).

28. Pour quelques détails sur les types d'écritures fidèles à la
prononciation, cf. C. Hagège et A. G. Haudricourt, *La phonologie
panchronique, op. cit.*, p. 31-37.

phonétique dans la majorité des caractères, notations combinées de son et de sens ou idéophonogrammes, n'a jamais abouti à une écriture syllabique. Et cela d'autant moins que les rébus qui fondent cette pratique n'ont jamais été systématisés : ni en extension, puisqu'il n'existe pas de caractère à valeur phonétique fixe utilisable pour tout élément de la langue phonétiquement identique à celui que ce caractère note à l'origine ; ni en compréhension puisque, le plus souvent, la partie phonétique, dans les caractères où elle apparaît, ne note que certains traits, non l'exacte prononciation du mot correspondant. Au surplus, cette prononciation se modifiant au cours des temps comme dans toute langue, l'inexactitude s'aggrave encore. La partie non phonétique des idéophonogrammes ne représentant, en tout état de cause, que le sens et non le son, les caractères chinois ne donnent aucune indication sur les changements phonétiques considérables qui marquent l'histoire du chinois.

C'est ce système de pictogrammes et d'idéophonogrammes qui, sous une forme à peu près fixée dès une époque très ancienne, s'est conservé jusqu'aux temps modernes. Or ce n'est pas un des moindres intérêts de cette écriture que le pouvoir exercé depuis longtemps par elle sur l'imagination des Occidentaux. Ce qu'elle inspire aux philosophes et aux poètes montre assez les retours réguliers de la tentation qui pousse le sujet, maître et esclave tout ensemble de sa parole, à briser le cercle des mots. Ici, c'est par l'écriture, envers et contre la parole, qu'on croit ouvrir la voie.

Au XVIIIe siècle, certains grands esprits n'échappent pas à la quête mythique d'une pasigraphie, système d'écriture universelle compréhensible à chacun, de quelque lieu et de quelque langue qu'il soit. Leibniz souhaitait prendre pour modèle, moyennant quelques

améliorations, l'écriture chinoise, qu'il admirait, car il la
jugeait plus philosophique que l'égyptienne. Ce serait
« une espèce d'écriture universelle, qui aurait l'avantage
de celle des Chinois, parce que chacun l'entendrait dans
sa propre langue, mais qui surpasserait infiniment la
chinoise en ce qu'on la pourrait apprendre en peu de
semaines, ayant les caractères bien liés selon l'ordre et la
connexion des choses »[29]. En réalité, ce qu'on savait
alors, par les missionnaires jésuites, de l'écriture chinoise était partiellement erroné. Ce n'est qu'en 1836 que
P. S. Du Ponceau, sinologue autant qu'américaniste[30],
devait montrer, dans une *Dissertation on the nature and
character of the Chinese system of writing* (Philadelphie),
que cette écriture représente la langue chinoise et non
un système universel d'idées. Mais tant qu'on ne dispose
pas de semblables mises au point, l'ignorance alimente
les spéculations. Soixante ans avant Leibniz, le P. A.
Kircher était fasciné par les hiéroglyphes, dont il ex-
cluait, du reste, tout projet de déchiffrement, se satisfaisant d'y voir « une écriture beaucoup plus excellente,
plus sublime et plus proche des abstractions, qui, par tel
enchaînement ingénieux des symboles, ou son équivalent, propose d'un seul coup à l'intelligence du sage un
raisonnement complexe, des notions élevées, ou quelque
mystère insigne caché dans le sein de la nature ou de la
Divinité »[31].

Quant aux poètes, l'écriture chinoise, qui dit les choses
au-delà de l'écorce matérielle des mots, est pour beau-

---

29. Lettre au P. Bouvet, 1703, dans les *Philosophische Schriften*, éd.
Gerhardt, t. VII, p. 25.

30. On a vu au chapitre III, p. 86, comment il contribue à la typologie
par la mise en évidence d'un type polysynthétique, que lui inspire sa
connaissance des langues amérindiennes.

31. *Prodromus coptus sive aegyptiacus*, Rome, 1636, p. 260. Cité par
J. Derrida, *De la grammatologie, op. cit.*, p. 120, n. 20.

coup un objet de fascination[32]. La rêverie idéographi-que[33] abolit les prisons de la langue et veut retrouver l'harmonie des mondes enfouie dans le dessin où s'ins-crivent aussi l'histoire et la préhistoire. Car quelque effort que l'on fasse pour imaginer les articulations vocales des très anciens humains aux enfances du langage, les mythogrammes de l'anthropologue, loin-tains ancêtres des pictogrammes, couvrent seuls les parois des cavernes. La voix n'a pas laissé de fossiles.

Cette sacralisation d'une écriture non alphabétique, qui ne note pas les mots dans leur chair, ne peut se concevoir qu'aux dépens de la parole. Il n'est pas sans signification que la réflexion sur la parole, telle qu'elle se profile à travers des siècles d'étude du langage pour devenir une des préoccupations majeures de la linguisti-que d'aujourd'hui, soit une affaire d'Occidentaux habi-tués à lire une écriture qui copie les sons :

« L'écriture, n'ayant pas abouti en Chine à une analyse phonétique du langage, n'a jamais pu y être sentie comme un décalque plus ou moins fidèle de la parole et c'est pourquoi le signe graphique, symbole d'une réalité unique et singulière comme lui, y a gardé beaucoup de son prestige primitif. Il n'y a pas lieu de croire que la parole n'ait pas eu anciennement en Chine la même efficacité que l'écriture, mais sa puissance a pu y être en partie éclipsée par celle de l'écrit. Au contraire, dans les

---

32. Il en est ainsi de V. Segalen à H. Michaux, sans compter E. Pound (qui, par une erreur réductrice manifeste, ne voulait voir que des pictogrammes dans les caractères chinois, dont il considérait la struc-ture comme médium poétique).

33. Cf. E. Formentelli, « Rêver l'idéogramme : Mallarmé, Segalen, Michaux, Macé », in *Actes du Colloque International de l'Université Paris VII*, Ecritures, *op. cit.*, p. 209-233. Cet article rappelle aussi la fascination des hiéroglyphes chez Mallarmé, dont se fait l'écho sa correspondance avec l'égyptologue E. Lefébure.

civilisations où l'écriture a évolué assez tôt vers le syllabaire ou l'alphabet, c'est le verbe qui a concentré en lui, en définitive, toutes les puissances de la création religieuse et magique. Et, en effet, il est remarquable qu'on ne trouve pas en Chine cette valorisation étonnante de la parole, du verbe, de la syllabe ou de la voyelle qui est attestée dans toutes les grandes civilisations anciennes depuis le bassin méditerranéen jusqu'à l'Inde. »[34] Et pourtant, même si l'écriture alphabétique peut paraître plus proche de la parole et des prononciations effectives, la distance, on va le voir, demeure considérable entre les activités d'écriture et d'oralité, ainsi qu'entre les attitudes culturelles et les conceptions du langage qui sous-tendent chacune de ces activités.

Les leçons de l'oralité

Un énoncé écrit, séparé des conditions naturelles où il devrait être proféré, « n'est pas à lui seul », dit Platon dans le *Phèdre* (275 e), « de force à se défendre ni à se porter secours à lui-même », privé qu'il est de « l'assistance de son père », et frêle « idole » du « discours vivant et animé ». Et dans la *Lettre VII*, Platon déclare qu'il faut réellement peu de sérieux pour traiter de problèmes sérieux sous la forme de l'écrit[35]. La communication orale, seule naturelle, est seule chargée de tout le sens d'origine. Elle est multiplanaire. Un phénomène capital, dont aucun système d'écriture connu ne conserve la

---

34. J. Gernet, « Aspects et fonctions psychologiques de l'écriture », in *L'écriture et la psychologie des peuples*, Actes du Colloque, Paris, A.Colin, 1963, p. 38.

35. Cf. M. Baratin et F. Desbordes, *L'analyse linguistique dans l'Antiquité classique*, 1. Les théories, Paris, Klincksieck, « Horizons du langage », 1981, p. 18 et 90-93.

trace, le fait bien apparaître. Ce phénomène est l'intonation. Dans l'Antiquité, les grammairiens et certains
philosophes avaient fort bien vu que les textes latins, par
exemple, peuvent, faute de noter les courbes intonatives,
aboutir à des contresens (comme celui que l'on commet
lorsque l'on prend une interrogation pour une assertion),
ou à des absurdités. Quintilien et saint Augustin en
donnent des exemples édifiants[36]. L'intonation stratifie
souvent le discours oral en une structure hiérarchique
où le message principal n'est pas prononcé sur le même
registre que les incises, éventuellement imbriquées les
unes dans les autres. Une reproduction graphique qui,
bien qu'exacte pour le reste, ne note pas l'intonation,
peut paraître quasiment inintelligible, alors même que le
discours est parfaitement clair pour son émetteur
comme pour ses destinataires. Le début d'un cours
d'université donne par exemple, en notation écrite :
« Alors aujourd'hui, si vous voulez bien, enfin, je, ah ça
c', c'est un peu le self-service, si vous voulez, j'ai plusieurs choses à vous proposer, heu, d'une part, je
souhaiterais qu'on revienne un petit peu sur les discus-
sions qu'on a eues l'année der..., la dernière fois... »[37].

Ainsi, pour essentielle qu'elle soit dans le destin des
hommes, ou de la partie d'entre eux qu'elle concerne,
l'invention de l'écriture a contribué à occulter l'exercice
vivant de la parole. Les pictogrammes, les idéogrammes,
les phonogrammes, les syllabaires, les alphabets demeurent des projections graphiques défuntes, et insuffisan-
tes, de la gestuelle articulatoire et des sémiotiques
expressives comme celle du visage. Mais dans de nom-

36. Cf. F. Desbordes, « Ecriture et ambiguïté d'après les textes
théoriques latins », *Modèles linguistiques*, V, 2, 1983, p. 13-37.
37. Cité par I. et J. Fónagy, « L'intonation et l'organisation du
discours », *Bulletin de la Société de Linguistique de Paris*, LXXVIII, 1,
1983, p. 189 (161-209).

breuses civilisations de la parole, les mouvements la-
ryngo-buccaux, sous-tendus par le rythme respiratoire,
s'enracinent profondément dans la mémoire gestuelle et
deviennent les éléments constitutifs d'un *style oral*.
L'ouvrage de M. Jousse qui porte ce titre *(op. cit.)* fit, lors
de sa parution en 1925, un effet d'explosion. Une cen-
taine d'articles dans la presse de l'époque, ainsi que des
travaux universitaires de toutes sortes, firent écho, à
propos de certaines sociétés méconnues, à cette découverte des lois qui régissent la parole rituellement proférée. La notion de style oral est à distinguer de celle de
style parlé, cette dernière désignant l'usage ordinaire,
plus ou moins éloigné de la langue écrite, qui est fait de
la parole en situation d'interlocution. Le style oral est un
véritable genre littéraire. Il s'agit d'une tradition culturelle qui paraît apporter une justification à la création
d'un terme, *orature*, lequel deviendrait symétrique de
celui d'écriture, entendue comme littérature (souvent à
l'exclusion de la tradition orale, certes tout aussi littéraire elle-même, au sens où elle conserve les monuments
d'une culture, mais ne laissant pas de trace matérielle).

   Les civilisations qui ont cultivé ou cultivent aujour-
d'hui le style oral ne sont pas nécessairement de pure
oralité. Elles peuvent, contrairement à ce que les schémas occidentaux nous accoutument à croire, réserver le
graphique à des usages autres que littéraires. De la
même façon, comme on l'a vu, l'écriture, quand elle est
apparue en Mésopotamie et en Egypte, n'était pas
forcément associée à l'emploi littéraire. Elle était, en tant
que phénomène lié à un certain type de structure sociale,
un instrument de vie pratique (rédaction des codes, des
lois et des contrats privés et publics), de vie économique
(tenue de comptes) et de pouvoir politique ou religieux :
« Les Sumériens répugnèrent, semble-t-il, longtemps à
utiliser l'écriture à des fins proprement intellectuelles ;

ce n'est que plusieurs siècles après son invention qu'apparaissent en petit nombre sur argile des textes littéraires. »[38] Le style oral, quant à lui, recourt à toutes sortes de procédés de symbolique gestuelle et articulatoire qui lui assurent une étonnante efficacité mnémotechnique : refrains, syllabes de déclenchement, mots d'appel, noms-agrafes, expressions inductrices, profusion de quasi-synonymes, assonances, rimes, allitérations et autres échos phoniques et sémantiques, parallélismes lexicaux et grammaticaux, couples de sens, rythmisation par le geste et par les mouvements de la bouche. Coiffant ces manifestations, le procédé général est la répétition. Il n'est pas exclu qu'elle ait quelques liens avec la latéralisation, propriété définitoire, comme on sait, de l'espèce humaine, en vertu de laquelle l'un ou l'autre des deux hémisphères cérébraux commande telle ou telle fonction des organes. Les proverbes du monde entier illustrent la répétition dans leurs formules à symétries (type *tel père tel fils*), exemples connus de structures en écho. Instrument de cohésion iconique beaucoup plus efficace que les formules écrites comme « etc. », « et autres », la répétition est foncièrement constructrice de l'oral. Le discours qu'il déploie n'est pas, en effet, une pure inscription que l'œil puisse parcourir en sens inverse, mais bien une onde sonore dont le souvenir risque toujours, s'il n'est pas aidé, de s'évanouir à mesure même de sa progression.

Les techniques de répétition perpétuent en parole vivante les récits ethnographiques, légendaires, historiques des griots africains, des prophètes bibliques, des poètes traditionnels berbères et malgaches, sénégalais et néo-hébridais, et de tous les conteurs du monde, mémoire des hommes. On a souvent cité le mot attribué au

38. *Naissance de l'écriture, op. cit.*, p. 235, contribution de D. Arnaud.

Malien H. Hampaté Ba : « En Afrique, un vieillard qui
meurt, c'est une bibliothèque qui brûle. » On rapporte
même [39] que chez les Ashantis (Ghana), tout homme
admis pour son talent dans la caste des récitateurs,
historiens de la royauté, était puni de mort à la moindre
erreur risquant de mutiler la version autorisée. Cela n'est
évidemment pas général, et en Afrique même, les
conteurs les plus doués sont souvent, au contraire, ceux
qui savent improviser à partir d'un schéma transmis par
la tradition. Mais la coutume ashanti dit assez les enjeux
de l'orature. Dans les sociétés d'oralité, en outre, l'écriture, quand elle était également utilisée à des fins
littéraires, l'était surtout comme aide-mémoire. Mais à
partir du moment où la forme poétique écrite devient un
genre, elle spécialise à son profit certains des procédés
du style oral, en particulier le rythme et, là où elle existe,
la rime, en les vidant de leur finalité mnémotechnique et
didactique. Cette finalité est bien connue des civilisations
d'orature, mais, à des degrés divers, elle est aussi
présente dans les autres. Une de ses manifestations les
plus claires est l'enseignement de la grammaire aux
enfants [40] à l'aide de litanies, devinettes, comptines et
blasons, abondant en formules où sont exploitées les
possibilités d'insertions et interversions de syllabes, ou
de *fourchelangues*. On propose ici ce dernier mot, forgé
d'après l'expression *la langue m'a fourché*, pour désigner
les pièges phonétiques du type *un chasseur sachant
chasser sait chasser sans son chien* [41].

39. R. S. Rattray, *Ashanti proverbs*, Oxford, 1916.

40. Cf., à propos du peul du Cameroun septentrional, D. Noye, *Un
cas d'apprentissage linguistique : l'acquisition de la langue par les jeunes
Peuls du Diamaré (Nord-Cameroun)*, Paris, Geuthner, 1971.

41. Le français n'a pas ici de terme pour désigner un phénomène
que l'on trouve nommé dans d'autres langues : esp. *trabalengua*, all.
Zungenbrecher, angl. *tongue-twister* (v. L.-J. Calvet, *La tradition orale*,
Paris, P.U.F., coll. « Que sais-je ? », 1984, p. 10 et n. 1).

L'écriture comme finalité

Les vertus de l'oral n'ont pas suffi pour conjurer une vieille tentation, celle de détourner l'invention de l'écriture au profit d'un rêve assez partagé : le rêve d'affranchissement vis-à-vis de la nature, du tissu matériel, de l'existant vécu comme contrainte. L'opposition entre langue parlée et langue écrite peut aller fort loin. En chinois, par exemple, elle aboutit dès une époque très ancienne à une langue elliptique, où la plupart des mots peuvent, selon le contexte, remplir des fonctions assez variées : le *wenyan*, qui ne semble pas avoir jamais correspondu à un réel usage parlé[42], sans compter que durant près d'un millénaire, l'écriture chinoise n'avait pas connu d'autre emploi que rituel et magique. Il est cependant vrai que la résistance du chinois à la romanisation de l'écriture ne s'explique pas uniquement par la tradition : seuls les caractères distinguent les homophones, dont la langue connaît une rare abondance. En tout état de cause, le chinois est un cas extrême, puisque le *wenyan* constitue comme un troisième registre, s'ajoutant au couple d'opposition écrit/oral déjà présent ici comme dans la plupart des langues qui s'écrivent.

Une telle opposition n'est pas simplement, pour ces langues, celle qui sépare deux systèmes représentant un même contenu de sens. Elle implique en réalité divergence entre deux registres, l'un plus spontané et moins concerté, l'autre plus prestigieux et doué d'un plus grand pouvoir. Car dès lors que l'on commence d'écrire, même si l'on s'adresse à un seul destinataire et si l'on n'a d'autres relations avec lui que de familiarité, on donne

42. Cf. C. Hagège, *Le problème linguistique des prépositions et la solution chinoise (avec un essai de typologie à travers plusieurs groupes de langues)*, Paris-Louvain, Peeters, coll. linguistique publiée par la Société de Linguistique de Paris, 1975, p. 21-22.

au message une fonction plus solennelle, et en soigne davantage la parure. On a souvent noté que pour une même langue, les styles d'écriture et de parole ne faisaient pas appel aux mêmes ressources : en anglais, par exemple, les textes écrits contiennent un plus grand nombre de nominalisations, de participes, d'adjectifs qualificatifs que les textes oraux[43]. Dans certains cas même, le prestige de l'écrit est celui d'un âge archaïque de la langue, assez éloigné de l'usage actuel, et servant de réservoir phraséologique autant que de source d'emprunts savants, indépendamment de son emploi encore attesté dans la liturgie. Telle est la situation du latin, du sanscrit, du vieux slave, du pali, de l'arabe coranique, du guèze, du mongol classique, comparés, respectivement, aux langues romanes, indo-aryennes, au bulgare, au birman, à l'arabe moderne, à l'amharique, au mongol contemporain. Néanmoins, l'usage d'une vieille langue religieuse n'est pas inconnu dans les sociétés d'orature. Hawaii en est une illustration, sur une échelle assez restreinte.

L'autonomie de l'écrit le consacre comme fin en soi. Dans les civilisations de l'écriture, le plaisir littéraire est d'abord celui du style. Tout contribue à créer une parole de l'écriture. Ce qu'elle dit surtout, c'est l'abolition de la linéarité, cet incontournable de l'oral, depuis longtemps situé au centre de la réflexion sur le langage. Disposée sur un plan, l'écriture sait jouer à loisir des possibilités de combinaisons entre les directions : verticale, horizontale, dextroverse, sinistroverse (le *boustrophédon* combine ces deux dernières). Les hiéroglyphes offrent des

---

43. Cf. W. L. Chafe, « Integration and involvement in speaking, writing, and oral literature », in D. Tannen, ed., *Spoken and written language*, « Advances in discourse processes », 9, Norwood (NJ), Ablex, 1982, p. 35-53.

cas de contrepoint. Mais cette évasion hors des contraintes du linéaire n'est pas seulement un antique procédé de l'Egypte pharaonique. On en trouve partout et de tous temps les manifestations. Le *palindrome* ne se conçoit que sous forme écrite, puisqu'il s'agit de mots ou de phrases lisibles identiquement de gauche à droite ou de droite à gauche. La poésie dite concrète, la poésie spatialisante d'aujourd'hui ne sont pas emprisonnées, comme la poésie orale, dans les contraintes d'une unique dimension : le calligramme, l'iconosyntaxe, la toposyntaxe, et toutes techniques remontant au *Coup de dés* de Mallarmé, donnent au texte le contour d'image qui en figure le contenu.

D'autres procédés encore autonomisent l'écriture comme finalité. Techniques typographiques surtout : alinéas, blancs, chapitres, majuscules, titres, sous-titres. En arrachant la parole au temps par spatialisation, elles en font un objet sur deux dimensions de page et trois dimensions de volume [44]. Elles transposent, imparfaitement mais en y ajoutant de nouvelles composantes, le rythme de la respiration. L'interprétation (lecture) de l'écriture alphabétique elle-même, qui implique des mécanismes cérébraux hautement complexes [45], ne passe pas nécessairement par les phonèmes représentés, bien qu'il soit vrai que cette écriture, qui est analytique, les représente avec une relative exactitude. Si tel était le cas, les sourds-muets correctement rééduqués ne devraient savoir lire que les mots qu'ils ont appris à articuler. Or ils en lisent et écrivent bien davantage. Et quand leurs connaissances se limitent à ceux-là, c'est par la faute

---

44. Cf. M. Butor, « Le livre comme objet », repr. dans *Répertoire II*, Paris, Ed. de Minuit, 1954.

45. Cf. R. Husson, « Mécanismes cérébraux du langage oral, de la lecture et de l'écriture », *op. cit.*, p. 23-28.

d'une démutisation mal conduite, fondée sur l'illusion scriptophobe qu'une relation directe entre mots écrits et référents serait impossible. Une telle illusion méconnaît la relative autonomie du code écrit par rapport à la langue.

Cela ne signifie pas, cependant, autonomie par rapport à la culture. L'écriture japonaise est une combinaison complexe de deux syllabaires avec des caractères chinois dont le nombre s'élève au moins à huit cent cinquante et dont il existe de surcroît une et souvent deux lectures sino-japonaises en sus de la japonaise. Cette écriture est assez mal adaptée au type de langue qu'elle note. Pourtant, les idéogrammes qui, lorsqu'ils furent empruntés à la Chine (IVe siècle ap. J.-C.), permirent de noter une langue jusque-là sans écriture, se sont profondément intégrés à la civilisation japonaise. Ils en sont aussi une manifestation artistique, et les entreprises pour accroître l'usage des syllabaires n'ont abouti qu'à fixer un nombre limite de caractères officiellement reconnus. C'est parce que l'écriture arabe, quant à elle, était étroitement unie à l'islam et notait les mots arabes appartenant au vocabulaire philosophique, religieux et politique, abondants dans le lexique turc, que Mustapha Kemâl, souhaitant désislamiser la Turquie, fit adopter en 1928 l'alphabet latin. Cela n'était pas, dans sa visée, une simple réforme orthographique, mais une révolution culturelle.

Mais si l'écrit n'est qu'à peine indépendant de la culture, il l'est davantage par rapport à la langue parlée. L'écriture possède l'étonnante vertu de métamorphoser le sens en objet. Elle tend dès lors à devenir ce qu'à son apparition, sa nature portait déjà en germe : une esthétique. Les hiéroglyphes égyptiens font très tôt partie du décor, et leur disposition plastique ne se comprend que comme amour du signe écrit. La calligraphie chinoise est intimement liée à la poésie comme à la peinture, qu'elle accompagne toujours et dont elle est, au vrai, un des constituants. Certains caractères chinois complexes, faits de combinaisons de plusieurs caractères simples, autorisent des jeux graphiques : en juxtaposant le complexe et les simples, on peut, dans les cas favorables, aboutir à des phrases interprétables[46]. Les arabesques transmettent en pierre des messages esthétiques en même temps que les versets coraniques. La (deva)nāgarī et les nombreux syllabaires d'Asie qui sont, comme elle, dérivés de l'écriture brāhmī parlent au regard en lui proposant, selon le ductus, des décors variés.

Mais au-delà de sa visée plastique, on peut percevoir encore dans l'usage de l'écrit une visée magique. Quelle que soit sa stylisation, qui trouve dans l'abstraction des lettres des alphabets (romain, hébreu, arabe par exemple) son degré extrême[47], elle conserve, avec l'image et le tracé qui reflétaient les objets, des relations historiques ou une connivence. De là peut-être l'absence d'intérêt, chez de nombreux linguistes, pour l'écriture, jamais totalement arbitraire comme le sont en principe les signes qu'elle note. Ce lien quasi magique de l'écriture-image avec les choses est attesté par ce que l'on rencontre dans certaines chambres funéraires égyptiennes, où « les signes désignant des animaux, ou des êtres potentiellement hostiles, sont modifiés – on les mutile, on les transperce de couteaux – pour éviter que ceux dont ils

46. Cf. V. Alleton, *L'écriture chinoise*, Paris, P.U.F., coll. « Que sais-je ? », 1970, p. 63-66.
47. Malgré cette stylisation, il se trouve assez de poètes pour lire dans les graphismes des mots une image de la chose signifiée, dans les cas favorables. On connaît les réflexions de P. Claudel sur le symbolisme graphique : v. *Idéogrammes occidentaux*, Paris, 1926, et, à propos du signe « toit », *Œuvres en prose*, Ed. de la Pléiade, p. 10.

sont les images ne nuisent au défunt »[48]. Un lien
consubstantiel unit donc l'hiéroglyphe à l'être qu'il
figure. Le contenu idéologique de l'écriture peut aller
jusqu'à violer la syntaxe de l'égyptien. Par exemple, dans
cette langue où le nom déterminé précédait le nom
déterminant, « scribe (du) roi » se disait *sš nsw*, selon le
même ordre de succession qu'en français. Mais il arrivait
que l'on écrivît *nsw sš*, par antéposition honorifique du
signe correspondant à l'être le plus prestigieux[49]. Ainsi,
lors même que l'écriture est un système assez nettement
codifié (ce qu'elle semble être en Egypte, aussi loin que
l'on remonte), pour qu'il ne puisse s'agir simplement de
plastique, mais bien de notation de la langue, la tentation
de remotiver le graphisme se cherche partout des issues
propices.

   Le résultat est comparable à celui que produisent
souvent, à l'oral, la courbe intonationnelle ou les
mimiques du corps et du visage : le contrepoint d'un
message second par lequel l'écriveur complète le premier et peut aussi le subvertir, ajoutant un sens graphique à la représentation graphique du sens. Les *ateji* de
l'écriture japonaise en sont une illustration. Profitant
d'une coïncidence fortuite entre des mots japonais et la
prononciation sino-japonaise de certains caractères chinois, ils ajoutent au sens premier celui que
suggèrent ces caractères. Ainsi, on peut voir sur de
nombreuses boîtes à ordures au Japon le nom de ces
objets, en japonais *gomibako*, soit « ordures-boîte », écrit
non en syllabaire pour mots japonais *(hiragana)*, mais
avec deux caractères chinois particuliers pour noter les

   48. P. Vernus, « Espace et idéologie dans l'écriture égyptienne », in
Actes du Colloque International de l'Université Paris VII, Ecritures, *op.
cit.*, p. 102 (101-114).
   49. P. Vernus, *ibid.*, p. 106.

syllabes *go* et *mi*. Ces caractères se lisent bien *go-mi* en prononciation sino-japonaise, mais ils correspondent en chinois à des mots signifiant le premier « protéger » et le second « beauté ». La boîte à ordures est une « boîte à protéger la beauté » !

A très haute époque égyptienne, de même, nombre d'inscriptions substituent à la représentation phonétique ordinaire (issue elle-même, comme on l'a dit, d'un rébus devenu procédé) un caractère correspondant au même son, et qui a la particularité de référer à une divinité sous la puissance de laquelle l'écriveur entend s'abriter. Parfois même, la tentation encouragée par l'écriture est celle du message secret, que seuls ses destinataires sont en mesure de déchiffrer. Le *Livre du désir frénétique du dévot d'apprendre les énigmes des antiques écritures*, du Nabatéen Abu Bakr Ahmad ben Ali ben Washiyya An-Nabati (VIIIᵉ siècle), donne les formules de composition et d'interprétation des alphabets mystérieux qui étaient utilisés dans les pratiques de magie, mais aussi dans la correspondance secrète entre souverains et ambassadeurs, ou entre chefs d'armées. Mais il s'agit là de codes privés, inventés à des fins précises dans certains contextes historiques. L'ésotérisme des messages portés par les hiéroglyphes est celui d'une écriture nationale, même s'il est vrai qu'elle était loin de connaître une large diffusion populaire. Une telle écriture demeure unique, par la cohérence de ses propriétés et de son destin, comme par sa vertu symphonique. Texte investi de co-textes propitiatoires, message auquel se superposent ou dans la trame duquel viennent s'insérer, en une chaîne de rébus, des formulaires apotropaïques, c'est-à-dire de détournement des maléfices, ainsi que des invocations aux dieux, l'écriture égyptienne inscrit toute son histoire dans sa finalité. D'emblée apparue sous sa forme parfaite d'écriture à messages multiples, elle ne pouvait point évoluer. Elle n'était pas, en effet, copie anonyme des articulations de la voix, comme le sont les écritures alphabétiques. Elle inscrivait en contrepoint l'écriveur et son désir.

Oralité, écriture et société

Serait-ce le besoin d'insertion dans les structures économiques du monde contemporain, ou une autre séquelle du colonialisme, qui conduit aujourd'hui tant de pays, africains en particulier, à adopter l'alphabet pour noter leurs langues jusque-là purement orales ? Ou est-ce la pression des médias qui fait de l'analphabétisme, sans nuances, une notion négativement connotée ? Il n'est plus temps, certes, de le réhabiliter sur le ton d'élégies néo-rousseauistes. Il n'est pas sûr, sans doute, qu'il faille voir dans l'écriture un instrument d'oppression parce qu'elle permet de dépêcher des ordres précis et laisse des traces qui en contrôlent l'exécution : la loi n'est pas l'oppression, et l'on se demande si c'est vraiment pour avoir voulu asseoir son autorité sur un simulacre d'écriture que le chef des Nambikwara est abandonné des siens [50]. Cela dit, l'introduction de l'écriture au sein d'une société d'oralité demande certaines précautions. C'est un transfert concerté, non un développement spontané. Une véritable différence culturelle sépare les sociétés qui écrivent et celles qui n'écrivent pas. Les secondes ont depuis longtemps élaboré sur la pratique de l'oral leurs propres modèles d'expression, leurs systèmes d'échan-

---

50. Son histoire est contée dans le fameux chapitre « Leçon d'écriture », que C. Lévi-Strauss a placé à la fin de *Tristes tropiques*, Paris, Gallimard, 1955, p. 337-349. Cf. J. Derrida, *op. cit.*, p. 191 s., et L.-J. Calvet, *op. cit.*, p. 105-111.

ges et d'équilibres, ainsi que leur mémoire. Sauf à assumer les risques d'une dangereuse effraction de l'écrit en milieu d'oralité, il faut donc qu'elles tracent elles-mêmes les chemins par lesquels elles entendent accéder aux commodités d'une notation non éphémère. Nul ne les nierait[51]. Mais la notion d'analphabétisme, tout comme celle de langues « sans » écriture, ne peut pas avoir, dans les sociétés d'orature, la charge condescendante, privative et européocentriste qu'elle possède dans les parties du monde où les langues s'écrivent depuis longtemps[52]. Les dépositaires de l'histoire des sociétés orales sont leurs savants et leurs poètes.

L'effraction de l'écriture est un péril non seulement pour les sociétés qu'elle investit, mais même pour leurs langues. L'histoire récente de certaines langues créoles en offre l'illustration. A propos d'un créole à base lexicale française comme celui d'Haïti, par exemple, l'accession à l'écriture préoccupe depuis longtemps les usagers cultivés ou ceux qui font profession d'écrire et d'enseigner. Mais dès lors que l'on représente par écrit une langue jusque-là purement orale, on se situe au-delà d'un simple exercice de transcription. Il ne suffit pas de cet exercice pour aboutir à une langue écrite au plein sens du terme. Une langue écrite n'est pas une langue orale transcrite. C'est un nouveau phénomène linguistique, autant que culturel. La tentation permanente, ici, est d'introduire, dans le discours noté, des conjonctions subordonnantes qui n'existent pas en créole et sont empruntées au français écrit : *que, lorsque, parce que, si,*

---

51. On est fort éloigné de les nier dans ce livre, objet lui-même d'écriture.

52. Cf. C. Hagège, « La ponctuation dans certaines langues de l'oralité », in *Mélanges linguistiques offerts à E. Benveniste*, Paris, Louvain, coll. linguistique publiée par la Société de Linguistique de Paris, 1975, p. 251-266.

bien que, de sorte que, etc. Au français écrit, car dans certains registres du français oral lui-même, tout comme dans beaucoup d'autres langues, les articulations syntaxiques entre propositions sont marquées par des courbes intonationnelles variées, véritables morphèmes prosodiques (v. chapitre III, p. 75 s.). Tel est aussi le cas en créole d'Haïti. La seule solution, dès lors, si l'on ne veut pas défigurer la langue en la francisant par substitution de marques non prosodiques aux marques intonatives, est de noter soigneusement l'intonation au moyen d'un système précis et diversifié de signes de ponctuation. Ceux dont on se sert couramment dans l'écriture latine sont justement les marques, imparfaites et vagues, des inflexions de la voix, des pauses, des courbes qui constituent l'intonation. Est-il utopique de souhaiter qu'on enrichisse cet ensemble en y adjoignant d'autres signes graphiques reflétant plus fidèlement les mélodies ? Oui, dans la mesure où aucune écriture d'aujourd'hui ne note exactement l'intonation : les virgules, les points d'interrogation, d'exclamation, etc., sont d'indigents reflets. Non, dans la mesure où l'une des causes principales de cette carence est la mauvaise connaissance que l'on avait autrefois des phénomènes intonationnels. Or ils sont beaucoup mieux étudiés aujourd'hui. Les langues orales qui accèdent à l'écriture devraient, les premières, tirer parti de cette situation.

Ce lien, qui demeure donc à exploiter encore, entre ponctuation et courbes mélodiques est indirectement confirmé par l'étude de certains textes littéraires. Les œuvres écrites qui utilisent le moins les signes de ponctuation, ou qui même les suppriment, sont aussi celles qui recourent le plus aux procédés lexicaux et grammaticaux de liaison entre mots, entre groupes de mots, entre propositions, entre phrases. Or ces procédés ont pour correspondant, dans le discours d'orature, les courbes d'intonation. Ils sont caractéristiques d'une certaine forme de poésie hermétique, ou de prose artiste défiant les conventions graphiques. Mais de même, la simple disposition versifiée de la poésie la plus classique peut suffire pour que l'on se dispense de ponctuer, dès lors que chaque vers correspond à un groupe syntaxique, ou même à une phrase unique : en l'absence d'enjambements et de longues périodes projetées sur plusieurs vers à la fois, le découpage du sens suit celui de la métrique. De cela, on peut trouver des exemples dans la poésie créole[53].

*

« L'écriture voile la vue de la langue : elle n'est pas un vêtement, mais un travestissement », enseignait F. de Saussure[54]. Et, longtemps avant lui, Rousseau : « Les langues sont faites pour être parlées, l'écriture ne sert que de supplément à la parole. »[55] Un moderne[56], exaltant l'écriture, reproche à ces deux illustres scriptologues leur phono- ou logocentrisme : mettant au centre le discours proféré, ils méconnaîtraient la trace, qui se passe de présence, puisqu'elle re-présente. Mais cette écriture que les hommes ont inventée pour leur plus grand pouvoir est-elle assurée d'un avenir si brillant, que ceux qui en sont « privés » soient fondés à tant la convoiter ? Plusieurs décennies de transformations techniques ont sérieusement effrité la puissance de

53. Cf. M.-C. Hazaël-Massieux, « L'écriture des créoles français : problèmes et perspectives dans les petites Antilles », *Fifth Biennial Conference*, Kingston, Jamaïque, 1984.
54. F. de Saussure, *Cours de linguistique générale*, éd. crit. prép. par Tullio de Mauro, Paris, Payot, 1972 (1re édition : Genève, 1916), p. 51-52.
55. *Essai sur l'origine des langues, op. cit.*, Chap. VIII.
56. J. Derrida, *op. cit.*, Deuxième partie, chapitres 1 et 2.

l'écrit. Son règne est menacé. Des hommes politiques aux publicitaires, des poètes aux journalistes, les professions ne cessent d'augmenter en nombre dans lesquelles toute action efficace, qu'il s'agisse d'informer, de plaire ou de convaincre, ne peut se contenter d'un texte écrit et doit passer par la parole. Le magnétophone, l'ordinateur, ce scribe du XXIe siècle, le magnétoscope peuvent bouleverser — ou sont en train de bouleverser — les rapports entre la parole et le graphique. On ne leur connaît pas d'incidence particulière sur la langue en son essence profonde. Mais ils en ont, négativement, une importante sur l'écriture. N'est-ce pas assez pour considérer que, malgré le rôle essentiel qu'elle possède encore, malgré tout le prestige qu'elle conserve, l'écriture se trouve, à l'égard de la langue, dans un rapport d'inévitable extériorité ?

L'invention et la très large diffusion moderne des moyens de conserver la parole pourrait n'être pas sans pertinence pour la réflexion linguistique elle-même. C'est, il y a fort longtemps, l'invention de l'écriture alphabétique qui a sans doute donné une impulsion décisive à la recherche grammairienne. Car dès lors que l'on utilise un seul et même signe pour noter les innombrables variations régionales ou individuelles d'un *p*, d'un *a*, d'un *r*, on prend nécessairement conscience d'un surprenant phénomène : l'immensité des différences n'empêche pas les membres d'une même communauté linguistique de se comprendre. Il faut donc bien qu'il existe des invariants. Et qu'est-ce que la linguistique, sinon la recherche de ces invariants, dans le domaine des sons comme dans ceux du lexique et de la syntaxe ? Or, si un bouleversement n'est pas impossible dans les temps à venir, c'est du fait que les machines à enregistrer la parole font l'inverse de ce que le linguiste fait : elles ne retiennent que la variation. La linguistique ne saurait demeurer indifférente à une telle évolution des techniques. De fait, elle y a puisé elle-même l'occasion d'un renouvellement. Certes, on étudiait déjà la variation bien avant que des machines en reproduisent si fidèlement les profils. Mais elles ont précipité le mouvement amorcé. Née de la prise de conscience des invariants, la linguistique est, pour une large part, en train de devenir une science de la variation sur fond d'invariant. Une science qui n'étudie plus le même comme un en-soi, mais le subsume sous les mille visages de l'autre. Autrement dit, une sociolinguistique.

II

Utilité de ce savoir,
ou
Univers, discours et société

Chapitre V

LE TERRITOIRE DU SIGNE

Sens des sons, ou le double indivisible

Le mot est une institution. La plupart des langues du monde ont un terme pour dire « mot » ou quelque chose d'approchant. Mais la seule unité qui soit opératoire pour dissiper un peu les ténèbres de la langue est celle qu'on appelle le signe : la plus petite unité qui résulte de l'analyse, l'étape ultime de toute dissection. Dans beaucoup de cas, signe et mot coïncident. Le mot français *jardin*, qui possède deux syllabes n'est pas analysable, et de même le mot *élégant*, qui en a pourtant trois. Ce sont des signes. A ce point, les choses paraissent simples. Mais de toutes parts, à propos de mots d'une triviale fréquence, de multiples autres cas surgissent, comme autant de rébellions de la langue à l'effort pour la constituer en objet d'un savoir. Ainsi, le *est* ou le *a* des phrases *il est élégant* ou *il a un jardin* sont des syllabes uniques, et même des voyelles uniques, respectivement notées [ε] et [a] en phonétique ; pourtant, ils ne se réduisent aucunement à un seul signe chacun. Si, pour prendre le cas de *est*, on pratique, dans la première phrase, une analyse par variations successives d'un seul sens à la fois, on obtient autant de signes que d'opérations. Si c'est le temps qu'on élit pour variable, en ne modifiant rien d'autre, on aboutira par exemple à *il était élégant*. Si c'est le verbe lui-même, on pourra produire une phrase *il devient élégant*. En ne changeant ni le temps, ni le verbe, mais seulement la personne, puis le nombre seul à l'exclusion du temps, du verbe et de la personne, on obtient deux autres phrases, *tu es élégant* et *ils sont élégants*. De cette manière, le contexte constitué par les premier et troisième mots s'est conservé identique, aux liaisons près, qui ne sont pas régulièrement faites dans tous les styles en français moderne. La conclusion, familière aux techniciens de la langue, apparaît alors, aussi troublante qu'irréfutable : *est*, ce mot français de tous les jours et de toutes les rencontres, recèle en soi, sous une forme inanalysable, réduite de surcroît à une voyelle, quatre signes et pas un de moins.

La méthode illustrée ici n'est pas un imaginaire de la linguistique. Elle s'articule sur les faits qui se laissent observer. La communication par la langue suppose qu'un sens est produit et perçu. Le sens particulier d'un mot résulte de l'élimination de ceux qu'auraient eus à sa place tous autres mots admis à paraître dans le même contexte. Par conséquent, pour tout sens qui peut être indépendamment dégagé, il faut poser un signe, même si les sons qui lui correspondent sont, avec ceux qui appartiennent à d'autres signes, fondus en une indiscernable alchimie. De là résulte la définition de base du signe : c'est la plus petite association d'un sens, que la tradition, de saint Augustin à Saussure, a nommé son *signifié*, et d'une tranche de sonorité, appelée son *signifiant*. Ce dernier est le plus souvent manifeste, comme dans *élégant*, qui, résultant de l'analyse de la phrase ci-dessus en signes, est lui-même une tranche de sonorité décomposable en cinq phonèmes, ou sons distinguant entre eux les signes : /e/ + /l/ + /e/ + /g/ + /ã/ (voyelle nasale ici notée « ant » dans l'écriture). Mais le signifiant peut également, dans des cas plus complexes comme celui de la fusion illustrée tout à l'heure par *est*, n'être pas manifeste et résulter d'opérations qui le mettent au jour.

La propriété cardinale du signe est la même qui fait tout le mystère des langues en tant qu'organismes investissant la substance phonique par l'intention de signifier, ou faisant, de la matérialité des sons, surgir le sens : signifiant et signifié sont absolument indissociables et ne peuvent d'aucune manière être conçus séparément. Plus d'une aporie de la linguistique ancienne et moins ancienne naît de la méconnaissance de ce fait aussi élémentaire que les résumés des manuels d'écoliers. Pour être bref, on n'en citera ici qu'une retombée pratique parmi beaucoup d'autres. Les stratégies verbales d'évitement que, depuis la fin du XVIIIᵉ siècle, on appelle *tabous*, d'un terme emprunté à une des langues de sociétés polynésiennes qui les pratiquent encore (le monde entier les a connues à des moments variables), n'ont pas pour cible l'objet tabouisé lui-même, mais bien le signifié, automatiquement convoqué par la seule profération du signifiant. En proscrivant les sons du mot tabou, on refoule du même coup son sens, et toutes les notions que son évocation réveille. Ainsi, pour un même signe, le signifiant, quelle que soit sa forme, et le signifié, quel que soit son domaine, sont, par l'effet des structures de la langue qui les contient, deux faces constitutivement solidaires d'une même réalité :

« L'entité linguistique n'existe que par l'association du signifiant et du signifié [...] ; dès qu'on ne retient qu'un de ces éléments, elle s'évanouit [...] Une suite de sons n'est linguistique que si elle est le support d'une idée ; prise en elle-même, elle n'est plus que la matière d'une étude physiologique. Il en est de même du signifié, dès qu'on le sépare de son signifiant. Des concepts tels que "maison", "blanc", "voir", etc., considérés en eux-mêmes, appartiennent à la psychologie ; ils ne deviennent entités linguistiques que par association avec des images acoustiques »[1].

Ces lignes n'ont pas encore perdu, pour être (trop ?) classiques, l'efficacité d'un discours diaphane sur le signe, que ressasse la docilité des uns et que la rhétorique des autres prend pour prétexte à des joutes sans lendemain. Qu'il suffise de souligner qu'il n'y a pas d'adéquation entre le signifiant et le mot d'une part, le signifié et la chose d'autre part. C'est le signe comme unité à deux faces solidaires qui renvoie aux objets et aux notions, à ce que les linguistes appellent le monde. En soi, la langue est un non-lieu. Les énoncés qu'elle permet de produire parlent du monde. Ils ne sont pas le monde. Ils sont la manifestation d'une aptitude humaine à signifier.

Le signe et la différence

Aptitude à signifier et non pas simplement à symboliser. D'autres activités humaines, celles de l'art essentiellement, sont de symbolisation. Les conduites de langage, elles, sont, à la lettre, *signi-fiantes*, c'est-à-dire qu'elles produisent des signes. Tous les traités le répètent. Le signe, à la différence du symbole, n'est pas relié au *référent* (monde des objets et notions) par un lien que l'on puisse d'une manière ou d'une autre justifier ou établir en raison. Le signe suppose purement et simplement un consensus. C'est comme convention qu'il est

---

1. F. de Saussure, *Cours de linguistique générale, op. cit.,* p. 144.

appris. Rapide et sûr apprentissage dont l'histoire n'a d'écho nulle part au sein des systèmes symboliques. L'acquisition des signes par l'enfant de l'homme entre-tient avec le développement de l'intelligence et l'inven-tion du monde une relation d'influence réciproque. Médiatrice, la parole confère à l'enfant, en représenta-tion, la maîtrise des choses.

Le signe linguistique est de l'ordre de l'intelligence conceptuelle. En deçà d'elle, deux phases affleurent, dont l'espèce humaine n'a apparemment pas l'exclusi-vité. Les chimpanzés possèdent l'intelligence sensori-motrice, qui leur permet de reconnaître les objets extérieurs et d'adapter leur comportement à ces objets. Ils peuvent aussi, moyennant éducation, acquérir l'intel-ligence représentative, c'est-à-dire celle du symbole comme notation différée d'objets *in absentia*[2]. Mais l'intelligence conceptuelle, qui est liée à des signes arbitraires et non à des symboles, paraît n'être qu'hu-maine.

Si un lien de nécessité unit le signe ainsi caractérisé à quelque chose, ce ne peut être qu'aux autres signes à l'intérieur d'une même langue. En outre, une propriété singulière du signe linguistique est d'être auto-référen-tiel. C'est même là ce qui fonde tout discours sur la langue, et en figure simultanément tout le péril. Les signes d'un même système ont entre eux une relation différentielle. La solidarité des deux faces du signe en est le garant. Si le concept de différence peut avoir un

2. L'emploi de la notion de symbole, ici et dans ce qui suit, vise surtout à déterminer par différenciation celle de signe linguistique comme élément de communication. En fait, dans les expériences dont il va être question (cf. ci-dessous), on ne se sert pas avec les singes de symboles au sens strict, puisque les éléments du code qu'on leur enseigne sont largement arbitraires, contrairement au symbole, partiel-lement motivé.

contenu quand on l'applique aux faits de langue, c'est
dans la mesure où les phonèmes, dont la nature et les
combinaisons composent le signifiant de tout signe, ne
se confondent pas entre eux. C'est cette vérité simple
qu'on doit lire dans les tableaux phonologiques que
propose toute bonne description de langue. Ils font
apparaître les architectures que chaque idiome élabore
dans le continu des sons pour organiser son univers de
signes. Il arrive certes que deux signes aient le même
signifiant : cas de polysémie, comme en français celui de
chemise, mot de plusieurs sens, et cas d'homonymie,
comme celui de *louer*, dont les deux sens, qui n'ont pas
de rapport, font remonter à deux sources latines, *locare*
et *laudare*, venant fortuitement converger au gré de
l'évolution phonétique. Mais les signifiés suffisent alors à
distinguer les signes. Le signifié de tout signe est d'abord
défini en ceci qu'il n'est pas celui d'un autre.

Cependant, un phénomène étrange et fondamental
remet en cause, sur un point, cette ordonnance de
l'édifice saussurien : la synonymie. Cette aimantation
des sens est cela même qui fait la possibilité des dictionnaires. Elle n'est certes pas, pour une entreprise théorique, facile à intégrer. Bien avant Saussure, Aristote
postulait (*Métaphysique* 10006 b 5) l'univocité qui interdit
toute coïncidence de deux signes sur un même sens : « ne
pas signifier une chose unique, c'est ne rien signifier du
tout ». Et plus tard, Du Marsais condamne à un ostracisme irrévocable les synonymes parfaits, car il ne se
peut pas qu'il y ait « deux langues dans une même
langue »[3]. Mais il suffit de porter le regard au-delà des
langues indo-européennes familières aux linguistes
d'Occident pour se convaincre que la paraphrase et

---

3. *Des tropes*, Paris, 1730. Cité par C. Fuchs, *La paraphrase*, Paris,
P.U.F., 1982, p. 53.

l'explication de texte (les seules homologies de sens qu'ils admettent comme des faits à l'exclusion de la synonymie totale), n'épuisent pas les propriétés des langues. L'emprunt de lexiques savants ou archaïques crée dans de nombreux idiomes des pans entiers de synonymie parfaite entre les termes introduits et les mots du fonds autochtone. Telle est la situation en hindi-ourdou pour les termes arabes et persans venus doubler ceux du stock indo-aryen, et en japonais pour les termes chinois introduits dès la fin du IVe siècle à côté des mots du fonds nippon, un seul et même caractère chinois transcrivant en outre, dans chaque cas, l'un et l'autre membre du couple ainsi produit. Il est vrai que l'on peut toujours alléguer une différence de registre...

Cela dit, l'existence probable d'authentiques synonymes n'empêche pas les langues, quelles qu'elles soient, d'organiser sur la différence les signifiés de leur lexique, puisqu'il suffit que les signifiants changent pour qu'il ne s'agisse plus du même signe. Certes, cette négativité d'un contenu ne peut seule, bien que plusieurs décennies d'enseignement saussurien l'aient dépouillée de son air paradoxal, fonder une théorie du sens ; car le signifié du signe n'est qu'une des articulations d'une telle théorie (cf. chap. X), en dépit de la tradition structuraliste, même prolongée en grammaire générative. Mais la définition négative demeure une base efficace, et on laisse échapper, en la sous-estimant, une caractéristique essentielle des langues comme organismes producteurs de sens. L'histoire des vocabulaires fait voir à satiété que le contenu d'un signe au sein d'une langue est largement déterminé par celui des autres signes, singulièrement ceux qui appartiennent au même champ sémantique. La seule modification d'un signifié peut suffire à entraîner à sa suite celle d'une chaîne de signifiés voisins. Ces aventures du sémantique sont une assez vaste matière pour avoir alimenté nombre de travaux savants[4].

Au demeurant, d'autres sciences que la linguistique ont recours au concept d'opposition. Ainsi, parmi les sciences humaines, la psychologie de l'enfant : « La pensée, écrit H. Wallon[5], n'existe que par les structures qu'elle introduit dans les choses[...] Il n'y a pas de pensée ponctiforme, mais dès l'origine dualisme ou dédoublement[...] En règle générale, toute expression, toute notion est intimement unie à son contraire, de telle sorte qu'elle ne peut pas être pensée sans lui[...] La délimitation la plus simple, la plus saisissante est l'opposition. C'est par son contraire qu'une idée se définit d'abord et le plus facilement. La liaison devient comme automatique entre oui-non, blanc-noir, père-mère, de telle sorte qu'ils semblent parfois venir en même temps aux lèvres et qu'il faut comme faire un choix et réprimer celui des deux termes qui ne convient pas. » On trouve une vue analogue dans d'autres champs scientifiques. Selon E. Schrödinger[6], en physique et en biologie, « les différences entre les propriétés sont en fait discrètes » et « leur caractère différentiel est en fait le concept fondamental » ; quant à E. T. Bell, il observe[7] que dans l'approche topologique des mathématiques, « ce ne sont pas les choses qui importent, mais leurs relations ». Et à Braque, on prête cette suggestion : « Oublions les choses, ne considérons que les rapports. » (*Cahiers* Gallimard, 1952, p. 40). L'art pictural lui-même...

4. On en trouvera d'abondantes illustrations en maints passages de l'*Histoire de la langue française* de F. Brunot, Paris, A. Colin, éd. 1966-1968, pour ne citer qu'un seul ouvrage parmi beaucoup d'autres.

5. *Les origines de la pensée chez l'enfant*, I, Paris, 1945, p. 41, 44, 67, 115.

6. *What is life ?*, Oxford, 1944, p. 28 s.

7. *The development of mathematics*, New York et Londres, 1945, p. 466.

Les signes, les singes et la communication

On peut, en se gardant d'oublier l'écart entre sémiotique humaine et symbolique animale, se demander si la nature différentielle du signe linguistique ne se retrouverait pas dans les codes qu'on enseigne aux animaux « proches » de l'homme. On connaît les expériences californiennes des années soixante faites sur des chimpanzés[8]. Que peuvent-ils, ces grands moments de l'éthologie, nous apprendre sur le langage humain ? A une femelle, Washoe, ses maîtres enseignent l'American Sign Language, langage des sourds-muets américains. Et la guenon Sarah apprend un code fait de semelles de métal qui adhèrent au tableau magnétique. Or il est vrai qu'elle n'acquiert la signification des unités de ce code que par opposition des unes aux autres. Ce n'est donc pas sur ce plan que se situe, entre signes d'une langue humaine et éléments de code acquis par dressage chez des animaux voisins de l'homme, ce qu'on pourrait appeler la frontière (en termes synchroniques, évidemment, puisque dans l'histoire des espèces, il s'agit d'une continuité). La borne est ailleurs. C'est un fait d'apparence triviale et de réalité profonde : les langues humaines sont *à la fois* des systèmes de signes et des moyens de communication[9]. Chacune de ces propriétés y est entièrement réalisée et elles s'y trouvent en même temps étroitement solidaires l'une de l'autre.

Nous ne pouvons donc les concevoir comme séparées.

8. B. T. Gardner et R. A. Gardner, « Teaching sign-language to a chimpanzee », *Science*, vol. 165, n° 3894, août 1969, p. 664-672 ; D. Premack, « The education of Sarah, a chimp », in *Psychology to-day*, vol. 4, n° 4, 1970, p. 55-58.

9. En parlant de moyen de communication, on ne retient ici qu'une des fonctions des langues, et on n'implique pas que toutes se ramènent à elle seule (cf. chapitre X, p. 347-352).

Car à employer quotidiennement le langage, ce dernier nous est si familier et son témoignage apparemment si accessible que nous ne prenons plus garde à la différence entre les deux propriétés. Le langage les associe dans son unité phénoménale, qui masque à notre regard sa dualité réelle. Ici comme en d'autres champs du savoir, l'étude du « normal » a un précieux enseignement à tirer de l'attention au déviant. C'est dans une périphérie brumeuse de la norme que l'on a coutume de ranger les *glossolalies*, cas marginaux d'invention de langues en situation d'inspiration médiumnique ou religieuse [10]. Or on y note une étrange symbiose : le communicatif y cohabite avec le non-sémiotique. C'est à la fois une communication et, pourtant, une absence ou quasi-absence de signes. La communication est celle d'un message expressif ou métaphysique, qui s'apparente aux messages ludiques ou esthétiques de la poésie transmentale (*za-um*, littéralement, en russe) de Khlebnikov étudiée par R. Jakobson [11], ou des jargons élucubrés par Rabelais, Joyce, Michaux ou, plus récemment, U. Eco, qui, dans *Le nom de la rose* [12], met un semblable pot-pourri de mots entre les lèvres du moine fruste Salvatore. Mais il y a, en même temps, absence de signes linguistiques comme entités identifiables par la stabilité de la relation qu'ils instituent entre signifiant et signifié, et par le consensus d'une communauté qui les ratifie en les utilisant. Troublante révélation, donc, d'un détournement dans ces conduites de langage qui ne

10. Cf. T. Flournoy, *Des Indes à la planète Mars*, Genève, 1899, réimpr. Paris, Ed. du Seuil, 1983, avec introduction et commentaires de M. Yaguello et M. Cifali.

11. « Retrospect », in *Selected writings*, Mouton, 1966, vol. IV, p. 640.

12. Paris, Grasset, 1982 (trad. fr. de *Il nome della rosa*, Milan, Fabbri-Bompiani, 1980), p. 65-68. Je remercie B. Niederer d'avoir attiré mon attention sur ce passage.

sont pas la norme. Détournement d'une relation constitutive entre les deux propriétés que la norme associe. Dans les conduites qui peuplent les franges de ce territoire, il s'établit une sorte de communication, mais qui n'est pas médiatisée par des signes. Si le destinataire, lecteur ou décrypteur, peut comprendre ces productions « pathologiques » qui communiquent sans signifier, c'est sans doute parce qu'elles font appel à une seule de ces « deux facultés de l'esprit » que Benveniste considérait comme distinctes : celle de reconnaître et celle de comprendre, « celle de percevoir l'identité entre l'antérieur et l'actuel, d'une part, et celle de percevoir la signification d'une énonciation nouvelle, de l'autre »[13].

De ces deux propriétés, le langage des singes, tout comme celui des usagers paranormaux, n'en possède qu'une. Et sa forme demeure bien rudimentaire. La manière dont les deux chimpanzés Washoe et Sarah paraissent, durant leur apprentissage, maîtriser le code auquel on les dresse, indique qu'ils sont capables de symboliser, qu'ils peuvent même utiliser les symboles en dehors de la présence physique des objets correspondants. Mieux encore, ils savent isoler par analyse les traits. Ils peuvent, pourvu qu'il s'agisse toujours de symboles et non de signes arbitraires, les utiliser pour abstraire, c'est-à-dire classer des objets distincts selon un trait qu'ils possèdent en commun : par exemple, la pomme et la banane, série à partir de laquelle ils sont capables d'abstraire le symbole valant pour « fruit », ou inversement le rouge et le rond, série dont ils peuvent tirer « pomme ». Enfin et surtout, ces singes sont capables d'assimiler les structures abstraites qui correspon-

13. E. Benveniste, « Sémiologie de la langue », *Semiotica*, I, 1969, repr. dans *Problèmes de linguistique générale*, II, Paris, Gallimard, 1974, p. 65 (43-66).

dent aux phrases simples des langues humaines, et dont les éléments, agencés en séquences non aléatoires, peuvent être, chacun en sa position, remplacés par d'autres appartenant aux mêmes ensembles. Ainsi, Sarah est apte à combiner des unités selon une même structure, pour obtenir des énoncés comme *Mary + donner + pomme.* Sarah sait même enseigner le code à d'autres singes. Et pourtant tout cela ne suffit pas, malgré l'apparence. En effet, pour que l'on puisse parler de langue et même de langage, il faudrait qu'il n'y eût pas seulement perception unilatérale de messages, comme c'est le cas chez les singes auxquels les expérimentateurs ont appris comment réagir à des énoncés constitués des symboles qu'ils les ont dressés d'abord à interpréter individuellement. Il faudrait, d'une part, qu'il y eût intelligence conceptuelle, agençant des signes purs ; et d'autre part, qu'il y eût encore initiative prise par chacun des individus du couple émetteur-récepteur en rapport d'inversion systématique entre eux, le récepteur assumant la totalité des fonctions de l'émetteur lorsque à son tour il agit comme tel.

Or, il existe deux grandes modalités communicatives, autres que l'assertion, qui sont caractéristiques de l'emploi du langage dans les sociétés humaines et qui n'apparaissent presque jamais dans l'usage simiesque des codes de dressage. Ce sont l'interrogation et l'injonction. Les Gardner signalent bien le cas unique d'un message adressé par Washoe à un compagnon que menaçait à son insu un danger imminent. Le message était constitué de la suite de symboles « viens » + « dépêche-toi ». Mais ce fait demeure, dans son occurrence fortuite, en lisière du codifiable. Certes, cela ne peut suffire pour qu'on l'occulte. Il montre à lui seul, on devra l'admettre, qu'entre les langues humaines et les codes que l'homme enseigne aux singes les plus évolués, il y a « seulement » les quel-

que deux millions d'années au long cours desquelles
se développe une vie sociale de plus en plus complexe et
s'élaborent des outils de plus en plus perfectionnés. Ce
fait rappelle aussi, il est vrai, qu'en dépit de la difficulté
d'inventer une méthode expérimentale non aventureuse
et non illusoire, il n'est pas radicalement impossible de
dévoiler la continuité entre les types humain et animal
de communication. Cette expérience de dressage, fascinante par ce qu'elle hasarde et l'issue qu'elle en espère,
demeure tout entière une entreprise de raison. Et
pourtant, le caractère exceptionnel de l'injonction et
l'absence totale de l'interrogation, au moins jusqu'ici,
chez les singes en apprentissage, montrent assez qu'il
faut distinguer des types différents de communication.
Les notions de langage et de communication ne sont
solidaires, en effet, qu'en l'acception la plus dense du
concept de communication : celle selon laquelle un
même canal met en rapport d'interlocution deux individus qu'unit un réseau serré de relations sociales. Celles-ci, nécessairement, pour être au degré de densité
qu'on leur connaît, sont le produit d'une immense
période de vie en groupes cohérents qui se reconnaissent
dans les besoins diversifiés qu'a sécrétés leur symbiose.
Et cette histoire est celle de l'humanité et d'elle seule.

L'enjeu n'est donc pas celui que Premack imagine. Il
ne s'agit pas de savoir si Sarah apporte ou non une
confirmation aux universaux de N. Chomsky concernant
la transformation interrogative d'un énoncé affirmatif,
ou l'existence d'un verbe « être » de sens équatif, ou la
manipulation des instruments de coordination comme
« et ». Démarche indéfiniment circulaire, qui cherche à
reconnaître chez un chimpanzé certains universaux
linguistiques dont les schèmes sont déjà présupposés par
une faculté de langage inscrite dans sa biologie. Plus
féconde est l'enquête qui, bien en deçà de la problémati-

que des langues humaines, est suscitée par la question suivante : comment et dans quelle mesure les chimpanzés communiquent-ils ? La réponse est claire : en comparaison avec les primates humains, l'observation révèle seulement l'aptitude, peut-être génétiquement héritée, à une vie sociale fort rudimentaire, en groupes restreints, ne postulant aucun développement qui soit même comparable à celui qui se laisse lire dans les vestiges archéologiques d'*Homo habilis* à *Homo erectus*, pour ne rien dire des étapes subséquentes. Si les chimpanzés ne « parlent » pas, c'est que leur vie « sociale » ne les met pas en situation d'avoir beaucoup à se dire. Et s'ils apprennent à « parler » au bout d'un long apprentissage où l'aiguillon de la curiosité fait oublier à l'instructeur les épreuves que subit sa patience, c'est parce que les récompenses (bananes, chocolats, bonbons) dont il assortit toute séance d'acquisition créent des besoins qu'il leur faut bien satisfaire.

Mais ce qu'ils sont en fait capables de « dire » témoigne qu'ils ne peuvent dépasser un seuil fixé par un développement génétique dont on ne trouve l'équivalent chez l'espèce humaine qu'à remonter fort loin dans la préhistoire. En témoigne également l'indigence des rapports « sociaux » artificiellement établis entre un animal, isolé ou en petits groupes, et un expérimentateur opérant par rétribution des bonnes réponses. On peut douter qu'il suffise de cela pour combler le fossé du temps. Et si, en réalité, il ne s'agissait, puisque la récompense est toujours attendue, que d'un *dressage* au sens strict ? Dressage d'une grande complexité, certes, mais sans rapport aucun avec une acquisition linguistique dont l'enquêteur a l'illusion parce qu'il pratique, dans une langue humaine, le périlleux exercice de paraphrase, ou établissement d'équivalents anglais pour les messages faits de signes conventionnels.

En tout état de cause, une autre caractéristique essentielle des productions linguistiques humaines est tout à fait absente ici : elles peuvent parler de ce qui n'existe pas – mots sans référents attestés, phrases contredisant le réel d'expérience. Les destinataires humains peuvent ne guère apprécier ce genre de communication trompeuse. Mais personne n'y demeure indifférent ; divers types de réaction y répondent, dialogales ou autres. Or on n'a jamais relevé de messages intégrant le non-existant chez les animaux dressés à « parler », bien que les chimpanzés sachent « mentir » par ruse.

Ainsi, ces expériences établissent négativement que l'homme, seul du monde vivant, est capable à la fois de signifier et de communiquer au plein sens de chacune de ces notions. C'est-à-dire de se servir de signes organisés en structures cohérentes et toujours susceptibles de s'accroître en nombre, pour transmettre et interpréter des messages supposant une relation sociale hautement complexe d'interaction et de dialogue. Messages qui affirment, interrogent, intiment des ordres, expriment des états. Et c'est parce que les langues humaines sont les seuls systèmes investis simultanément de cette double propriété qu'il faut les reconnaître dans leur singularité. A cette singularité, qui est justement d'être une dualité, répond *une* linguistique, et non pas deux, comme on en trouve le projet chez certains de ceux qui ont le mieux perçu la double nature des langues, mais ne l'ont pas crue justiciable d'un modèle unique [14].

14. Cf. E. Benveniste, *Problèmes de linguistique générale*, II, *op. cit.*, p. 64-65, 235. On trouvera une prise de position par rapport à cette vision de deux linguistiques dans C. Hagège, « Les pièges de la parole. Pour une linguistique socio-opérative », *Bulletin de la Société de Linguistique de Paris*, LXXIX, 1, 1984, p. 1-47 et dans *id.*, « Benveniste et la linguistique de la parole », in *E. Benveniste aujourd'hui*, Paris, Société pour l'Information grammaticale (diffusion : Ed. Peeters, Louvain), Bibliothèque de l'Information grammaticale, 1984, p. 105-118.

L'animation des signes

Est-ce parce qu'en cette fin de xxᵉ siècle, la puissance des moyens de diffusion de masse donne une audience accrue aux quêteurs de mythes ? Est-ce parce que le travail lent et obstiné de la raison doit indéfiniment affronter les tentations du rêve et l'attrait de l'irrationnel ? Il est en tout cas, dans toutes les sciences, des vérités qui ne s'imposent qu'avec peine. L'une d'entre elles concerne le langage. Il est difficile de la faire admettre à ceux qui ne font pas profession de le reconnaître comme objet d'étude, et elle fut longtemps ignorée de ceux-là mêmes qui en faisaient profession. C'est la suivante : s'il y a bien pour tout signe au sein d'une langue un lien indissoluble entre ce qu'il signifie et les sons qui le composent, soit les deux faces du signe solidairement acquises dès l'enfance, en revanche, ce lien n'est pas de motivation et n'a pas un caractère de nécessité. On a souvent convoqué en témoignage l'existence d'un très grand nombre de langues, associant des signifiants chaque fois différents à des signifiés que la traduction sait à peu près filtrer. Il reste pourtant, en deçà des traitements savants, que pour tout usager ordinaire, ce que dit sa langue est ce que l'on doit dire.

Il aura plus de peine encore à admettre qu'il n'y a pas davantage de lien de motivation entre les sons des mots et les objets du monde auxquels ces mots réfèrent, c'est-à-dire entre signifiant et référent. Le signifiant ne mime pas le référent, à supposer que tout objet de l'univers (pour ne rien dire des notions abstraites) produise ou évoque un bruit imitable par les sons des langues humaines. En d'autres termes, le signifiant du signe est immotivé, c'est-à-dire sans attache formelle avec la réalité qu'il traduit en langue [15]. L'évidence d'un

---

15. C'est l'objet d'une longue controverse, au fil de laquelle apparais-

tel fait, régulièrement enseigné aujourd'hui dès l'initiation à la linguistique, est loin de s'imposer à tous. La quête d'une harmonie universelle répond-elle à un désir enfoui au creux de tout esprit ? Quoi qu'il en soit, quelques sages savent qu'il ne s'agit que d'un désir. Dans sa fameuse lettre au Père Mersenne (1629), Descartes note qu'il est théoriquement possible de fabriquer une langue véritablement philosophique, où les mots soient les symboles directs des choses. Mais il doute fort qu'une telle langue puisse un jour s'imposer ; quant à son correspondant[16], pour désireux qu'il soit de donner corps à une langue ainsi définie, qu'on n'aurait pas besoin d'apprendre tant elle serait « naturelle », il reconnaît que l'arbitraire sur quoi s'édifie toute langue humaine réelle rend le projet largement utopique.

Mais ce n'est pas assez. Lors même que les théories sur le symbolisme ou le mimétisme des sons dans les langues n'ont jamais été corroborées par aucune démonstration irréfutable et que, tout au contraire, les innombrables contre-exemples qui les invalident sont à la disposition de tout bilingue, ou même unilingue un peu attentif, de telles théories foisonnent depuis longtemps. On ne les trouve pas seulement parmi les docteurs médiévaux, dont certains voyaient dans la grammaire la clé des sciences, puisque si l'on connaît les mots et leurs lois, on doit donc connaître l'univers dont ils disent le bruit ; elles ont fleuri même en des âges dont le prétendu rationalisme n'était pas exempt de rêveries et

---

sent deux confusions, entre signifiant et signe d'une part, et d'autre part entre l'arbitraire (s'il y a lieu) du rapport signifiant/signifié et celui du rapport signifiant/référent. On peut consulter R. Engler, « Théorie et critique d'un principe saussurien : l'arbitraire du signe », *Cahiers Ferdinand de Saussure*, 19, 1962, p. 5-66, et *id.*, « Compléments à l'arbitraire », *ibid.*, 21, 1964, p. 25-32.

16. *Harmonie universelle*, Paris, 1636.

qui ne séparaient pas convention et puissance : d'une part, la nature conventionnelle du signe, qui se trouve substitué par accord implicite à la chose désignée, et, d'autre part, son pouvoir même de désignation, issu de la relation qu'il entretient avec ce qui par lui est nommé. C'est ce second aspect qui, par exemple, sollicite l'intérêt d'un Court de Gébelin, s'émerveillant du rapport entre paroles et objets :

« Comment a-t-on pu se persuader que les paroles n'avaient aucune énergie par elles-mêmes ? Qu'elles n'avaient aucune valeur qui ne fût de convention et qui ne pût être toujours différente ? Que le nom de l'agneau pouvait être celui du loup et le nom du vice celui de la vertu ? Que l'homme fût muet et réduit à de simples cris pendant une longue suite de siècles ? Que ce ne fût qu'après une multitude d'essais infructueux et pénibles qu'il pût balbutier quelques mots, et plus longtemps après qu'il aperçût que ces mots pouvaient se lier entre eux ? » [17]

Une langue surtout, l'hébreu, avait dès le haut Moyen Age tenu sous sa fascination ceux qui voyaient dans le récit de Babel l'histoire d'un jugement divin. Punissant la démesure humaine [18], le châtiment exemplaire démotive le signe et, ce faisant, le réduit à n'être plus que le produit d'une pure convention, déclenchant ainsi la prolifération des langues. L'hébreu seul leur paraissait porter encore, comme des blocs erratiques, les traces de l'affinité première. Et c'est précisément à l'hébreu qu'un

17. *Le monde primitif analysé et comparé avec le monde moderne*, Paris, 1773-1774, p. 66.
18. On notera cependant qu'une autre interprétation, qui s'éloigne de la lecture traditionnelle, voit Babel, dans *Genèse* 11, 1-9, comme un accomplissement de vocation, et non comme un châtiment. Cf. C. Hagège, « Babel : du temps mythique au temps du langage », *Revue philosophique*, n° 4, oct.-déc. 1978, p. 465-479.

ésotériste jadis fameux, Fabre d'Olivet, consacre l'ouvrage qu'il publie en 1816-1817 à Paris, *La langue hébraïque restituée*. Il entreprend d'y montrer qu'en hébreu, grâce à la « prodigieuse fécondité dans les développements », « il n'existe pas un seul mot, au-dessus d'une syllabe, qui ne soit un composé dérivant d'une racine primitive » (Première partie, Racines hébraïques, p. 1). Il s'agit ici du riche système de dérivation caractéristique de la morphologie sémitique.

Fabre considère que ce système ne peut pas être arbitraire. Mêlant apparemment la motivation phonétique (sons évoquant ou mimant l'objet désigné) et la motivation morphologique (dérivés dont la forme et le sens sont régulièrement prévisibles), il se réclame justement de Court de Gébelin. Il l'oppose, bien entendu, à un défenseur connu de l'arbitraire du signe, à savoir Hobbes : « Il faut être possédé de l'esprit de système [...] et surtout, croupir dans une singulière ignorance des premiers éléments du langage, pour prétendre avec Hobbes, car c'est d'après lui que tous nos modernes savants l'ont prétendu, qu'il n'y a rien qui ne soit arbitraire dans l'institution de la parole : paradoxe bien étrange assurément, et bien digne, au reste, de celui qui [...] enseignait qu'on ne doit point conclure d'après l'expérience qu'une chose doit être appelée juste ou injuste [...], assurant que la vérité et la fausseté n'existent [...] que dans l'application des termes. » Même inspiration, en 1821, dans l'ouvrage posthume de J. de Maistre, *Les soirées de Saint-Pétersbourg*, où l'on peut lire : « Ne parlons jamais de hasard, ni de signes arbitraires »[19] (le

19. Editions du Vieux-Colombier, Paris, 1960, p. 76. Cité par H. Meschonnic, « La nature dans la voix », texte liminaire à la réédition du *Dictionnaire raisonné des onomatopées françaises* de C. Nodier (1828), Mauvezin, Editions Trans-Europ-Repress, 1984, p. 92. L'« étymologie » de *cadaver* selon Isidore de Séville est rappelée *ibid.*, p. 81.

même reprend sans sourciller les « étymologies » remotivantes d'Isidore de Séville, comme celle de *cadaver*, qui viendrait de *caro data vermibus* : « chair abandonnée aux vers »). Pour cette lignée d'esprits, un lien unit la motivation des signes à une éthique et, sur la frange opposée, l'arbitraire à une conception nominaliste des mots comme purs instruments de désignations non justifiables. Ce nominalisme, jugé voisin de l'impiété, caractérisait la philosophie anglaise de Hobbes, comme il caractérise encore celle de Russell et d'Austin...

Mais sur quels critères précis les antinominalistes peuvent-ils fonder leur position ? Tout simplement sur la mise en évidence, à l'aide d'exemples bien choisis, d'un lien supposé naturel entre les sons des mots et les choses. C'est encore Court de Gébelin qui déclare que « la touche labiale, la plus aisée à mettre en jeu, la plus douce, la plus gracieuse, servait à désigner les premiers êtres que l'homme connaît, ceux qui l'environnent et à qui il doit tout » ; cependant que « les dents sont aussi fermes que les lèvres sont mobiles et flexibles ; les intonations qui en proviennent sont fortes, sonores, bruyantes [20] ». Rousseau fera écho à ces spéculations. Il voit dans la rudesse des consonnes et la douceur des voyelles les reflets les plus anciens de ce qu'elles ont tout « naturellement » commencé par exprimer à l'aurore des temps humains [21].

On peut s'en tenir à ces échantillons d'une littérature assez vaste. Il est facile de lui opposer des contre-exemples. Ces quêtes, bien qu'elles aient pour fin la décou-

20. *Histoire naturelle de la parole, ou grammaire universelle et comparative*, Paris, 1778 (Monde primitif, analysé et comparé avec le monde moderne, t. II) ; éd. 1816, Paris, p. 98-104. Cité par M. Foucault, *Les mots et les choses, op. cit.*, p. 118.
21. *Essai sur l'origine des langues, op. cit.*, tome XIII, p. 188-192. Cité par M. Foucault, *ibid.*

verte d'une motivation au sein de langues réelles, ne sont pas foncièrement différentes de toutes celles qui jalonnent l'histoire des fantasmes sur le langage idéal. De Wilkins à Brissot en passant par Cyrano de Bergerac, Vairasse et Foigny[22], tous aboutissent à l'invention de langues dont l'harmonie avec la nature est le propos explicite. « L'avantage de cette façon de parler », dit Foigny de sa langue « australe », « est qu'on devient philosophe en apprenant les premiers mots qu'on prononce, et qu'on ne peut nommer aucune chose en ce pays qu'on n'explique sa nature en même temps ; ce qui passerait pour miraculeux, si on ne savait pas le secret de leur alphabet et de la composition de leurs mots »[23].

Plus sérieuse est la recherche qui, depuis des âges immémoriaux, s'attache aux onomatopées. Au seuil des temps modernes, un contemporain de Court de Gébelin, le Président de Brosses, les définissait, d'après l'étymologie du terme, comme des formations qui permettent de « faire avec sa voix le même bruit que fait l'objet qu'on veut nommer »[24]. Mais qui ne sait, parmi ceux qui ont quelque familiarité avec l'étude des langues, et, parmi les autres, qui niera que, même dans les cas les plus favorables, la ressemblance ne peut aller assez loin pour que les habitudes articulatoires et les systèmes phonologiques propres à chaque langue ne donnent une physionomie différente aux mots qu'un même processus mimétique devrait rendre semblables ? Le cri du coq, abondamment cité, demeure une illustration topique : pour un même animal (sans doute) et une physiologie de

22. On trouvera d'utiles indications sur ces auteurs et leurs œuvres dans M. Yaguello, *Les fous du langage, op. cit.*

23. G. de Foigny, *Les aventures de Jacques Sadeur dans la découverte et le voyage de la terre australe*, Paris, 1676, chapitre IX, p. 130.

24. *Traité de la formation mécanique des langues*, Paris, 1765, p. 9.

l'ouïe identique (très probablement), des langues différentes offrent des traitements différents : français *coco-
rico*, néerlandais *kukeleku*, japonais *kokekokkoo*.

Dès lors, ne serait-ce pas ailleurs que dans l'élémentaire et illusoire reproduction des bruits du monde qu'il
faudrait rechercher, si vraiment ils existent, les pouvoirs
magiques de la langue ? La visée phénoménologique de
M. Merleau-Ponty pourrait, moyennant quelque épous-
setage d'une formulation un peu désuète, apporter un
éclairage : « Les phonèmes sont autant de manières de
chanter le monde [...] et sont destinés à représenter les
objets, non pas, comme le croyait la théorie naïve des
onomatopées, en raison d'une ressemblance objective,
mais parce qu'ils en extraient et au sens propre en
expriment l'essence émotionnelle »[25]. Mais il faut encore
donner à cette pensée suggestive le profil rigoureux qui
l'accorde aux faits. Ce ne sont pas les phonèmes
eux-mêmes, mais plutôt le degré de force des articulations, le degré de clarté ou de raucité de la voix, le
rythme lent ou accéléré, qui reflètent les catégories
d'émotions. Cela en vertu d'une propriété générale de
l'espèce, à savoir la relation entre tension musculaire et
état psychique. C'est par un effet de cette propriété que
les affects répulsifs, malaise, dégoût, mépris, haine,
peuvent toujours être marqués par une contraction des
muscles pharyngés. Mais il ne s'agit point là d'une nécessité. Même le plus iconique des phénomènes articulatoires, l'intonation, c'est-à-dire une courbe mélodique
accompagnant l'émission d'un mot, d'un groupe de
mots, d'une phrase, n'offre pas l'exemple d'un consensus
entre toutes les langues. Celui-ci seul, s'il se manifestait,
autoriserait à parler d'un véritable lien de motivation
avec l'extra-linguistique. Certaines théories n'attribuent

25. *Phénoménologie de la perception*, Paris, Gallimard, 1945, p. 218.

à l'intonation qu'un rôle marginal dans la définition de ce qu'est une langue. La raison en est claire. Tout comme l'énergie articulatoire et l'allongement des consonnes et des voyelles, la mélodie intonative est nécessairement présente dans la communication orale ; elle en serait moins remarquable et, par là, elle serait plus caractéristique du *langage* que des *langues*.

De fait, les expériences les plus connues donnent, sur le consensus dans l'interprétation des mélodies intonatives, des résultats incertains. D'un côté, des langues aussi éloignées génétiquement, typologiquement et géographiquement que le huastec (Mexique), le japonais, le suédois, le kunimaïpa (Nouvelle-Guinée), assignent à des courbes mélodiques plus ou moins semblables du point de vue physique certains sens à peu près semblables eux aussi, et liés à des situations extérieures du même ordre : surprise, rejet résolu, demande polie, question équivalant à une dénégation ou à une assertion d'évidence ou d'absurdité (ex. de ce dernier cas, en français : *est-ce que les animaux possèdent des langues ?*)[26]. Mais, d'un autre côté, au sein d'une seule langue, on ne parvient pas toujours à établir pour l'intonation un contenu dont la nature iconique soit assez évidente pour qu'une même courbe soit identiquement interprétée par tous les sujets. Si l'on soumet à un groupe de sujets francophones d'égale compétence linguistique la seule courbe intonative, isolée du reste de l'énoncé par un instrument détecteur de mélodie, on constate que la tristesse, la peur, l'admiration et la joie sont reconnues à 80 %, 70 %, 50 % et 30 % respectivement[27]. La tristesse et la peur

26. D. Bolinger, « Universality », in D. Bolinger, ed., *Intonation, Selected readings*, Harmondsworth, Penguin Books, 1972, p. 313-315.

27. Cf. P. Léon, « De l'analyse psychologique à la catégorisation auditive et acoustique des émotions dans la parole », *Journal de Psychologie*, 4, 1976, p. 305-324.

sont donc largement identifiées par les sujets, mais les chiffres correspondant à l'admiration et à la joie sont assez faibles pour laisser penser que l'intonation ne constitue pas, sur les contenus qu'elle est censée porter, un document irréfutable. Projection spatiale de la mimique laryngée, l'intonation est assurément un geste mélodique partiellement inscrit dans la substance, c'est-à-dire dans la physiologie musculaire. Pourtant, elle se trouve domestiquée dans les langues par intégration à la parole. Elle n'est plus, solidairement avec eux tous, qu'un des éléments qui concourent à la production de sens, et par conséquent elle n'échappe pas à l'encodage qui les met tous au service de cette fin.

Il en est de même pour les autres phénomènes prosodiques, et par exemple pour la prolongation expressive des voyelles. Celle-ci traduit souvent, dans les langues, le superlatif ou l'insistance. Mais elle peut également exprimer diverses émotions, comme la tendresse dans la parole destinée aux enfants ou dans le discours amoureux. De même, l'allongement des consonnes n'exprime pas seulement l'agressivité, mais parfois aussi la stupeur ou l'admiration. D'une manière plus générale, les procédés expressifs ont surtout pour valeur, partiellement iconique, l'intensité, quelle que soit l'exacte réalité du phénomène dont la langue peint ainsi la force. En outre et surtout, beaucoup d'idiomes possèdent des consonnes ou des voyelles doubles qui sont simplement des phonèmes parmi d'autres et auxquelles ne correspond aucun signifié qui soit propre au trait phonétique de quantité. Il en existe, il est vrai, d'autres, comme le karok, le wiyot, le yourok (famille algonquine, Amérique du Nord), où certaines consonnes doubles ont pour fonction occasionnelle, indépendamment de leur participation à la structure d'un signifiant de signe, de référer aux traits physiques de l'interlocuteur[28]. Mais ce cas de symbolisme phonique demeure fort isolé parmi l'ensemble des langues connues.

Le trait des phonèmes qui les rapproche le plus des faits prosodiques est, dans de nombreuses langues d'Afrique, d'Asie du Sud-Est, d'Amérique, d'Océanie, le ton, c'est-à-dire une mélodie vocale qui, soit à l'unisson, soit avec mouvement ascendant, descendant ou à deux directions, distingue à elle seule des voyelles ou des syllabes par ailleurs identiques. Certes, on trouve ici des cas de corrélation entre les tons et les contenus. Ainsi, dans quelques langues africaines, le ton le plus haut, c'est-à-dire celui qui correspond, en termes acoustiques, à la fréquence la plus élevée, se substitue au ton lexical ou ton d'origine (éventuellement déjà haut lui-même) pour marquer une forte assertion, en particulier pour mettre en relief (focaliser) une information importante ; le ton le plus bas, au contraire, s'y attache, toujours par substitution, à une des voyelles d'un mot de l'énoncé qui apporte une information moins importante ou moins nouvelle : tels sont les faits en toura, wobé (Côte-d'Ivoire) et éfik (Nigeria)[29]. Mais en dehors de ces langues et de quelques autres qui connaissent un phénomène comparable, cette assignation d'un rôle informatif au ton demeure statistiquement rare. La chose se comprend sans difficulté : les tons sont codés en systèmes dans les langues où ils font partie des moyens distinctifs. Ils ont d'abord, dans le lexique et parfois dans la grammaire de ces langues, le statut de traits pertinents, propres aux

---

28. Cf. C. Hagège, *La grammaire générative. Réflexions critiques, op. cit.,* p. 146.

29. Cf. T. Bearth, « Is there a universal correlation between pitch and information value ? », in *Wege zur Universalienforschung,* Sprachwissenschaftliche Beiträge zum 60. Geburstag von Hansjakob Seiler, hrg. von G. Brettschneider und C. Lehmann, Tübingen, Gunter Narr Verlag, 1980, p. 124-130.

segments qui les portent. De la même façon que la
position (voyelles articulées à l'avant ou à l'arrière de la
bouche), l'aperture (voyelles ouvertes, comme *a*, voyelles
fermées, comme *i*), l'arrondissement (voyelles arrondies,
comme *u*, voyelles non arrondies, comme *i*), les tons
concourent à identifier ces segments, qui sont le plus
souvent des voyelles.

On voit donc qu'il n'est pas facile de confirmer par des
preuves solides la supputation d'une valeur symbolique
des mélodies de la parole. Et puisque l'entreprise, en
toute logique, est encore plus difficile pour les éléments
de sons qui ne sont pas directement reliés à une gestuelle
mélodique, à savoir les consonnes et voyelles elles-
mêmes, il pourrait sembler que du moins ces dernières
ne doivent pas donner prise à une telle supputation.
Mais, même ici, beaucoup ne se résignent pas si vite à
abandonner l'antique croyance dans les sortilèges de la
langue, vaste caverne où résonnent les bruits du monde.
Depuis des âges fort reculés, cette croyance est vivace. Il
faut reconnaître que la forme même des organes de la
parole, et les mouvements qu'on peut leur imprimer,
paraissent lui donner quelque apparence de fondement.
De Brosses, déjà cité, soulignait la ressemblance possible : « Le son qui résulte de la forme et du mouvement
naturel de l'organe [...] devient le nom de l'objet »[30]. Et
son contemporain l'abbé Copineau juge que « l'impression de la couleur rouge, qui est vive, rapide, dure à la
vue, sera très bien rendue par le son R qui fait une
impression analogue sur l'ouïe »[31]. Plus précisément
encore, le même *r*, qui implique, quand il est roulé,
tension et vibration de la langue, serait perceptible

---

30. *Op. cit.*, p. 9.
31. *Essai synthétique sur l'origine et la formation des langues*, Paris,
1774, p. 34-35. Cité par M. Foucault, *op. cit.*, p. 123.

comme son érectile [32], car, assure-t-on, « la langue et le pénis sont les seules structures musculaires attachées à un seul os. La forme et la couleur de la langue renforcent l'analogie » [33]. Ces symbolismes vécus sembleraient recevoir une confirmation de divers faits : fréquence des *r* dans les textes poétiques qui ont pour thématique la virilité sous sa forme impérieuse, ou la pulsion génitale masculine [34] ; honte et confusion de la jeune fille tchouktche (nord-est de la Sibérie) rencontrant dans un texte lu, lors d'un cours en sa langue, des mots qui contenaient *r* roulé, consonne qui n'apparaît en tchouktche que dans le parler des hommes et à laquelle le parler des femmes substitue la chuintante prépalatale *š* (« ch » en graphie française) [35].

Le mouvement de la langue en direction du centre du palais paraît, quant à lui, mimer la proximité, et par conséquent tout ce que l'imaginaire y associe : intimité, douceur, tendresse, petitesse. On a souvent déclaré, en particulier, que la voyelle palatale par excellence, c'est-à-dire *i*, apparaît quasi universellement dans les mots signifiant « petit » ou une notion du même champ. On a fait remarquer aussi que d'autres sons articulés dans la région palatale et prépalatale, la consonne chuintante *š*, la voyelle *ü* (le « u » de l'orthographe française) apparaissent dans le langage affectif ou doucereux des adultes s'adressant par exemple aux animaux domestiques. L'impression de chatouillement de l'avant du palais par la langue lors de la production de certaines consonnes palatales leur fait attribuer des

---

32. I. Hollós, « Die Phasen des Selbstbewusstseins », *Internationale Zeitschrift für Psychoanalyse*, 8, 1922, p. 421-439.

33 I. Fónagy, *La vive voix*, Paris, Payot, 1983, p. 97.

34. *Ibid.*, p. 96-97.

35. V. G. Bogoraz, « Chukchee », in *Handbook of American Indian languages*, II, Washington, 1922 (p. 639-903), p. 665.

propriétés évocatoires de la gestuelle érotique. Plus
généralement, le rapprochement se fait, semi-conscient,
entre la cavité orale et les organes sexuels féminins ; le
vocabulaire de beaucoup de langues y invite expressé-
ment dans des cas comme celui du mot *lèvres* en
français. A propos de la volupté qu'éprouvait un de ses
patients à caresser, de sa langue, son palais, K. Abraham
parle de « masturbation orale »[36]. Il est devenu banal de
souligner le lien entre le mytacisme (penchant à la
multiplication des *m*) et la nostalgie du sein maternel
que les lèvres sucent, du baiser qu'elles donnent et
reçoivent, ainsi que de la relation sexuelle.

Ce qu'on peut objecter à toutes ces notations, classiques dans la littérature consacrée à la motivation des
sons, ce n'est pas d'être fausses, c'est de ne retenir
qu'une partie de la vérité. Les « universaux » de substance que certains cas frappants suggèrent de poser
perdent toute validité dès lors que l'on étend l'enquête.
Ainsi, il existe de nombreux contre-exemples à l'affirmation d'un lien entre le *i* et la notion de petitesse : sur un
ensemble de quelque sept cent cinquante langues, contre
58 % qui les confirment, 42 % les infirment[37]. Certaines
de ces infirmations sont fort connues : anglais *big*, arabe
kabīr, « grand » ; hongrois *kicsi*, « petit », certes, mais aussi
apró, « tout petit ». L'imagerie des langues ne correspond
pas nécessairement, il est vrai, à l'imaginaire de leurs
usagers. Une curieuse expérience[38] révèle que des sujets
coréens, dont la langue est connue pour faire partie des
contre-exemples (de nombreux mots à voyelle ouverte *a*

36. Etape prégénitale, 1916, chap. du *Développement de la libido*,
Œuvres complètes, II, Paris, Payot, 1966, p. 246.

37. Cf. C. Hagège, *La structure des langues, op. cit.*, p. 25. Le calcul
tient compte des cas mixtes au sein d'une même langue.

38. K. O. Kim, « Sound symbolism in Korean », *Journal of Linguistics*,
13, 1977, p. 67-75.

y ont un signifié de petitesse), associent pourtant, comme la plupart des autres, la petitesse avec *i* et la grandeur avec *a* lorsqu'ils sont soumis à un questionnaire de mots inventés. C'est ici un des cas (moins nombreux que les cas contraires) où les représentations ne s'alimentent pas de ce que dit la langue, mais de réactions sensorielles non reliées au linguistique.

Quoi qu'il en soit, il existe trop d'infirmations à la thèse de la motivation des sons linguistiques pour qu'il n'y ait pas lieu de s'interroger sérieusement sur sa validité. Certes, un lien naturel a pu, au plus profond de notre préhistoire, relier certains sens à certains sons. Il survit dans le pouvoir évocateur que l'on attache à ces derniers, et que majore souvent la complaisance hyperinterprétative de courants scolastiques greffés sur la psychanalyse. Mais toute adéquation se trouve à l'avance bannie par l'existence incontournable d'un fait : une immense faille se creuse entre l'infinité des sens exprimables et le nombre très limité des sons articulables par l'espèce. En sorte qu'il n'est pas possible que l'un de ces sons se spécialise de manière régulière et toujours unanimement reconnaissable dans la traduction linguistique d'un seul domaine du monde. L'opposition entre consonnes et voyelles, un des rares moyens distinctifs de grande envergure que possèdent les langues, ne peut pas, contrairement à ce que déclarait Rousseau dans le passage de l'*Essai* cité plus haut, être encore le reflet d'une opposition particulière (rudesse/douceur) entre les choses de l'univers sensible, en admettant même qu'elle ait été investie de ce rôle aux enfances de l'espèce (dans la langue « unique » que cette vision implique, ou simultanément dans les langues qui apparaissent en divers points du globe ?). La face signifiante des signes s'analyse en phonèmes, unités sonores distinguant les mots mais auxquelles ne correspond pas de signifié propre. Si les

phonèmes en possédaient un, comment s'acquitte-
raient-ils à la fois de la tâche de l'exprimer et de celle
qu'ils ont, en tout état de cause, dans chaque langue, de
distinguer les mots ? Comment le pourraient-ils, alors
que déjà leur petit nombre et, plus généralement, la
modicité des moyens formels dont les langues disposent
face à l'immensité du pensable sont parmi les causes du
foisonnement de l'homonymie ?

Une conséquence non immédiatement évidente de ce
qui précède est que conventionnel et motivé ne s'excluent pas, contrairement à ce que l'on croit souvent. Il
est loisible de mettre au jour des correspondances qui se
trouvent suggérées par l'anatomie des organes phona-
teurs et la physiologie de la parole. Ce faisant, on ne
saurait pourtant perdre de vue que les idiomes doivent
exploiter aussi loin qu'il est possible les maigres moyens
distinctifs que la nature autorise. Par conséquent, la
convention est inscrite dans le destin des langues. C'est
pourquoi, au-delà de certaines articulations particulières, les généralités sur le caractère diversement humain
des sons comparés entre eux penchent indéfiniment
vers la spéculation, sauf à les pondérer en fonction de
leurs champs d'application. Dans une conférence de
1893, sous le titre « Hominisation de la langue »[39],
I. Baudouin de Courtenay mentionne deux oppositions,
« celle entre le larynx et la cavité buccale en général » et
« celle que l'on observe, dans la cavité buccale, entre les
parties et organes antérieurs et les parties et organes
postérieurs ». Or, poursuit-il, « on constate partout un
déclin de l'activité du larynx au bénéfice de celle de la
cavité buccale, que la première disparaisse purement et

---

39. In *Annales de l'Université de Dorpat* (aujourd'hui Tartou),
Hambourg, 1893, p. 153 s. Le texte est présenté et traduit (C. Hagège)
dans A. Jacob, *Genèse de la pensée linguistique*, Paris, A. Colin, 1973,
p. 162-164.

simplement ou qu'elle soit partiellement remplacée par la seconde. Ainsi, les anciennes aspirées indo-européennes *ph, th, kh, bh, dh, gh,* qui se prononçaient avec un souffle prenant naissance dans le larynx, connaissent dans les langues récentes de la famille une importante réduction : dans les unes, slave, balte (lituanien, letton), celte, iranien, l'aspiration a disparu sans laisser de trace ; dans les autres, le signe décisif de la distinction, qui est maintenue, passe du larynx à la cavité buccale : langues germaniques, grec, etc. C'est dans ce transport de l'activité de parole des régions profondes et cachées aux régions supérieures et avancées qui sont plus à la lumière, dans cet "Excelsior !" qui, comme un verdict suspendu sur la vie de la langue, détermine tout le développement historique de son aspect sonore, que je vois une manifestation de son hominisation progressive, par étapes ininterrompues. Cette ascension de l'activité de parole des profondeurs à la surface, à la proximité du visage, s'harmonise parfaitement avec la position corporelle d'un bipède qui garde une place élevée et, avec intrépidité, regarde de sa hauteur le monde environnant. »

Certes, la station debout, la libération des membres antérieurs et le port de la tête ont joué un rôle essentiel dans la destinée de l'espèce humaine, et le développement de l'endocrâne leur est étroitement lié. Mais ici, les ordres du temps sont quelque peu mêlés, car c'est de l'évolution des langues à date historique et non préhistorique qu'il s'agit. Si l'on suivait Baudouin de Courtenay, on devrait considérer qu'une langue comme l'arabe, riche en articulations postérieures, est celle d'une société primitive ! En fait, l'auteur présente comme caractéristique générale de l'espèce un type d'évolution qu'il croit linéaire, alors que dans les langues indo-européennes mêmes, auxquelles cette esquisse pourrait s'appliquer, elle ne représente qu'une partie d'un cycle, et non une ligne droite (v. chapitres II, p. 49, X, p. 332). Ainsi les articulations laryngées ne sont pas nécessairement liées à une moindre hominisation. Ici encore, la quête du symbolisme sonore peut égarer, même à partir de bases factuelles parfaites.

Existe-t-il une rectitude des dénominations qui les fasse refléter la nature, ou résultent-elles dans chaque société d'une pure convention ? L'éternelle question qui tourmentait Cratyle agitait aussi, presque à la même époque que Platon, mais dans un espace fort éloigné du sien, la philosophie confucéenne. Le débat peut, au niveau le plus général, concerner le langage ; il ne concerne pas les langues. Comme le soutient Hermogène contre Cratyle, des noms différents correspondent dans des langues différentes au même référent naturel. Dans une seule langue, les systèmes de sons se modifient de manière continue, et, par suite, le nom d'un objet s'altère sans cesser pour autant de désigner cet objet (et sans que cet objet change au même rythme). Enfin, les sons qu'on a quelque raison d'associer à un objet se trouvent tout aussi bien dans les signifiants de signes qui n'ont pas de relation avec lui.

Mais ce n'est pas tout. Le monde des référents dont la langue parle ne peut exercer de contrôle direct sur les phonèmes, puisque ce qui les définit, c'est d'abord la solidarité qui unit chacun d'entre eux, dans le mot où il apparaît, à toute apparition du même phonème dans un autre mot. A ce fondement de son identité s'ajoute le réseau de relations qu'il entretient, au sein de systèmes caractérisant la phonologie de chaque langue, avec d'autres phonèmes. Cette indépendance du représentant phonique par rapport au représenté est clairement perceptible dans la direction des changements qui affectent les systèmes phonologiques des langues, même s'il est vrai que les causes des évolutions sont pour une large part contingentes. C'est par rapport à l'extériorité du référent que se construisent ces systèmes, et, au-delà d'eux, la langue elle-même comme structure de représentation. Ce n'est pas au référent, mais à une sorte de référent différé, c'est-à-dire au signifié, que le signifiant est indissolublement uni. De cette dif-férence, on a une image claire : l'appartenance des signifiés, eux aussi, à des réseaux de solidarités qui, en chaque langue, constituent la structure du lexique. Cela n'empêche certes pas que le référent fasse partie des éléments de construction et d'interprétation du sens. Mais l'intime association des deux faces du signe garantit à la fois leur statut linguistique et son autonomie.

Aussi bien, tout ce que les thèses motivationnistes aboutissent à mettre en lumière, c'est le pouvoir évocateur de certains sons et de certaines combinaisons de sons dans des situations particulières. Mais si ce pouvoir assure bien un territoire à l'expressivité, il est, encore une fois, compatible avec la nature conventionnelle des sons. Conventionnelle plutôt qu'arbitraire (le terme de Saussure), car arbitraire implique autant pure contingence que libre choix, alors que les motivations sporadiques remettent en cause la première et que notre ignorance des lointaines enfances des langues rend problématique le second. C'est ce pouvoir évocateur des sons qu'illustre un type d'onomatopées largement répandu dans les langues d'Afrique et d'Asie, les *idéophones*. Ceux-ci se servent d'articulations ou de combinaisons phoniques, expressives du fait de leur relative rareté, pour mettre en langue des impressions sensorielles ou mentales particulières, liées à certains objets, mouvements ou situations. Mais contrairement à ce qu'on attendrait et malgré la fantaisie expressive que leur emploi dénote chez les conteurs les plus doués, les idéophones sont des membres strictement codés d'un lexique d'associations conventionnelles entre sons et sens, reconnues par tous les usagers d'une même communauté linguistique. Le coréen, entre autres, est remarquable par la régularité du parallélisme entre alternance de consonnes initiales d'idéophones à redoublement et variations très précises des sens relatifs à l'intérieur d'une structure sémantique organisée. Ainsi, *golong golong* (initiale sonore *g*) se dit du bruit d'un liquide dans un récipient qui n'est pas plein, ou d'une personne hésitante ; *kolong kolong* (initiale sourde *k*), d'un bruit plus intense, dans un espace restreint ; *kholong kholong* (initiale aspirée *kh*), du bruit d'un liquide dans un récipient presque vide. A ce codage précis s'ajoute le fait que les sons des idéophones ne sont pas tous absents du reste du vocabulaire dans les langues concernées, toujours parce que la pauvreté des moyens phoniques de distinction a pour résultat une utilisation accrue de chacun d'eux. En sorte que pour les idéophones comme pour les autres types d'onomatopées, on ne peut parler strictement de phonosymbolisme. Le symbole n'est pas aussi conventionnel que le signe linguistique. Il conserve un lien plus repérable, même quand ce lien est rudimentaire, avec la chose symbolisée. La nature conventionnelle des signes linguistiques ne laisse à l'activité symbolique, même dans les cas d'apparent mimétisme, qu'une part relativement pauvre.

La grammaire et l'icône

A défaut de strict *phonosymbolisme* (celui des sons), y a-t-il du moins dans les langues un *morphosymbolisme* (celui de la structure des mots agencés en syllabes) ? En d'autres termes, la structure des mots, des groupes de mots et des phrases est-elle parfois représentative des objets désignés ? Un phénomène universel, largement attesté, du reste, dans les idéophones eux-mêmes, pourrait le suggérer. Il s'agit de la multiplication, dont le redoublement est le cas le plus courant. On peut la qualifier d'iconique dans la mesure où cette reprise d'une, de deux ou de plusieurs syllabes d'un mot, ou de ce mot entier, photographie en quelque manière ce dont il s'agit, à savoir la pluralité, la durée, l'intensité, la progression, l'effort. De très nombreuses langues utilisent ce procédé dans leur vocabulaire, et même dans leur grammaire : pluriel ou forme intensive des noms, formes itérative, durative, progressive, etc., des verbes. Mais, même ici, les changements inhérents à la nature du langage remettent en cause le lien initialement apparent, et finissent par démotiver les structures. Le parfait du grec ancien et celui du latin en sont des illustrations : à *tango*, « je touche », répond *tetigi*, « j'ai touché », aspect ou temps grammatical pur où s'émoussent les traces de valeur expressive. On pourrait citer bien d'autres exemples.

La morphosyntaxe présente-t-elle, en dehors du redoublement, des cas plus probants d'iconicité ? Il se trouve que l'on observe souvent un parallélisme entre le réel et la langue dans l'expression des relations d'appartenance plus ou moins inhérente, de causalité plus ou moins directe, d'effet plus ou moins puissant d'une action, de succession plus ou moins immédiate. A ces relations, que l'on peut subsumer, malgré leur diversité, en les regroupant toutes sous le couple notionnel continuité/discontinuité, correspondent dans de nombreuses langues deux structures distinctes : celle qui exprime la relation discontinue fait intervenir, comme par mimétisme des situations de fait, un matériau linguistique supplémentaire sous forme d'un mot grammatical matérialisant la médiateté, alors que l'autre structure associe en contiguïté les éléments reliés.

Ainsi, l'hébreu israélien, le palau[40] (Micronésie), les langues mandé (Afrique de l'Ouest), marquent la possession inaliénable (celle des parties du corps ou des parents immédiats) par un affixe ou par la juxtaposition pure et simple, alors que la possession aliénable (celle des objets ou notions qui n'appartiennent pas constitutivement au possesseur) est marquée par un morphème indépendant. En amharique (Ethiopie), mixtec (Mexique), japonais, le morphème qui marque une causalité indirecte est plus long et plus complexe que celui qui s'emploie pour la causalité directe[41] ; le français connaît une situation voisine, si l'on considère *je lui ai fait apprendre sa récitation*, avec *lui*, cas oblique parfois dit « indirect », comme impliquant une moindre initiative de *je* que dans *je l'ai fait apprendre sa récitation*, avec *l'*, cas direct. Le tongien (Polynésie), le kabarde (Caucase), le palau opposent deux structures de l'énoncé à verbe transitif, l'une dépourvue, l'autre pourvue d'un morphème symbolisant l'écart entre l'action du verbe et son résultat, selon que cette action est plus ou moins achevée ou qu'elle atteint plus ou moins profondément son objet[42] ; en français, cette opposition est apparente dans les rapports *fouiller ses poches/fouiller dans ses poches, pénétrer un objet/pénétrer dans un objet, toucher quelque chose/toucher à quelque chose*[43]. Enfin, le féfé (Cameroun), le mooré (Haute-Volta-Burkina) et bien d'autres langues africaines

---

40. Cf. C. Hagège, *Les catégories de la langue palau (Micronésie), Une curiosité typologique*, Munich, Fink, 1986.

41. Cf. J. Haiman, « Iconic and economic motivation », *Language*, 59, 4, 1983, p. 781-819.

42. C. Hagège, *La structure des langues, op. cit.*, p. 50-51.

43. C. Hagège, « Pour un retour d'exil des périphériques », *Modèles linguistiques*, V, 1, 1983, p. 107-116.

ainsi qu'asiatiques présentent des structures dites à séries verbales, dans lesquelles deux verbes sont en chaîne immédiate ou se trouvent séparés par un élément coordonnant selon que les événements qui leur correspondent hors du discours sont concomitants ou successifs, ou bien selon qu'ils sont soit en simple succession chronologique, soit en relation de finalité. Ainsi, en féfé, on oppose les deux structures suivantes : *à kà sá n-zā wúzā* (mot à mot : « il passé venir et-manger nourriture »), « il est venu et a mangé », d'une part, et d'autre part *à kà sá zā wúzā*, « il est venu pour manger ».

Il existe d'autres exemples de peinture linguistique des événements, comme celui, curieux, du hua (Nouvelle-Guinée). Cette langue marque la réciprocité en associant paradoxalement à un verbe situé en fin d'énoncé le suffixe qui, quant à lui, a justement pour spécialité d'indiquer que le verbe n'est pas final et qu'un autre doit le suivre ; l'effet en est donc d'obliger à revenir au début de l'énoncé. La structure linguistique n'est interprétable ici que par ce même retour sur soi qu'implique dans les faits l'action réciproque[44]. Certes, dans ce cas comme dans tous ceux qui précèdent, la grammaire semble retenir par mimétisme un trait des phénomènes du monde. Mais il s'agit de cas fréquents et non de lois universelles. D'autre part, les propriétés iconiques illustrées ici ne sont plus celles des sons, mais celles des structures de phrases, beaucoup plus abstraites.

Le rêve de la langue-magie

Au terme de cette exploration des signes qu'on anime et des structures grammaticales iconiques, est-il possible

44. Cf. J. Haiman, « The iconicity of grammar : isomorphism and motivation », *Language*, 56, 3, 1980, p. 515-540.

de parler de magie à propos de la motivation des faits de langue, c'est-à-dire à propos du lien immédiatement transparent qu'on observe parfois entre les sens et les sons ? Les conduites magiques remplacent l'action par son jeu mimétique. A ce jeu, elles attribuent le pouvoir de réinventer l'action ou de la susciter. Les initiatives plus ou moins conscientes qui, dans l'histoire des langues, tendent à réduire le territoire du conventionnel, apparaissent comme la projection sonore de conduites magiques. Mais après un temps plus ou moins long, ces conduites finissent par se briser contre le roc de la convention. Non sans l'avoir ébréché, il est vrai. Ce maigre avantage est assez pour en enhardir de nouvelles. Tendance permanente à la remotivation qui, périodiquement, remet en cause les figements arbitraires. Signature apposée dans l'histoire des langues par ceux qui s'en servent dans l'acte d'interlocution. Tout serait si simple s'il n'y avait cette tension entre deux extrêmes d'une polarité : le signe motivé, le signe conventionnel ! L'activité remotivante est le produit à la fois d'une tendance régressive de la parole et du besoin expressif de renouveler les formes en les rendant plus solidaires des choses qu'elles représentent, en les faisant habiter par le monde et ses bruits. Ainsi, du conventionnel au conventionnel en passant par le motivé, les langues humaines parcourent indéfiniment une série de cycles. Si pourtant on peut dire que le conventionnel domine largement, c'est parce que ces cycles ne s'appliquent qu'à une partie du lexique ou de la grammaire. Pour l'essentiel, le signe linguistique anéantit, par une évolution inéluctable, la substance corporelle dont il naît et qui l'enracinait dans l'univers. Nécessité d'un acte suicidaire.

Nécessité, car s'il n'en était ainsi, pour peu que le signe vécût sans trouble son lien au monde, la communication, bientôt, deviendrait impossible ; ou seule se ferait voie, prendrait voix une communication tout à fait rudimentaire. Il ne pourrait devenir ce pur objet sémiotique qui a pour propriété, en produisant du sens au moyen de sons, de signifier. Ce n'est qu'au prix d'une rupture de ses amarres, à la condition qu'il devienne un moyen conventionnel de représenter et s'arrache à ce qu'il représente, que les langues sont possibles. Elles n'assurent la possession discursive du monde que parce que de leur substance elles évacuent le monde. Si elles possédaient autant de formes différentes qu'il y a de notions, d'objets et de relations entre eux dans le monde extérieur à la langue, elles seraient inutilisables, à cause de la charge énorme qu'elles imposeraient à la mémoire. De fait, on n'a jamais signalé nulle part de langue qui présente ce trait. Ainsi, les sociétés humaines ont, de par les propriétés de l'espèce, fait des langues des systèmes paradoxaux. Bien qu'elles se rencontrent partout et qu'elles ne cessent de se transformer tout au long des temps de l'histoire, ce sont des systèmes sans lieu ni âge, dont les manifestations successives sont en même temps repérables dans l'espace et dans le temps. Cette double nature, dont elles neutralisent par leur existence même le caractère contradictoire, les a façonnées en instruments éminents d'abstraction.

Pareil destin est plein d'enseignement. Car si les langues, qui ne sont pourtant pas elles-mêmes des savoirs, sont ainsi façonnées, comment ratifier cette opinion qui s'insinue complaisamment aujourd'hui dans l'information de masse et selon laquelle, en cette fin du XXe siècle, une conciliation s'amorcerait, dans la recherche scientifique, entre le rationnel et le symbolique ? De la physique à la biologie, assure-t-on, les sciences recourraient de plus en plus à des procédures et à des concepts (champ génétique, interaction, non-séparabilité, etc.) qui ne seraient pas étrangers à la pensée mythologique et magique. En fait, certaines formules métaphoriques des savants peuvent, aujourd'hui comme hier, être investies d'un pouvoir d'évocation, mais les sciences n'abandonnent nullement ce qui les définit : la quête rationnelle de l'univers et de ses lois. Les langues humaines laissent bien apparaître dans leur histoire la façon dont l'esprit, tout à la fois, s'attache aux mythes et s'en arrache.

Cette oscillation n'a pas de fin. L'homme dialogal a la nostalgie de l'univers. Non pas au sens où il serait assez fou pour vouloir, au mépris de l'évidence qui s'impose depuis au moins Aristote, que le nombre fini des mots puisse jamais suffire à représenter le nombre infini des choses. Mais au sens où il ne se résigne pas à l'effacement de toute trace du monde matériel dans la langue. C'est pourquoi la dialectique du conventionnel et du motivé nous apprend quelque chose sur l'homme de paroles, sujet permanent de perplexités. Périodiquement possédé du désir de coller au monde des objets, il s'en détourne cependant. Les systèmes phonologiques qu'il construit inconsciemment pour sa langue et dont la cohésion réagit aux multiples facteurs externes de déséquilibre ne sont pas remis en cause par les recharges expressives qu'il y greffe d'âge en âge. Ils demeurent pour l'essentiel assez préservés des bruits du monde. Ainsi, l'homme fait dominer l'ordre de l'abstraction, construit des taxinomies. Mais il ne renonce pas tout à fait à dire la nature. Sa pratique est rationnelle, mais son instinct le fait parfois incliner à la magie.

Chapitre VI

LA LANGUE, LE RÉEL, LA LOGIQUE

La langue et le monde

Si, pour les hommes, l'univers possède une existence, c'est dans la mesure où leurs langues donnent des noms à ce que leurs sens et leurs machines peuvent en percevoir. Il importe peu aux choses d'avoir des noms ou de n'en pas avoir. Mais il importe beaucoup à l'espèce qui vit au milieu d'elles de leur en donner. Vérité sur le langage que rappelle, dans un autre contexte mais aussi clairement que les traités théoriques, le plus linguistique des ouvrages de fiction, *Alice au pays des merveilles* : « Est-ce que les insectes répondent à leurs noms ? » demande le taon. Sur quoi Alice : « Pas à ma connaissance. » « A quoi leur sert », réplique le taon, « d'avoir des noms, si ce n'est pour y répondre ? ». A cela, Alice repartit : « A eux, ça ne sert à rien mais j'imagine que cela a une utilité pour les gens qui les nomment. Autrement, pourquoi les choses auraient-elles des noms ? »[1]

Cependant, nommer n'est pas reproduire, mais classer. Donner un nom aux choses, ce n'est pas leur

---

1. L. Carroll, *Alice's adventures in wonderland*, (1865), Londres, Macmillan, 1896, rééd. New York, Potter, 1960, p. 225.

attribuer une étiquette. Construire ou interpréter des phrases, ce n'est pas prendre ou contempler une photographie d'objets. Si les mots des langues n'étaient que des images des choses, aucune pensée ne serait possible. Le monde ne sécrète pas de pensée. Or, il est pensable pour l'homme, qui tient des discours sur lui. C'est donc que les mots, et plus précisément ce qu'en linguistique on appelle signes (v. chapitre V), ne sont pas de simples étiquettes dont l'ensemble constituerait les langues en purs inventaires. Ce ne sont pas les articles énumérables d'une taxinomie. Ce sont des sources de concepts. Par eux, l'univers se trouve ordonné en catégories conceptuelles. Des catégories, donc, qui ne sont d'aucune manière inhérentes à la nature des choses. La langue reconstruit à son propre usage, en se les appropriant, les objets et notions du monde extérieur (qui, comme on l'a vu, constituent ce que les linguistes appellent le référent). Et cette construction est elle-même soumise à modifications, puisque les emplois dans des situations de discours sont toujours variables, comme les modèles idéologiques qui s'y déploient.

Ainsi les langues, en parlant le monde, le réinventent. Elles ordonnent objets et notions selon ce qu'on pourrait appeler un *principe de double structuration*.

La première structuration est celle qui crée des catégories par abstraction, et les hiérarchise. Le monde ne contient pas d'objets qui représentent la pluralité, la singularité, la dualité, l'animé, l'humain, la qualité, la quantité, la possession, la détermination, l'agent, le patient, la transitivité, la couleur, la parenté. Mais ces catégories sont présentes dans les langues en tant qu'universaux : non pas toutes à la fois selon les mêmes structures formelles dans n'importe quelle langue, mais en tant qu'ensemble d'éléments possibles, au sein duquel chacune occupe une position.

La seconde structuration est interne. C'est celle qui organise les langues elles-mêmes, à plusieurs niveaux, en réseaux de solidarités. Le signifié d'un signe, au sein du lexique et, en particulier, d'une zone sémantique, est défini par sa différence (v. chapitre V, p. 132 s.). Les systèmes phonologique et grammatical de chaque langue sont liés entre eux, dans leur histoire comme dans leur synchronie, par des rapports d'interaction qui ne correspondent à rien dans la réalité extérieure, et façonnent, par opposition à cette dernière, l'autonomie des langues en tant que modèles de production de sens. C'est là ce qui les fait fonctionner comme réservoirs conceptuels ou principes classificateurs. Et c'est ce fonctionnement qui trace une frontière épistémologique entre la linguistique et les sciences de la nature, bien que l'on puisse considérer les langues comme des êtres naturels.

Ce qu'en effet le linguiste prend pour objet, ce ne sont pas, comme en physique ou en biologie, les éléments du monde sensible. Il est vrai que la physique et la biologie modernes créent, à la base de leurs théories explicatives, des concepts ordonnateurs qui ne correspondent pas à des objets existants. Mais ces concepts sont directement tirés de l'observation des phénomènes qu'ils sont destinés à expliquer, en tant que principes sous-jacents. D'autre part, ils sont abandonnés dès qu'une nouvelle grille de concepts, c'est-à-dire un nouveau modèle théorique, est trouvé, qui rend compte d'un plus grand nombre de phénomènes observables.

Au contraire, les concepts que créent les langues humaines de par leurs signes ne sont en aucune manière des modèles momentanés de savoir dont on puisse se défaire un jour en faveur d'autres plus adéquats, même si, à certains égards, ils constituent bien une grille interprétative. Ils sont proprement la trame des langues. Seule leur évolution, tout aussi naturelle que leurs

structures et comme elles difficilè à contrôler, peut faire
que la grille se déplace. Ainsi, alors que les sciences de la
nature créent elles-mêmes les concepts et catégories
dont elles ont besoin pour décrire et expliquer les
phénomènes du monde sensible, la linguistique, semblable sur ce point aux autres sciences de l'homme, trouve
ces catégories et ces concepts déjà tout constitués dans
les langues. Une illustration en est fournie par l'opposition que les linguistes structuralistes font entre phonétique et phonologie. La phonétique s'apparente aux sciences de la nature, dans la mesure où elle a pour objet
l'établissement, sur des bases articulatoires et acoustiques, de catégories de sons tels que peut les produire
l'appareil phonateur (des lèvres au larynx) et que l'oreille
les perçoit. La phonologie, pour sa part, étudie, au sein
d'une langue donnée, les phonèmes, c'est-à-dire des
classes de sons déjà constituées dans cette langue, et
utilisées comme discriminants des signes. Certes, les
orthographes alphabétiques, du fait qu'elles fixent la
prononciation contemporaine de leur institution, ne
peuvent plus, au bout d'un temps, noter fidèlement tous
les phonèmes, produits d'une incessante évolution. Mais
les locuteurs ont aussi, parfois, une certaine conscience
des phonèmes. Le phonologue peut s'appuyer sur elle
pour mettre en lumière ces derniers comme unités de
fonctionnement non immédiatement manifestes dans
tous les cas.

Que les destinataires soient ou non préparés à le
comprendre et à l'accepter, tout est dicible qui est
autorisé par la grammaire d'un idiome. Un cas topique
est celui de l'opposition entre humain et non humain
telle qu'elle est intégrable en langue. S'il est incongru de
dire en français qu'*une maison de retraite héberge du
vieillard*, c'est parce que l'on n'est pas accoutumé à
concevoir l'humain comme une masse de matière non

dénombrable et que, par conséquent, il n'est pas courant de l'exprimer ainsi. Mais la langue ne l'interdit nullement. Ce qui crée le poids polémique d'un pareil énoncé, c'est justement qu'elle tient en lisière, sans qu'il en soit fait de fréquent usage, la possibilité d'employer le partitif pour désigner « de » l'humain. Il en est de même pour toute association qui viole intentionnellement les compatibilités usuelles, que l'on appelle sémantiques (et qui ne le sont que si cette qualification s'applique au sens uniquement en tant qu'il reflète les choses) : *Paul se répand partout*, ou *Jeanne a encore mis bas*, et autres énoncés du même type. « Il est contraire à l'étiquette de découper quelqu'un à qui vous avez été présentée », s'écrie la reine alors qu'Alice a découpé pour elle une tranche du gigot de mouton auquel on l'avait d'abord cérémonieusement présentée[2], le faisant accéder du même coup à l'humain puisque la langue, en ce sens, ne parle de présentation réciproque que s'il s'agit d'humains.

L'indépendance relative de la langue vis-à-vis du monde est encore illustrée par le cas des pronoms personnels. Comme on l'a vu, les noms ne sont pas de pures étiquettes. Ils filtrent le réel, le rendant pensable et dicible. Mais, par ce filtrage, ils conservent un contenu. Au contraire, une propriété frappante des pronoms personnels est de n'avoir aucun référent fixe en dehors d'une instance dialogale particulière. « Je » et « tu » ne prennent de sens, dans les langues où le verbe ne peut s'employer sans ces indices, que quand ils sont proférés par les participants d'un acte d'interlocution. Ils ont alors pour référents, respectivement, la personne qui dit « je » et celle qui dit « tu ». Mais ces personnes se diver-

2. Cf. M. Yaguello, *Alice au pays du langage*, Paris, Ed. du Seuil, 1981, p. 159.

sifiant à l'infini au gré des situations dans le temps et l'espace, les indices personnels ne peuvent avoir de contenu qui soit de l'ordre de l'invariant. Ce sont en soi des signes sans correspondance d'objets.

La polarité verbo-nominale

C'est dans la relation entre verbe et nom qu'apparaît le plus clairement l'usage que les langues font de l'univers. Une vieille controverse oppose ceux qui tiennent le verbe pour prioritaire et ceux qui préfèrent le nom. Affrontement des amis du verbe et de ceux du nom ! Cela fait des millénaires que, sous diverses latitudes, grammairiens et linguistes y apportent leur contribution. Il y a donc tout lieu de supposer que le débat est au centre de l'étude des langues et du langage.

Il se déploie selon deux axes. Le premier est l'axe logique. Les logiciens, partant de diverses observations, concluent à la priorité du nom. D'une part, ils notent que lorsque l'on cite un mot, c'est-à-dire dans l'activité dite métalinguistique, il n'est pas possible, en français, en anglais et dans les langues connues des philosophes occidentaux, d'employer autrement que comme nom l'autonyme, ou terme qui se désigne lui-même. Et cela, quelle que soit la catégorie de grammaire à laquelle il appartient quand il n'est pas employé comme autonyme. En français, par exemple, dans ce contexte, même un adverbe ou une préposition doivent être nominalisés. Ainsi, on dit *le « fort » de « fort loin » prend un « t », alors que le « for » de « for intérieur » n'en prend pas*, ou encore *le « avec » du français a produit en japonais un mot, « abekku », signifiant « l'amoureux, ou couple d'amoureux ».* D'autre part, on peut observer que le nom possède des traits internes, résultant précisément du filtrage qu'il opère en langue à partir des réalités désignées : objet, être animé, éventuellement sexué et de l'un ou de l'autre sexe, humain, adulte, etc. ; les traits du verbe, quant à eux, ne sont pas internes, mais dépendent du contexte dans lequel il apparaît. Enfin, en corollaire à cette deuxième observation, on note que du point de vue de la morphosyntaxe, c'est le nom qui, dans les langues à accord, commande l'accord du verbe, ce que la grammaire traditionnelle du français, par exemple, exprime en décrétant : « le verbe s'accorde en genre et en nombre avec son sujet ».

Si l'on suit à présent un axe chronologique et non plus logique, on posera le problème de la priorité en termes d'histoire des langues et même du langage. La controverse remonte à des temps fort anciens. C'est le verbe qui doit être considéré comme premier selon les grammairiens arabes et ceux de l'Inde antique, ainsi que pour les Grecs et la plupart des Latins, à de notables exceptions près. La même conviction survit à travers des périodes variées de l'histoire de la réflexion grammairienne, pour reparaître au début du XXᵉ siècle avec une insistance accrue. Le linguiste allemand H. Schuchardt déclare tout simplement[3] que le membre unique de la phrase élémentaire était, à l'origine, un verbe. Le point de vue opposé, qui attribue la priorité chronologique au nom, est soutenu par une partie des Latins, comme Varron et plus tard saint Augustin, puis par l'ensemble des nominalistes médiévaux. Il sera repris, à l'âge classique, par Leibniz[4], et à l'âge moderne par F. Müller[5] puis, plus près de l'époque contemporaine, par W. Wundt[6].

---

3. *Brevier*, 1928 (1ʳᵉ éd. Halle, 1922), p. 231.
4. *Opera philosophica*, Leipzig, 1717.
5. *Einleitung in die Sprachwissenschaft*, Vienne, 1876.
6. *Elemente der Völkerpsychologie*, Leipzig, 1911-1914.

On perçoit vite la vanité foncière d'un tel débat. Les termes de nom et de verbe désignent des parties du discours, c'est-à-dire des éléments de construction de l'énoncé qui ne peuvent pas, par définition, se concevoir en soi, mais les uns par rapport aux autres. Il est déjà assez surprenant de déclarer, comme le faisait M. Bréal[7], que le discours n'était initialement constitué que de pronoms, catégorie universelle des langues humaines, si importante qu'on ne voit pas qu'il ait pu exister un stade d'aucune langue qui en ait été dépourvu. Certes, on peut imaginer qu'il y ait eu, à une époque très archaïque du langage, des éléments déictiques ou termes de monstration, accompagnant la désignation mimée de soi et des autres qui constituait la partie essentielle d'un premier langage gestuel (v. chapitre I, p. 23). Mais on ne voit nullement en quoi cela autorise à poser une *partie du discours*, dite pronom, comme antérieure à toute autre. La surprise est encore plus grande quand c'est à propos du nom et du verbe comme couple solidaire que se déploie la controverse sur l'antériorité. Inextricable circularité ! Pourquoi vouloir obstinément que le nom ait préexisté au verbe ou le verbe au nom, alors qu'ils ne se définissent que l'un par rapport à l'autre ? Le raisonnement, sous cette forme abrupte, est fort simple. On ne peut parler de nom que dans la mesure où il existe une catégorie de verbes, et réciproquement. Au commencement n'était pas le verbe, et il faut appliquer à la syntaxe la théorie de la relativité. Les tenants de l'antériorité relative pourraient dès lors apparaître comme d'aimables dilettantes. Or ce sont d'austères savants pour la plupart. Il faut donc bien qu'en réalité, ce qui engage le débat sur cette voie sans issue, ce soient non des erreurs d'incompétents, mais certaines confusions aux racines puissantes.

7. *Essai de sémantique*, Paris, 1897, p. 192.

On s'est habitué à croire que la distinction entre verbes et noms reflète une différence dans l'ordre des choses, tant est ancienne l'assignation à ces deux notions de contenus opposés. On a donc beaucoup spéculé sur l'importance de cette opposition. Il se trouve que certains faits paraissent au premier abord conforter cette tradition. On peut en retenir de deux types et montrer, dans chaque cas, sur quelles confusions repose leur interprétation. Les premiers concernent l'apprentissage de la langue par l'enfant, les seconds le fameux problème de la phrase dite nominale.

Chez l'enfant francophone, un avènement capital trace la frontière entre une étape de lallation puis de babil et une étape dans laquelle l'acquisition de la langue est engagée sur une voie définitive. C'est l'avènement des énoncés minimaux où l'on croit reconnaître – la part étant faite des pièges de la « traduction » en langue adulte – un nom suivi d'un verbe, ou un verbe suivi d'un nom (l'ordre des mots n'est pas toujours pertinent). Or, il est notoire que cette étape décisive, située selon les sujets entre dix-huit mois et deux ans, est en général contemporaine des premières dichotomies perceptives. Au moment où l'enfant accède à l'opposition entre événements et objets, il commence également à différencier deux sortes de mots qui paraissent répondre à ces deux catégories de sa perception. Grande est donc la tentation de conclure que l'opposition verbo-nominale est tout simplement le reflet de l'expérience que l'on a du monde sensible. Le processus par lequel l'enfant s'approprie la langue apparaîtrait alors plus clair, ne pouvant manquer d'être facilité par cette adéquation des types de mots à l'univers. Cependant, une telle conception vide ce processus d'une de ses composantes de fond : la part qui revient à l'imitation de l'entourage adulte. Et, surtout, elle n'explique pas l'ordre premier des nécessités : pour construire un énoncé linguistique, il faut disposer des outils de cette construction : des parties du discours diversifiées.

En dépit de ces difficultés, la conviction demeure bien ancrée que l'opposition du verbe et du nom correspond à une dichotomie pratiquée dans les phénomènes du monde. Conviction nourrie encore par les idées qu'on s'est longtemps faites sur ce que l'on appelle la phrase nominale. C'est dans ce type de structure que se manifesterait le mieux le trait propre au nom, à savoir d'exprimer la substance, l'entité, la notion, l'objet, ou une constante intemporelle, par opposition au verbe, qui exprimerait l'événement selon les modalités de l'action, de l'état, du comportement, de la circonstance ou du changement. La phrase nominale, définie comme celle dont le prédicat est représenté par un substantif ou un adjectif au lieu d'un verbe, est considérée comme assertant, « hors du temps, des personnes et de la circonstance, une vérité proférée comme telle »[8]. Par là, elle s'opposerait à la phrase verbale, y compris celle qui contient une copule « être ». Or, même dans les langues le plus souvent invoquées, comme le grec ancien, en particulier homérique et pindarique, on trouve couramment des cas contraires à ce que cet enseignement traditionnel laisserait attendre : on y voit des phrases verbales qui expriment des vérités générales et, tout aussi bien, des phrases nominales relatives à des situations particulières, ou même à des résultats d'actions[9].

8. E. Benveniste, « La phrase nominale », *Bulletin de la Société de Linguistique de Paris*, 46, 1, 1950, repr. dans *Problèmes de linguistique générale*, Paris, Gallimard, 1966, p. 165 (151-167). Cet article, fameux, est un de ceux qui ont le plus fait, dans les cinquante dernières années, pour redonner force à cette vision déjà ancienne.

9. Cf. C. Hagège, « Du concept à la fonction en linguistique, ou la polarité verbo-nominale », *La Linguistique*, 20, 2, 1984, p. 19 (15-29).

On ne peut davantage soutenir que les prédicats nominaux n'expriment pas le temps, la personne ou la circonstance, sauf à décréter, par une démarche circulaire, que l'on n'appellera nominales que les phrases dont le prédicat est caractérisé par ces traits négatifs. Le temps est tout à fait compatible avec des prédicats nominaux, comme l'attestent nombre de langues d'Amérique du Nord et du Sud. Le comox et d'autres langues de Colombie britannique, ainsi que des idiomes comme ceux de la famille uto-aztèque (Californie du Sud), disent à peu près « ceci chef-passé » au sens de « celui-ci a été chef »[10]. Quant à la personne, bien des langues l'associent fort ordinairement à un prédicat nominal. Tel était le cas de l'accadien, tel est aujourd'hui celui du samoyède (Sibérie centrale), du bugis (Célèbes), de l'aymara (Bolivie). La circonstance, enfin : certaines langues « conjuguent » le complément de lieu et d'autres compléments ; on dit en bugis « mon père il-dans maison », traitant le circonstant locatif comme un verbe « dans-maisonner » = « être dans la maison », qui se fléchit selon la personne : *ri-barúga-i padaworoané-ku* = dans-maison (de réunion)-il père-mien = « mon père est dans la maison (de réunion) »[11].

Ces faits imposent leur conclusion. Le nom fonctionnant comme prédicat dans la phrase nominale ne reçoit pas de statut particulier commandé par la propriété qu'auraient les noms d'exprimer la substance, la notion, l'objet plutôt que l'action ou le changement. Il peut fort bien se comporter de la même façon que le verbe par ses aptitudes combinatoires. Une autre conclusion encore : ce que l'on s'est accoutumé à désigner comme opposition verbo-nominale recouvre en réalité un ensemble de

10. *Ibid.*, p. 20.
11. *Ibid.* Cette structure est également attestée en mordve (U.R.S.S.)

phénomènes variés. Du verbe au nom, la différence est très marquée dans certains types de langues, où le verbe asserte, tandis que le nom implique, et presque absente dans d'autres, dont le nootka (Colombie britannique) est un exemple connu. Dès lors, même si la distinction entre entité et comportement présente un intérêt en soi et peut avoir quelque importance pour la philosophie, sa manifestation sous forme d'opposition entre nom et verbe dans les langues n'est pas assez régulière pour s'y trouver confirmée de manière décisive.

La confusion qui, depuis longtemps, habite le débat est celle-là même qui lui donne son titre. Verbe et nom, ce sont là des désignations de parties du discours, des termes catégoriels censés refléter d'une certaine façon le monde extérieur, et non des notions faisant référence aux fonctions. Or, ce qui commande l'organisation de l'énoncé, ce ne sont pas les catégories, taxinomie variable selon les langues, ce sont les fonctions ou relations entre les termes. La relation de base, sans laquelle aucun énoncé d'aucune langue n'affleure au dicible, est celle qui unit un terme déterminé, le prédicat (cf. chapitre III, p. 72), et le reste, soit le déterminant. Relation fondatrice d'énoncé, car pour que puisse se construire un message reconnu comme complet, il faut qu'une abrupte hiérarchie fasse surgir l'opposition entre un centre (l'élément déterminé, le prédicat) et une périphérie (les éléments déterminants, le non-prédicat). Et cela, quelle que soit la manifestation formelle du prédicat : segmentale (consonnes et voyelles), intonationnelle, voire, dans des énoncés non uniquement construits de moyens linguistiques, gestuelle ou situationnelle. C'est donc entre prédicat et non-prédicat qu'une relation de nécessité s'instaure, non entre verbe et nom. Ce sont des *fonctions*, non des parties du discours, qu'il convient d'abord de poser.

L'émergence d'une opposition verbo-nominale devient alors saisissable. En effet, certains éléments se sont progressivement spécialisés dans la fonction non-prédicat, parce qu'ils avaient pour référents dans le monde extérieur les participants du procès. Le procès lui-même est représenté par l'élément en fonction de prédicat, lequel relie entre eux ces participants. Or, le nombre des mentions de participants est par nature supérieur à celui des mentions de leur relation, aussi bien dans le cadre de l'énoncé, dès qu'il n'est pas strictement minimal, que dans celui d'un texte ordinaire comme succession d'énoncés. Il y a, comme on peut s'y attendre, moins de mots de relation que de noms d'éléments reliés. Par conséquent, les termes en fonction non-prédicat sont les premiers à acquérir les marques qui les distinguent les uns des autres. Ces marques limitent les confusions qui pourraient résulter de la diversité sémantique desdits éléments comme de leur plurifonctionnalité. Car le non-prédicat est un ensemble d'éléments hétérogènes, qui doivent nécessairement se distinguer entre eux, par la position, ou par des morphèmes spéciaux, tels que les désinences des langues à déclinaisons, combinées avec des relateurs comme les prépositions ou les postpositions : ce dernier cas est illustré par le latin, l'allemand, le russe, l'arabe littéraire, le hindi, toutes langues où sont clairement distingués un sujet au nominatif et un complément à un cas oblique, qu'il s'agisse du patient, du but, de l'instrument ou du bénéficiaire, etc.

Ce n'est qu'après ce processus de différenciation que la catégorie spécialisée dans la fonction prédicative acquiert à son tour ses marques propres, du moins dans les langues où la distinction formelle entre les deux s'accuse. Cette identification par différence est moins précoce, car le prédicat est centre de détermination, en sorte qu'il n'a pas lieu de se comporter comme une périphérie. C'est à la périphérie de se singulariser par rapport à ce qu'elle borde. Mais dès lors que le prédicat doit acquérir des marques, où peut-il les puiser ? Evidemment dans le matériau disponible : celui des marques déjà acquises au cours des temps par les éléments non prédicatifs. C'est ainsi, au moins dans beaucoup de cas, que se spécifie, sans qu'une révolution formelle marque le processus, une catégorie qui sera le verbe. Mais alors que le nom est plurifonctionnel, le verbe (il s'agit de lui seul et non des formes nominales du type de l'infinitif) ne connaît d'autre fonction que celle de prédicat. Cette esquisse morphogénétique n'est certes pas donnée comme universellement applicable. Mais pour les langues dont le passé est le moins mal connu, elle éclaire la courbe d'évolution. Elle explique les frappantes homologies formelles entre déterminants du nom et déterminants du verbe dans certaines familles : ouralienne, austronésienne, etc.

Il apparaît ainsi que le principe de divergence est le rôle syntaxique dans ses rapports subtils avec le sens, et non la classe grammaticale en soi. Le verbe et le nom sont comme les deux pôles d'un champ magnétique à l'intérieur duquel les catégories oscillent, subissant l'attraction soit de l'un, soit de l'autre. Le terme de polarité reflète donc mieux les phénomènes que celui d'opposition. Les morphèmes dépendant du nom, qu'on propose d'appeler *nominants*, et ceux qui habitent le champ d'attraction du verbe, les *verbants*, sont liés par un rapport qu'on nommera *intercurrence*, et dont la forme la plus connue est l'accord grammatical, comme celui qui, en français, associe le *-es* et le *-ment* de l'énoncé *les enfants dorment*[12]. Les « adjectifs » et « adverbes », là où

12. Les nominants spécifient le nom comme tel, le font accéder à la « nominalité », d'où cette désignation. Sur ce terme et les autres, cf. C. Hagège, *La structure des langues, op. cit.*, chap. III.

on peut en établir l'existence sur des discriminants sûrs, constituent deux ensembles de classes qui, par leurs propriétés, penchent soit en direction du verbe, soit en direction du nom, soit, dans bien des langues, vers l'un et l'autre tout à la fois. Enfin, les noms verbaux (*infinitifs* dans beaucoup de langues) conservent une partie variable des traits propres au verbe : latitudes de *combinaison* avec d'autres types de mots, et rôle de *rection* ou dominance par rapport aux compléments (éléments *régis* par le verbe [13]).

La polarité verbo-nominale offre l'image d'un continuum. Une recommandation est ici impliquée : renoncer à opérer avec des catégories discrètes (séparées par une frontière sans transition possible) et des traits binaires (« + ou − X », ou relation disjonctive du type « ou A ou B »), pour substituer à cette conception traditionnelle un modèle scalaire, c'est-à-dire fondé sur une échelle à transition souple entre les degrés. Du verbe au nom en passant par tous les autres types de mots, la dérive suit un parcours fluide. On peut même s'aventurer plus loin : l'évolution des langues étant cyclique, il n'est pas impossible que, dans des moments et à des degrés variables selon les types et familles de langues, l'on retrouve un jour, pour l'abandonner derechef après des millénaires, l'état d'indistinction originelle entre le verbe et le nom.

Quoi qu'il en soit, la polarité verbo-nominale, en l'état actuel, est le produit d'un façonnage proprement linguistique du monde à représenter, et non le pur reflet de ses phénomènes. Elle fait donc clairement apparaître la façon dont les langues s'approprient les choses en leur donnant accès au dicible. Mais il y a plus. Loin de mimer les phénomènes du monde, les ordonnant plutôt selon leurs propres classes, les réinventant, les engendrant *in*

13. Cf. *Ibid.*, p. 73-74.

absentia, les langues influencent dans une large mesure la conception que s'en fait chaque communauté. Le terme d'influence suggère la difficulté de démontrer qu'il ait existé un lien direct de causalité. Un tel lien, cependant, sous-tend l'hypothèse dite « Sapir-Whorf », du nom de deux linguistes du début du siècle. « Il est tout à fait illusoire », enseigne le premier, « d'imaginer que l'adaptation des individus au réel peut se faire sans l'usage fondamental du langage et que le langage n'est qu'un moyen accessoire pour la solution des problèmes spécifiques de la communication ou de la réflexion. En fait, "le monde réel" est dans une large mesure construit d'après l'*habitus* linguistique des différents groupes culturels »[14]. Quant à B. L. Whorf, qui fut l'élève d'E. Sapir, il écrit : « Nous découpons la nature selon les lignes établies par notre langue [...] Aucun individu n'est libre de décrire la nature avec une impartialité absolue ; au contraire, il est forcé de souscrire à certains modes d'interprétation alors même qu'il se croit le plus libre »[15]. Whorf ajoute que les Hopi, communauté indienne vivant sur les plateaux désertiques du nord de l'Arizona, sont fort loin de pouvoir imaginer un lieu tel que le ciel ou l'enfer des missionnaires.

C'est une difficulté du même ordre que devaient affronter les Pères jésuites dans une aire d'évangélisation pourtant fort éloignée de l'Arizona : en Chine. A la fin d'un ouvrage qui relate et interprète cette aporie[16], l'auteur rappelle un article, fameux parmi les linguistes, où il est suggéré que les dix catégories d'Aristote étaient

14. E. Sapir, *Selected writings*, ed. by D. G. Mandelbaum, Berkeley, University of California Press, 1951.

15. *Language, thought and reality*, New York, The Technology Press, 1956.

16. J. Gernet, *Chine et christianisme : action et réaction*, Paris, Gallimard, « Bibliothèque des Histoires », 1982.

étroitement liées aux distinctions en parties du discours telles que les construisait, à base d'une opposition verbo-nominale accusée, le grec classique : « Ce qu'Aristote nous donne pour un tableau de conditions générales et permanentes n'est que la projection conceptuelle d'un état linguistique donné[...] Au-delà des termes aristotéliciens, au-dessus de cette catégorisation, se déploie la notion d''''être'' qui enveloppe tout[...] Le grec non seulement possède un verbe "être" (ce qui n'est nullement une nécessité de toute langue), mais il a fait de ce verbe des emplois tout à fait singuliers[...] La langue [...] a permis de faire de l'''être'' une notion objectivable, que la réflexion philosophique pouvait manier, analyser, situer comme n'importe quel autre concept. »[17].

La place des philosophies essentialistes dans la pensée occidentale n'est probablement pas sans lien, en effet, avec celle du verbe « être », et il est éclairant d'étudier la façon dont diverses langues traitent, quand elles disposent des formes qui lui répondent, la notion d'« être[18] ». Mais le débat s'étend à bien d'autres notions. Le plus célèbre des missionnaires jésuites en Chine, le Père Matteo Ricci, s'efforçait d'exposer aux Chinois le raisonnement scolastique fondant la doctrine du « Maître du ciel », traduction qu'on avait trouvée pour rendre assimilable le concept de « Dieu ». Pour faire apercevoir les obstacles, J. Gernet souligne les liens qui, en Chine aussi, unissent langue et pensée : « Le chinois étant dépourvu de toute flexion, ce sont, avec l'aide d'un nombre très

17. E. Benveniste, « Catégories de pensée et catégories de langue », *Les Etudes philosophiques*, 4, 1958, repr. dans *Problèmes de linguistique générale, op. cit.*, p. 70-71 (63-74).
18. On pourra consulter la série d'études parues sous le titre *The verb "be" and its synonyms*, Dordrecht, Reidel Publishing Company, 1968 (sous la direction de J. M. W. Verhaar).

restreint de particules, les rapprochements de termes de sens voisins, les oppositions de termes de sens opposé, les rythmes et les parallélismes, la place des "mots" ou unités sémantiques et leurs types de relation qui aident à se guider dans la phrase[...] A tous les niveaux, c'est de la combinaison que naît le sens. De là sans doute le rôle prédominant des couples d'opposés complémentaires et des correspondances dans la pensée chinoise, et surtout son relativisme fondamental[...] La pensée chinoise[...] ne traite pas du oui et du non, de l'être et du non-être, mais de contraires qui se succèdent, se combinent et se complètent[...] Le maniement de la langue chinoise met en œuvre d'autres mécanismes mentaux et développe d'autres aptitudes que ceux qui ont été privilégiés en Occident. »[19]

L'influence des structures linguistiques sur les modes de pensée apparaît encore dans d'autres domaines des langues. A l'opposition du verbe et du nom, les langues d'Europe occidentale ajoutent celle du nom et de l'adjectif, parallèle à celle de la substance et de l'accident. « Ici encore sans doute la langue a aidé à concevoir l'existence de réalités permanentes et idéales, indépendantes de la diversité instable du sensible. Mais pour les Chinois, dont la langue était dépourvue de toute flexion, la notion abstraite de substance ne pouvait avoir le même caractère de nécessité logique que pour les missionnaires européens des XVIIe et XVIIIe siècles, usagers de langues qui distinguaient régulièrement l'adjectif du substantif et héritiers d'une longue tradition scolastique. Pour exprimer les notions de substance et d'accident qui importaient à la démonstration des vérités chrétiennes et à défaut desquelles les missionnaires considéraient toute pensée correcte comme impossible, Matteo Ricci a dû avoir recours à des circonlocutions, traduisant substance

19. J. Gernet, *ibid.*, p. 326-327.

par "ce qui est établi par soi-même" *(zilizhe)* et accident par "ce qui s'appuie sur autre chose" *(yilaizhe)*. La distinction était, du point de vue chinois, entièrement gratuite et artificielle puisque la langue ne suggérait rien de tel. » Selon le fameux paradoxe de Gongsun Long (320-250 av. J.-C.), *bai* (« blanc ») a même statut que *ma* (« cheval ») dans *baima* « cheval blanc » : « le cheval qui n'est pas lié avec le blanc est le cheval. Le blanc qui n'est pas lié avec le cheval est le blanc. »[20]

Il faut néanmoins rappeler que l'interchangeabilité illustrée par ce paradoxe est une propriété du *wenyan*, langue écrite classique (chapitre IV, p. 113) dont la langue courante semble s'être toujours fortement éloignée : en chinois d'aujourd'hui, les mots du type de *bái* sont soumis à des contraintes assez différentes de celles que connaissent les mots du type de *mǎ*. En outre, quelques obstacles que comporte l'exercice de traduction, on a vu (cf. chapitre III) qu'il demeure toujours possible, le préalable étant une analyse soigneuse de la manière dont chaque langue organise le dicible. Enfin, on ne peut *démontrer* qu'il existe un rapport de détermination entre structures linguistiques et systèmes de pensée. Le terme d'influence est prudent. Si on le juge lui-même trop précis, on pourra s'en tenir au concept de corrélation. Il reste que la langue est un mécanisme de socialisation. L'enfant apprend ce qu'il peut ou ne peut pas dire, selon sa langue. Le monde qu'il découvre alors est déjà mis par elle en catégories, et les signes sont par elle solidairement organisés. Dans cette mesure, la langue façonne la représentation. Chacun prend moins en considération ce que sa langue ne nomme pas.

Mais il faut garder quelque distance à l'égard des philosophies de la continuité causale, comme celle qui

20. J. Gernet, *ibid.*, p. 328-329.

s'exprime dans ces lignes de Nietzsche : « L'étrange air
de famille de toutes les pensées hindoues, grecques et
allemandes ne s'explique que trop bien. Quand il y a
parenté linguistique, il est inévitable qu'une philosophie
commune de la grammaire[...] prédispose la pensée à
produire des systèmes philosophiques qui se développent de la même manière[...] Il y a tout lieu de croire que
les philosophies de l'aire linguistique ouralo-altaïque (où
la notion de sujet est le moins bien élaborée) considére-
ront le monde d'un autre œil et s'engageront dans
d'autres sentiers que les Indo-Européens ou les Musul-
mans. »[21] En fait, une influence de la grammaire sur les
modèles philosophiques ne saurait impliquer que la
pensée soit entièrement façonnée par elle. Chacun voit
en effet que les objets mentaux sont saisis comme
ensembles indivisibles, alors que la langue tronçonne la
représentation du monde, pour le rendre dicible, en
unités discontinues, les catégories de grammaire. Mais il
est vrai, malgré ces réserves, que le parallélisme entre
structures de langue et schémas de pensée dans des
cultures très différentes est assez régulier pour frapper
l'imagination de celui qui l'observe. L'appropriation du
monde par les langues et sa restructuration par la pensée
qu'elles alimentent ne sont sans doute que les deux
phases d'un même cycle de phénomènes.

La logique des langues

Les langues sont-elles interprétables en termes de
systèmes logiques, ne le sont-elles que pour partie, ou en
sont-elles totalement indépendantes ? Les linguistes

---

21. *Par-delà le bien et le mal*, 1886, trad. fr. Paris, Gallimard, 1971,
p. 38. Cité par J. Gernet, *ibid.*, p. 322.

sont divisés. Les uns demeurent méfiants, sinon igno-
rants. Les autres connaissent la tentation logiciste, dont
l'apparition, dans l'histoire de la grammaire, suit un
parcours cyclique. Au XIXᵉ siècle, c'est Grimm, dont les
travaux sont à peu près contemporains de la naissance
du terme « linguistique », qui rejette la logique. Il est
suivi, au milieu et au terme du même siècle, par
H. Steinthal puis I. Baudouin de Courtenay et d'autres [22].
A ce courant s'oppose, depuis au moins Aristote et
jusqu'à N. Chomsky en passant par Port-Royal, celui que
sous-tend l'axiome d'un parallélisme entre grammaire et
logique. De cet axiome, un ouvrage remarqué a dénoncé,
il y a déjà plus de cinquante ans, les conséquences
nuisibles pour l'élucidation des phénomènes linguistiques comme pour la logique elle-même : « D'une part, la
science ne trouve pas son compte dans les valeurs
grammaticales que le langage attache à l'expression de
nos idées. D'autre part, le langage, étant un outil
matériel, ne pouvait point suivre le progrès de la science,
car il l'eût fallu constamment modifiable, non seulement
dans ses vocables, mais encore dans sa grammaire. Le
langage est une combinatoire qui joue avec des mots et
des relations de mots ; il est assujetti à des règles qui,
pour subtiles qu'elles soient, ne sont pas les règles de la
pensée[...] On pouvait croire à la correspondance de la
grammaire et de la logique tant que celle-ci paraissait se
ramener à la subordination et à l'identité[...] On ne savait
pas se méfier du traitement que le discours fait subir à la
pensée au moment où il l'exprime[...] L'erreur traditionnelle, tenace, que nous dénoncions est toujours celle du
logicisme grammatical, telle, par exemple, que l'expriment ces paroles de Sicard (*Grammaire générale*, Paris,

---

22. Voir, pour plus de détails, C. Hagège, *La grammaire générative.
Réflexions critiques, op. cit.*, p. 125, n. 1.

1808, p. 306) : "Tout, dans le langage, jusqu'aux plus grandes irrégularités, rentre sans effort dans le système général[...] La grammaire logique est la grammaire de la raison." S'il y a quelques attitudes très générales communes à toutes les langues du monde, elles tiennent au type mental de l'espèce humaine, et il faut en demander l'explication à la psychologie[...] Le langage, par la force des choses, est devenu indifférent à sa propre philosophie ; et sur de nombreux points il en a brisé les cadres. De même, la sociologie considère l'utilité des institutions sociales sans tenir compte des préjugés qui leur ont donné naissance. »[23] Même si la formulation date sur quelques points, ce texte a le mérite d'exposer avec clarté les termes de la controverse.

On a tenté depuis longtemps de construire un langage propre à la connaissance rationnelle, purgé des paralogismes dont sont abondamment pourvues les langues, que les logiciens, avec un mélange ambigu de condescendance et de respect, appellent « naturelles », tout comme les créateurs de langues artificielles. Au XXe siècle, un des essais les plus connus est celui de l'école polonaise d'A. Tarski[24], fondateur d'une « théorie sémantique des modèles » : elle édicte un ensemble de règles qui permettent de « former des propositions scientifiques et de les transformer tautologiquement en d'autres propositions équivalentes susceptibles d'être soumises au contrôle des faits en vertu de règles de correspondance de nos systèmes de symboles avec les expériences vécues qu'ils symbolisent ». Tous les essais de ce type font éclater *a contrario* l'originalité des langues. Elles associent des représentations affectives et pulsionnelles

---

23. C. Serrus, *Le parallélisme logico-grammatical*, Paris, Alcan, 1933, p. 385-391.

24. *Logic, semantics and metamathematics*, Londres, Oxford University Press, 1956.

aux processus purement cognitifs. Si elles étaient réduites à des méthodes d'abstraction ou que, dépouillées de toute idole, elles fussent des métasémiotiques, c'est-à-dire des systèmes de signes permettant d'interpréter d'autres systèmes de signes, l'interaction communicative qu'elles fondent serait impossible. Et, avec elle, toute existence sociale. Car l'extériorisation par le canal des mots et des phrases est un processus de libération à défaut duquel l'affectivité s'interdit toute extraversion ou n'a plus d'autre exutoire que la mimique gestuelle. L'individu, dès lors, demeure emprisonné dans des inhibitions aussi redoutables pour son équilibre que pour l'harmonie de ses relations à l'autre. La logique est une production de la raison, et les langues n'en sont pas nécessairement le modèle avoué ou semi-conscient.

Les langues ne réinventent pas seulement le monde en l'ordonnant selon leurs catégories conceptuelles propres. Elles n'exigent pas même qu'il soit coprésent au discours qui en parle. Elles le re-présentent, au sens littéral. Dispensant les choses, par leur seule mise en mots, de toute apparition, la parole abolit aussi bien le temps que l'espace auxquels elle réfère. Elle se les approprie du seul fait qu'elle les mentionne dans son propre espace-temps. Elle peut tout aussi bien dire l'irréel, contrairement aux messages des singes dressés à « parler ». *Licorne*, nom d'animal mythique, a depuis longtemps sollicité l'imagination des linguistes et logiciens fascinés par cette aptitude des langues à nommer l'inexistant. La parole donne de même libre accès à l'« impossible ». On peut dire *il est mort demain*, ou *sa veuve lui a servi un plantureux repas*, que l'on assigne de telles productions à la recherche poétique, aux représentations oniriques, ludiques ou au jeu de provocation. Et si elles paraissent absurdes ou choquantes, rien de fondamental ne les distingue pourtant de bizarreries autorisées par le fonc-

tionnement des oppositions de temps dans la grammaire. Ainsi, un journaliste, à propos d'une mère luttant
pour arracher son fils à un état comateux, emploie le
futur narratif en référence à un événement déjà passé :
« Et pour ce fils, elle se rendra en mars dernier à New
York à l'International Coma Recovery Institute. »[25]

On peut interpréter en fonction de ces traits une
caractéristique souvent méconnue, malgré son évidence : les langues ne sont pas des instruments de
découverte de la vérité. Pour les individus et les sociétés,
elles se comportent comme ressources disponibles d'expression. Les langues peuvent donc fort bien mentir.
Elles demandent seulement que l'on respecte certaines
règles de construction qui n'ont nulle raison d'être le
reflet exact de l'ordre du monde à chacune des étapes de
sa découverte. A ce prix, elles permettent de construire
n'importe quel énoncé répondant non au désir de représenter du vrai, mais au besoin d'expression d'un usager
spécifique en une circonstance particulière. Cet usager
peut, par exemple, souhaiter dire : *c'est une poule qui
aboie*, ou *il traçait des carrés circulaires*. Certains des
« mensonges » ainsi proférés se transforment un jour en
vérités d'évidence, au gré des inventions et des découvertes. L'histoire des langues suit, bien qu'avec un inévitable décalage, celle des sociétés. *Il s'est envolé pour
Vienne*, incongru avant l'avènement de l'aviation, ne
surprend aujourd'hui personne.

Les cas contraires sont tout aussi naturels. Les langues, justement parce qu'elles enregistrent successivement plusieurs systèmes de représentations, plusieurs
états différents de la connaissance, entrent aisément
dans la contradiction d'en porter à la fois qui, d'époques

25. *Le Monde* des 8-9 juillet 1984, p. 10, article de N. Beau, « L'achar-
nement d'une mère ».

différentes, sont entre eux incompatibles. Mais un astrophysicien n'est nullement gêné, en admettant qu'il veuille en prendre conscience, par l'emploi d'une expression comme *le soleil couchant*, lors même qu'en elle se fige un savoir archaïque, précopernicien. Ceux qui étudient les langues vont-ils les souhaiter telles qu'elles « devraient » être ? Rêverie logiciste ! Elles créent le monde dont elles parlent, tout autant qu'elles parlent du monde.

Sortes de musées Grévin de la connaissance, les langues, pourvu qu'elles répondent aux exigences de ceux qui s'en servent, n'ont nul besoin d'*aggiornamento* scientifique. Quand ce dernier paraît avoir lieu, c'est en réalité parce que les langues, continuant d'enregistrer les états successifs de la connaissance, ont incorporé ses derniers progrès. Mais ce n'est pas pour cela qu'elles fonctionnent mieux. Ici se reflète une propriété fondamentale, aussi souvent méconnue que celle qui en fait des voies d'exorcisme de l'affect. Si l'on s'installe dans l'intemporalité des déductions pures, on est en bonne position pour la jeter aux oubliettes. Car cette autre propriété des langues en fait des objets historiques. Elles sont inscrites dans une durée, ouvertes en permanence aux changements et prêtes à accueillir, sans se décharger des archaïsmes, les modernités qui répondent à une demande. Ainsi les langues accumulent des savoirs disparates. Cela leur donne valeur de précieux témoignages. Rousseau assurait que l'on peut lire dans les langues une histoire de la liberté et de l'esclavage[26], et Michaelis voulait y déceler celle des croyances, préjugés, superstitions[27]. M. Foucault, qui les cite, rappelle,

26. *Essai sur l'origine des langues, op. cit.,* t. XIII, p. 220-221.
27. *De l'influence des opinions sur le langage,* 1759, trad. fr. Paris, 1762, p. 24 et 40.

d'après le second : « On sait par le seul mot de δόξα que les Grecs identifient la gloire et l'opinion ; et par l'expression *das liebe Gewitter* que les Germains croyaient aux vertus fécondantes de l'orage. »[28]

Il existe cependant une « logique » des langues, une « logique naturelle ». Mais elle ne peut d'aucune manière être réduite à la logique pure. Elle ne constitue pas un système cohérent de contraintes. « Toutes les grammaires ont des fuites », disait, selon ses disciples, E. Sapir. On peut parler d'un *principe de fluidité linguistique*, ou, dans un domaine plus particulier, de *strabisme grammatical*. Les illustrations en sont abondantes. Une des plus connues est l'opposition, fréquemment reprise par des linguistes de toutes obédiences, entre le marqué et le non marqué. Libre par rapport au principe logico-mathématique de différence entre termes positif et négatif, le système linguistique paraît obéir, en vertu du principe de fluidité, à un mécanisme de participation. Ce n'est pas sur des couples A/non-A qu'il se fonde, mais plutôt sur l'opposition entre présence de A (situation marquée) et présence ou absence de A (situation non marquée). Certains lisent même dans ce phénomène l'empreinte d'une mentalité prélogique que porterait la langue[29].

De cela, on trouve des illustrations dans des domaines aussi variés que, pour la plupart des langues slaves, les oppositions d'aspects perfectif et imperfectif, ou de structures de phrases à complément au génitif ou à l'accusatif après un verbe nié. Beaucoup d'idiomes à déclinaisons développent des complémentarités de fonctions, cas complexes du même principe : directif/attributif/but/patient, agent-instrument/agent-bénéficiaire (cf.,

28. *Les mots et les choses*, op. cit., p. 102, n. 3.

29. Cf. L. Hjelmslev, « La catégorie des cas. Etude de grammaire générale », *Acta Jutlandica*, 7, 1, 1935-1937, p. 102.

en français, *par* dans *le livre d'art a été acheté par Pierre*
et *Jean a fait acquérir le livre d'art par Pierre à un très
bon prix*[30]. La négation linguistique, quant à elle, n'est
pas simple abolition ou anéantissement de ce qui est nié.
A tout ce qui est proféré correspond quelque chose en
représentation, de par la nature même des langues
comme grilles de dicibilité. Par suite, la négation ne nie
que cela même dont elle postule l'énonciation simultanée. Dans les phrases qu'elles permettent de construire,
les langues attestent la même autonomie par rapport aux
postulats logiques. Si ces derniers régentaient l'art de
dire, bien des formules courantes apparaîtraient comme
de pures tautologies à valeur informationnelle nulle. Le
dialogue en est pourtant assez friand. On y recueille
des reparties telles que *je suis comme je suis*, et nombre
de proverbes : *(il) faut ce qu'i(l) faut ; les affaires sont les
affaires ; ce qui est dit est dit* ; néerl. *gezegd is gezegd* ;
esp. *lo dado, dado, y lo prestado, prestado*, ou *lo que no
debe ser, no debe ser* ; port. *o que está feito, está feito*, ou
negócio é negócio[31]. Face à ces formules, toute analyse en
termes de logique propositionnelle ne peut échapper au
constat d'identité, et, partant, d'inanité. Or elles sont
loin, dans le dialogue, d'être innocentes, soulignant bien
plutôt, avec une force particulière, un aspect d'une
situation précise à laquelle elles sont unies par *ancrage
référentiel*, c'est-à-dire par un attachement à des circonstances ponctuelles d'interlocution dans lesquelles un
sens très net se dégage de formules dont l'apparence
tautologique est trompeuse. Mais les proverbes ne sont
pas des cas isolés. Le *pas très* de *Pierre n'est pas très*

---

30. Cf. C. Hagège, *La structure des langues, op. cit.*, p. 43.
31. Cf. J. Schmidt-Radefeldt, « Structure argumentative, référence et
contextualité du proverbe », in *Actes du XVIIe Congrès International de
Linguistique et Philologie Romanes*, Aix, 1983.

malin ne signifie pas ce que sa lettre dit aux logiciens, à savoir précisément « pas très » ; il signifie, en fait, « pas du tout ». Alors que *le libraire a vendu un livre aux parents pour leur fils* et *les parents ont acheté un livre au libraire pour leur fils* sont des phrases équivalentes en termes logiques, il n'est nullement indifférent de dire l'une ou l'autre en situation dialogale : de la première à la seconde, l'auteur de l'acte en faveur du fils a changé. On peut même dire *il fait froid, donc il ne fait pas froid*, pour peu que l'on veuille suggérer à l'auditeur qu'on le sait accoutumé à nier l'évidence.

Deux mots ou expressions qui, hors d'un contexte, paraissent en relation de pure antonymie peuvent pourtant, dans certains cas, se référer à la même situation, mais sans en retenir un aspect identique ou s'arrêter à une étape semblable d'un parcours. Ainsi, on dit en français *c'est un accident dont on imagine la gravité* aussi bien que *c'est un accident dont on n'imagine pas la gravité* : dans les deux cas, il s'agit d'un accident grave, mais on choisit, pour le dire, soit de suggérer que la réflexion permet d'en prendre conscience, soit d'asserter qu'il dépasse ce qu'on peut s'en représenter. C'est encore un sens superlatif que l'on trouve identiquement, derrière l'apparence d'antonymie, dans *un avantage appréciable* et *un avantage inappréciable*, les deux expressions se référant aussi, il est vrai, à deux sens différents du verbe *apprécier* : « évaluer » et « trouver bon ». Une forte réduction est impliquée aussi bien par *réduire au maximum* que par *réduire au minimum* : *maximum* s'applique au procès de réduction, et *minimum* à son résultat.

Il existe enfin, dans certaines langues, des mots qui, hors d'un contexte, paraissent avoir deux sens contraires. Mis en présence d'un *Janus bifrons* de cette espèce, et confondu par leur totale ambiguïté théorique, doit-on considérer que les langues peuvent ignorer le principe de non-contradiction ? Cette situation sollicite évidemment les spéculations d'amateurs. Un cas fameux est celui du livre de K. Abel, *Über den Gegensinn der Urworte*[32]. Probablement inspiré par la théorie d'A. Bain[33] sur la relativité essentielle de la connaissance et la dualité de toute expérience, qui, dans la langue, serait reflétée par la dualité de sens de tout mot, Abel déclare, « preuves » à l'appui, que les langues primitives contiendraient de nombreux mots possédant deux sens opposés. S. Freud se laissa séduire[34] par ces rapprochements incontrôlés, qui semblaient bien apporter, à sa théorie du rêve comme expression d'une pensée archaïque et alogique insensible à la contradiction, l'appui d'un précieux témoignage linguistique. Mais on a montré depuis, par une étude précise et détaillée[35], que rien ne tenait dans les déclarations d'Abel. Certes, on n'évacue pas une théorie par réfutations ponctuelles. Mais le problème est ailleurs. En fait, il y a non énantiosémie (coprésence de deux sens contraires), mais recouvrement des deux sens par un sens global. Les langues ont la propriété de pouvoir subsumer le multiple et le double sous des classes souples et extensives, dont le caractère vague facilite la captation des objets du monde, en même temps qu'il contribue à créer la dynamique des vocabulaires. L'arabe classique est connu pour contenir un certain nombre de ces mots qui disent la relation, même si elle est asymétrique ou le paraît en traduction, plutôt

---

32. Leipzig, 1884.

33. *Logic*, Londres, 1870.

34. « Sur les sens opposés des mots primitifs », *Jahrbuch für psychoan. psychopath. Forschungen*, II, 1, 1910, p. 179-184.

35. E. Benveniste, « Remarques sur la fonction du langage dans la découverte freudienne », *La Psychanalyse*, I, 1956, p. 3-16, repr. dans *Problèmes de linguistique générale, op. cit.*, p. 75-87.

qu'ils ne désignent un de ses deux termes : $b\bar{a}{}^c a$ pouvait autrefois signifier aussi bien « acheter » que « vendre », et ce n'est pas parce que d'autres langues présentent les deux situations comme contraires qu'il faut croire universelles les catégories qu'elles mettent en forme : on peut ne désigner que l'opération d'échange, sans exprimer son asymétrie. On notera que dans la plupart des langues, les prépositions, postpositions et autres relateurs [36] disent la relation en soi, ce qui rend compte d'emplois dans des contextes apparemment contradictoires, comme en français ceux-ci : *la passion qu'elle éprouve envers lui* et *la répulsion qu'elle éprouve envers lui.*

L'arabe présente également des mots neutres, attestés dans la poésie ancienne avec cette double valeur que la traduction en d'autres langues ferait prendre pour contradictoire : *tahānafa*, « être agité d'un puissant mouvement de l'âme », d'où, selon le contexte, tantôt « fondre en larmes », tantôt « éclater de rire » ; *taġašmara*, « agir selon son libre arbitre », et de là, suivant les situations, soit « être juste », soit « être injuste » [37]. On y rencontre également des cas d'énantiosémie structurale, qui permettent aussi de caractériser la langue par opposition à la clôture des systèmes logiques. L'exubérance de la dérivation verbale à partir de noms (trait commun du sémitique), jointe au principe de fluidité linguistique proposé ci-dessus, dont les *voces mediae* sont une application particulière, produit des cas comme ceux d'*'aṣrada*, « atteindre son but » ou « le manquer », *'ashana*, « dégainer » ou « rengainer », *ta'aṯṯama*, « pé-

---

36. Ils expriment la *relation*, indépendamment des nombreux sens qui s'y greffent.

37. Cf. D. Cohen, « *Aḍḍād* et ambiguïté linguistique en arabe », *Arabica*, VIII, 1961, p. 1-29, d'où sont également tirés les exemples suivants. En français (archaïsant), on peut citer *éverdumer*, « ôter le vert (légumes) « ou » colorer en vert (fruits) ».

cher » ou « s'abstenir de pécher ». De fait, si la langue ne retient comme pertinent, pour ces verbes dérivés de noms, que le sens général de « faire quelque chose qui a rapport à ce que désigne le nom », ils seront tout naturellement habitables par des sens que la logique regarde comme contraires. Il en est de même en amharique (Ethiopie), où une forme à redoublement peut aboutir soit à un intensif, soit à un atténuatif : *sababbara*, « casser en pièces » ou « casser légèrement »[38] : l'idée de fractionnement est seule ici retenue comme pertinente dans le plus petit signifié (sème) de base, en deçà du chargement en sèmes contextuels.

Dans tous ces cas et bien d'autres encore, on ne voit pas la langue se contredire. Coiffer les contraires par les traits de sens qu'ils ont en commun, c'est, loin d'aboutir à la contradiction, rendre plus facile la généralité. Il y aurait contradiction si un même contenu se trouvait à la fois, dans le même énoncé, asserté et nié, si « dire que oui » et « dire que non » ne s'opposaient pas. De cela, aucune langue connue n'offre d'image.

Toutes ces réserves faites, il est vrai que les langues partagent avec les systèmes logiques le trait essentiel d'exprimer la relation. Certes, on ne peut réduire aux opérations de la logique formelle celles dont certains instruments linguistiques portent la trace, quelle que soit la catégorie grammaticale à laquelle ils appartiennent dans diverses langues : les quantificateurs universel et existentiel « tous » (« tout », etc.) et « quelqu'un » (« quelque », etc.), ainsi que les termes signifiant « et », « aussi », « mais », « sans », « si », « donc », « ou », « or », etc. Mais les instruments de relation jouent un rôle essentiel. Toutes les langues du monde possèdent au moins deux types d'unités, que les linguistes appellent lexèmes

38. Cf. D. Cohen, *ibid.*, p. 29, n. 75.

et morphèmes, et qui correspondent à peu près à ce que la tradition grammairienne chinoise désignait comme mots pleins et mots vides[39]. Les premiers catégorisent en langue les objets et les notions ; les seconds sont des mots-outils, comme les prépositions ou les conjonctions du français. Cette distinction est cependant moins simple qu'il n'y paraît. On pourrait imaginer que les deux bornes de la polarité verbo-nominale, le nom et le verbe, ne représentent ensemble que des mots pleins, car nettement plus référentiels que les mots-outils. En fait, les verbes, dans la mesure où ils commandent l'organisation de la phrase, sont centres de connexions, et donc éléments relationnels en même temps que lexèmes. C'est pourquoi on peut les associer aux mots-outils, comme les prépositions dans les langues qui en possèdent.

B. Russell se louait d'avoir donné droit de cité, en philosophie, aux verbes *et* aux prépositions, qui mettent en mots la relation. Le lien entre verbes d'une part et prépositions ou relateurs en général, d'autre part, est loin, au reste, d'être seulement logique ; il est strictement génétique dans les très nombreuses langues où les prépositions sont historiquement issues de verbes, comme le chinois et autres idiomes d'Asie du Sud-Est, dans lesquels « aller », « concerner », « se trouver » ont donné respectivement « vers », « quant à », « dans », de la même façon que dans beaucoup de familles linguistiques de par le monde[40]. La tradition substantialiste, d'Aristote aux modernes en passant par les nominalistes, privilégiait les noms et les adjectifs, lesquels expriment respectivement la substance et les attributs. « Une telle

---

39. Sur la relation entre ces désignations, qui ne furent pas d'abord linguistiques, et la poésie chinoise classique, cf. C. Hagège, *Le problème linguistique des prépositions et la solution chinoise*, *op. cit.*, p. 23-24.

40. Cf. C. Hagège, *Ibid.*, p. 161-174.

omission », note Russell [41] (il s'agit de celle des verbes et des prépositions), « a eu une forte influence sur la philosophie ; il est à peine exagéré de dire que la plus grande partie de la métaphysique depuis Spinoza a été surtout influencée par cet état de choses ».

Quant à G. Stein, de même qu'en art elle fut adepte et mécène du cubisme analytique, de même, face au langage, elle était habitée d'un délire de restructuration qui lui faisait prendre en aversion les noms, irrémédiablement englués, selon elle, dans le référentiel : les noms « malheureusement si complètement malheureusement sont le nom de quelque chose » [42], ainsi que les adjectifs, qui disent les propriétés de ce quelque chose ; au contraire, les verbes et surtout les conjonctions et les prépositions la ravissaient ; elle tentait de tirer de ces mots des effets poétiques ; mots-ligateurs, patients ouvriers qui font bien mieux que de seulement désigner. Elle oubliait apparemment que leur « vacuité » référentielle elle-même, au demeurant toute relative, leur donne indéfiniment vocation à la redondance dès lors que le contexte ou la situation rendent assez explicites les relations. C'est au croisement des zones de rapports et des zones de contenus que se déploient les mystères du sens, indépendamment des éléments externes qui y participent. La phonologie vis-à-vis de la phonétique, et, d'une manière à peu près comparable, le lexique vis-à-vis du monde des référents, autant de grilles de mises en rapports, sans doute, à chaque niveau. Mais elles sont solidaires des matériaux qu'elles informent. C'est pourquoi la langue, bien qu'elle soit, en tant que système de

41. *Problèmes de philosophie*, Oxford, 1912, trad. fr. Paris, Payot, 1965, p. 110.
42. *Poésie et grammaire*, Essai de 1937 trad. dans *Change*, 29, 1976, p. 86.

signes, le lieu de relations différentielles, ne saurait s'y réduire en tant que schéma producteur de sens. Car elle n'est pas un savoir, mais une pratique. Au reste, même si, dans les savoirs sur l'univers, « l'appréhension du rapport, acte logique, prime la connaissance individuelle des objets »[43], elle ne s'y substitue point. Et dans l'histoire d'un autre moyen, plus fluide, d'expression, la peinture, le choix, comme objets premiers, des relations entre volumes n'est concevable, au début du XXᵉ siècle, qu'en continuité d'une longue tradition qui saturait la matière par l'exactitude du dessin et le luxe de la couleur[44].

Situées au nœud des communications entre le contenu et la relation, les langues sont en équilibre précaire, également, entre l'irrationnel et le rationnel. D'une part, elles sont des réservoirs de l'imaginaire, et, peu soucieuses des exigences de la logique, au moins dans sa forme classique, les oppositions qu'elles instituent ne sont pas toujours tranchées ; elles laissent un résidu d'interférences et des zones d'infiltration par où s'insinuent toutes espèces d'« impuretés ». Mais, d'autre part, il existe certainement une logique des langues, bien qu'elle ne coïncide en aucune façon avec *la* logique. Soumettant à des contraintes diverses la matière sonore, la reliant au sens par des règles de correspondance complexes, organisant hiérarchiquement les signes et les phrases, les langues manifestent l'aptitude humaine à ordonner le continu et à tracer les contours des classes à travers l'opacité des choses.

Mais que peut-on dire, en dernier ressort, de cette

---

43. C. Lévi-Strauss, *Le regard éloigné*, Paris, Plon, 1983, p. 163-164 (éd. angl. 1972).
44. C'est en ce sens qu'il faut peut-être interpréter la boutade de Braque citée ici, chapitre V, p. 136.

aptitude ? Définitoire de l'espèce, qu'elle façonne par opposition à toutes les autres, elle est pensable en soi ; elle peut, en d'autres termes, être conçue indépendamment des relations interlocutives. Cependant, du fait qu'elle est mise à profit dans toute instance dialogale, elle s'affine et s'adapte en fonction des besoins que sécrète l'échange permanent de paroles. C'est pourquoi la linguistique, en montrant comment se situe l'objet langue par rapport au monde et au territoire logique, nous apprend quelque chose d'essentiel sur l'homme : par la construction de systèmes linguistiques de représentation, il produit du sens, et de ce dernier il fait un moyen d'échange. La production de sens, même quand elle paraît entièrement gratuite ou à usage strictement interne ou thérapeutique, est orientée, par sa finalité même, sur la relation dialogale, c'est-à-dire sur le social.

Chapitre VII

ORDRE DES MOTS
ET ORDRE DU MONDE

La controverse sur l'ordre naturel

Existe-t-il ou non un ordre naturel, et donc universellement justifiable, des mots dans la phrase ? Car les langues analysent l'expérience du monde en signes linéairement ordonnés. Il n'est pas vain d'interroger ce fait simple, aussi bien pour ce qu'on y apprend sur certaines propriétés, où se reflète l'espèce, que pour la manière dont il a été traité dans l'histoire de la réflexion sur la langue. Le linguiste, ici, doit se faire historien. L'exploration des catégories de pensée liées à l'ordre des mots a pour préalable l'opération qui en retrace les étapes en histoire. Faute de reprendre cet itinéraire, l'ordre des mots demeure une pure contrainte formelle, et l'on gomme les présupposés sociaux, voire politiques, dont il est chargé. Certes, retracer cette histoire, ce n'est pas former une explication, encore moins fournir une théorie interprétative. C'est étaler des étapes, délacer le rouleau qui les enferme, afin d'en déchiffrer avec plus de clarté les volutes. Mais une leçon s'en dégage. Au-delà du cas particulier de l'ordre des mots, il semble que l'on voie poindre une vérité générale, peut-être applicable à d'autres sciences de l'homme en ces temps de doute méthodique sur les démarches qui font accéder à son étude : la linguistique n'est pas séparable de l'histoire de la linguistique.

Etudier la séquence selon laquelle s'ordonnent les mots des phrases peut paraître une recherche de stricte spécialité. Une affaire dénuée d'implications importantes au-delà de la grammaire. Un débat qui n'a pas lieu d'intéresser ceux qui ne font pas partie des écoliers de la langue. Pourtant, sans même aller au-delà de l'Antiquité gréco-latine, on note qu'il apparaît d'emblée aussi philosophique que linguistique. Pour Denys d'Halicarnasse (Iᵉʳ siècle avant J.-C.), le nom, exprimant la substance, doit être placé avant le verbe, qui ne désigne que l'accident ; le verbe lui-même doit précéder l'adverbe, car l'action est, par nature, antérieure aux circonstances de lieu, de temps, de manière, etc. ; en outre, l'adjectif doit suivre le nom, et la proposition à l'indicatif doit précéder celles qui sont à d'autres modes. Bien que présentée avec circonspection par son auteur présumé lui-même et rejetée par Quintilien, qui la trouve trop compliquée et, surtout, démontre sans beaucoup de mal qu'elle est réfutée par l'expérience, cette doctrine devait exercer une influence durable. Ou plutôt, les préjugés sur lesquels elle se fonde devaient se révéler assez puissants pour qu'elle conservât longtemps des partisans. C'est probablement le rhéteur grec Démétrios Ixion, d'époque alexandrine, qui, dans son principal ouvrage connu sous le titre latin de *De elocutione*, appelle pour la première fois « ordre naturel » (gr. *physikê taxis*) l'ordre de succession des mots selon Denys d'Halicarnasse. Un ordre que Démétrios considère lui aussi comme tout à fait recommandable.

La doctrine de l'ordre naturel devait trouver un champ d'application idéal dans la langue française, telle qu'elle fut perçue dès le XVIᵉ siècle, à travers l'apologie du *sermo vulgaris*, l'usage parlé, opposé au latin, langue savante. A partir du deuxième tiers du XVIIᵉ siècle, à l'horizon de l'âge classique, la doctrine se trouve confortée par une caution prestigieuse, celle du rationalisme cartésien. Les disciples de Descartes considéraient les catégories linguistiques comme composantes universelles de la raison innée. Par conséquent, l'ordre naturel, qui les range selon une hiérarchie descendante, était à leur regard l'ordre même de la raison. Et puisqu'il était pris comme ordre de référence, on appelait *inversion*, en bonne logique, toute construction qui s'en écartait. Une telle construction était imputée à l'imagination et, plus généralement, aux passions, lesquelles, ayant leur principe dans le corps, étaient nécessairement du domaine de l'imperfection. En effet, selon le dualisme rationaliste de l'âme et du corps, ou de l'esprit et de la matière, que l'on adoptait pour cadre souverain de toute explication, la raison seule est parfaite, les passions sont autant de traverses sur la voie qui assure son empire.

L'inocuité politique de cette doctrine était une pure apparence. Sur elle venait en réalité se greffer une option idéologique. La défense du français contre le latin n'était pas seulement celle d'une langue contre une autre. Elle fut au cœur de la Querelle des Anciens et des Modernes. En 1669, l'ouvrage de Le Laboureur, *Avantages de la langue française sur la langue latine*, qui se référait aux disciples de Descartes, édifie sur l'ordre naturel une véritable théorie générale de la langue. On ne s'y embarrasse guère de pondérations. On y déclare purement et simplement que, tous les hommes ayant reçu en commun partage les mêmes principes de logique, les Latins, qui pratiquaient couramment l'inversion, parlaient donc autrement qu'ils ne pensaient, alors que chez les Français, conception et expression coïncident. Certes, les réserves de Vaugelas qui, en prônant l'usage contre la raison, remettait partiellement en cause le règne du rationalisme, étaient connues depuis 1647. Mais, d'une part, elles restaient modérées et obliques, Vaugelas se méfiant, comme beaucoup d'autres, de l'inversion au nom du « juste arrangement des mots », en quoi il apercevait « un des plus grands secrets du style »[1] ; d'autre part, le P. Bouhours qui, sur d'autres points, prolonge son enseignement, défend, dans les *Entretiens d'Ariste et d'Eugène* (1671), l'ordre naturel contre l'usage, dont il reconnaît l'importance quant au choix et au sens des mots, mais non pour leur agencement au sein des phrases[2].

Suivent d'autres contributions qu'alimente ce même terreau d'idéologie : en 1675, la *Défense de la poésie et de la langue française*, de Desmarets de Saint-Sorlin, puis, en 1683, le gros ouvrage d'un des principaux partisans des Modernes, Charpentier : *De l'excellence de la langue française*. L'auteur y affirme la supériorité, par rapport aux libertés de séquence dans la phrase latine, de ce qu'il désigne, traduisant vraisemblablement le *rectus ordo* de Quintilien, par l'expression de *construction directe*, laquelle sera maintes fois reprise au XVIIIe siècle. Directe, parce qu'elle offre, croit-on, dans l'ordre des motos, un reflet direct de l'ordre des pensées. Et, à la fin du XVIIe siècle, les grands dictionnaires de Richelet (1680) et de Furetière (1684), sommes et bilans autant que sûrs témoignages, mentionnent, aux articles « arrangement », « construction », « inversion », « transposition », l'ordre naturel comme exigence logique allant de soi et caractéristique du français.

Ainsi, le débat sur l'ordre naturel, loin de n'être que

1. C. F. de Vaugelas, *Remarques sur la langue française*, 1647, éd. Chassang, Paris, 1911, t. II, p. 215.

2. Cf. U. Ricken, *Grammaire et philosophie au Siècle des Lumières*, Lille, P.U.L., 1978, p. 20.

pure scolastique à l'usage des grammairiens, constituait
une pièce maîtresse du dossier de la défense du français,
sinon du prestige de l'Etat. Il devait même devenir, à la
fin du XVIIᵉ et durant une grande partie du XVIIIᵉ siècle, le
fondement de ce qu'on appelle la Grammaire générale.
Tout autre chose, précisément, qu'une simple affaire de
philologues ou de glossateurs. La grammaire générale de
l'époque classique est une discipline bel et bien philosophique. Ce qu'elle se donne pour objet, c'est la langue
comme domaine d'une logique naturelle ou méthode
analytique spontanée. Système qui n'est pas un pur
reflet du donné sensoriel immédiat, mais, au contraire,
un embryon d'organisation en deçà de la science. Si,
cependant, les grammairiens-philosophes s'accordaient
en général sur cette vision de la langue comme forme
élémentaire de pensée critique, la foi en l'ordre naturel
reflétant l'ordre de la raison devait bientôt affronter de
sérieux ébranlements. Le débat sur l'imagination fournit
l'occasion de l'un d'eux. Critiquée notoirement par
Pascal et surtout par Malebranche, elle allait être traitée,
dans l'esthétique sensualiste inspirée, chez Du Bos[3] par
exemple, du grand livre de Locke[4], comme une faculté
fondée sur la perception sensible et servant, envers et
contre la raison, de critère du goût. Mais en outre, dès la
seconde moitié du XVIIᵉ siècle, les cartésiens G. de
Cordemoy[5] et B. Lamy[6] avaient, à travers le sondage des
implications mêmes du dualisme rationaliste, accordé
une place croissante aux bases psychophysiologiques de
la parole.

3. *Réflexions critiques sur la poésie et sur la peinture*, Paris, 1719.

4. *Essai sur l'entendement humain*, Londres, 1690, 1ʳᵉ trad. fr. Paris,
1700.

5. *Discours physique de la parole*, Paris, 1668.

6. *La rhétorique ou l'art de parler*, Paris, 1675. L'ouvrage fut un
succès, et connut une vingtaine de rééditions.

Les incidences sur la doctrine de l'ordre naturel ne sont pas difficiles à apercevoir. Considérant les figures de style comme le langage particulier des passions, Lamy en vient, dans l'édition de 1701, à souligner que la force de l'impression qu'elles exercent sur l'auditeur tient à leur capacité de subvertir l'ordre naturel. On peut en observer les effets dans des cas divers : exclamation, suspension, antithèse, et surtout hyperbate, laquelle, comme le dit son nom grec, fragmente par insertion d'un ou plusieurs mots un groupe syntaxiquement solidaire. L'ordre le plus naturel, dès lors, apparaît comme celui qui unit entre elles les idées dans le discours selon des rapports semblables à ceux qui les unissent dans l'esprit. Position quasiment condillacienne déjà, que devait rejoindre l'intuition de Fénelon[7], pour qui la rigidité de l'ordre des mots en français et l'ostracisme à quoi l'on condamne l'inversion sont cause de la sécheresse, autant que de l'absence de variété, d'éloquence et d'agrément de la prose française. Prose assujettie, prose obéissante, tout incapable de surprendre et de séduire.

C'est à partir du deuxième quart du XVIIIe siècle que la controverse sur l'ordre des mots prend une place décisive au sein du débat philosophique. La défense de ce que l'on croit être l'ordre naturel du français continue d'ailleurs, quant à elle, de s'inscrire comme pièce à conviction au centre du procès intenté au latin, langue à ordre libre. Dans ce cadre, une œuvre de 1747 surtout, *Les vrais principes de la langue française*, de l'abbé G. Girard, devait, à travers les approbations qu'elle recueillit et les critiques qu'ici et là elle suscita, connaître une grande célébrité. Elle peut même être considérée, si

---

7. *Réflexions sur la grammaire, la rhétorique, la poétique et l'histoire* (= *Lettre à l'Académie*), Paris, 1716.

succincte qu'elle demeure sur ce point particulier,
comme la principale typologie des langues, fondée sur
l'ordre des mots, qu'ait produite le XVIIIᵉ siècle français.
Girard avait assurément une conscience aiguë des enjeux. Un épisode de sa biographie l'atteste[8] : ayant appris
le russe, pour lequel il fut interprète de Louix XV, il était
lié avec le poète linguiste V. K. Trediakovsky, qui sé-
journa à Paris. Or, ce dernier faisait partie du groupe des
grammairiens et écrivains russes nationalistes qui dé-
noncèrent avec M. V. Lomonosov le monopole littéraire
du slavon[9].

Girard, dans un passage célèbre des premières pages
de son livre (23-25), propose, non sans dire sa fierté d'être
le premier à en faire le fondement d'une méthode
grammaticale, une répartition des langues du monde en
trois types. Le premier est celui des langues qu'il appelle
« analogues » (à la succession des pensées telle qu'il la
pose selon la tradition de l'*ordo naturalis*) : elles « suivent
ordinairement dans leurs constructions l'ordre naturel
et la gradation des idées : le sujet agissant y marche le
premier, ensuite l'action accompagnée de ses modifications, après cela ce qui en fait l'objet et le terme ».
Evidemment, le français fait partie (avec l'italien et
l'espagnol) des langues analogues. Au contraire, dans
celles du second type, l'ordre des mots est commandé
par cette « maîtresse d'erreur et de fausseté » selon
Pascal, l'imagination, thème central du débat : elles « ne
suivent d'autre ordre dans la construction de leurs
phrases que le feu de l'imagination, faisant précéder
tantôt l'objet, tantôt l'action, et tantôt la modification ou
la circonstance ». Girard les appelle, puisque l'ordre

8. V. l'édition récente des *Vrais principes*, Paris-Genève, Droz, 1983,
Introduction de P. Swiggers, p. 13.
9. Cf. C. Hagège, « Voies et destins de l'action humaine sur les
langues », *op. cit.*, p. 47 et 54.

naturel est l'étalon, « langues transpositives » ; il en donne pour exemple caractéristique le latin, évidemment. Enfin, il appelle « mixte, ou, d'un air plus docte, amphilogique », le type de langues qui « tiennent des deux autres » à la fois, et dont le grec lui paraît être l'illustration. De cette apparente contradiction il ne donne guère d'explication, sauf à dire que le grec possède à la fois un article, caractéristique des langues analogues, et des cas de déclinaison, trait des langues transpositives.

Son élan rationaliste emporte Girard bien au-delà du raisonnable. Il assure que le génie du latin, langue transpositive, et celui du français, langue analogue, sont si différents qu'il ne peut se faire que l'un soit la langue mère de l'autre ; le français a simplement emprunté beaucoup de vocabulaire au latin, mais il a conservé, en l'héritant des populations antérieures à l'invasion romaine, son génie propre de langue analogue. Par là, Girard fait allégeance à une puissante et déjà vieille tradition politico-« scientifique » : depuis au moins la Renaissance, les celtomanes, hostiles au latin, soutenaient la thèse d'une origine fondamentalement gauloise du français. Mais bien que cette caution pût lui paraître de quelque prix, puisqu'il entendait à l'évidence contribuer à l'entreprise nationaliste de défense et illustration du français, sa visée propre était tout autre qu'historique. Au vrai, elle était antihistorique, sinon purement achronique — semblable, sur ce point, à d'autres, en un siècle qui fut pourtant loin d'être indifférent à l'épaisseur réelle du temps [10]. En mesurant son entreprise à l'aune

10. Diderot, dans sa *Lettre sur les sourds et muets* (v. p. 227 s.), incarne un courant plus soucieux d'histoire. V. aussi le Discours préliminaire de d'Alembert à l'*Encyclopédie*, ainsi que S. Auroux, *La sémiotique des Encyclopédistes. Essai d'épistémologie historique des sciences du langage*, Paris, Payot, 1979, p. 299-300.

d'un critère qui, certes, n'était pas le sien, mais qui est le nôtre aujourd'hui, on ne peut que juger éminemment suspecte une pareille démarche : conclure de la différence typologique à l'absence de parenté, c'est, en termes contemporains, une erreur de méthode ; car la ressemblance des structures et la filiation historique sont tenues pour deux discriminants indépendants, bien que souvent parallèles [11]. Deux langues de même origine historique sont souvent très proches (ex. le français et l'italien, de même famille indo-européenne et de même branche romane), mais ce n'est pas une loi (ex. l'anglais et le hindi, très différents, bien que de même famille indo-européenne) ; inversement, deux langues sans parenté génétique peuvent présenter de fortes ressemblances typologiques, dues par exemple à un contact prolongé, comme c'est le cas pour l'arménien et le géorgien. L'article « langue » de l'*Encyclopédie*, dû à Beauzée et Douchet, fait cependant écho, en 1765, à cette confusion entre deux principes de classement, et illustre l'intention des philosophes : substituer la grammaire générale à la philologie, la typologie à l'étymologie et la syntaxe à la sémantique. Précisément, on doit reconnaître à l'abbé Girard un rôle éminent, dans l'histoire de la grammaire française, pour la place qu'il accorde à la syntaxe et à la typologie fondée sur l'ordre des mots dans la phrase.

Parmi les défenseurs de l'ordre naturel que Girard avait pu lire, une des figures les plus influentes était celle de Du Marsais. Au début du XVIIIe siècle, celui-ci s'était fait connaître par des travaux [12] dans lesquels il préconisait d'enseigner le latin en « rétablissant » l'ordre logique (celui du français, bien entendu) au sein des phrases

11. Cf. C. Hagège, *La structure des langues, op. cit.*, p. 8.
12. *Exposition d'une méthode raisonnée pour apprendre la langue latine*, Paris, 1722, et *Véritables principes de la grammaire, ou nouvelle grammaire raisonnée pour apprendre la langue latine*, Paris, 1729.

latines qui s'en écartaient du fait qu'y régnait le désordre de l'imagination et des passions ! Cependant, dans le camp opposé, la principale remise en cause de l'ordre naturel devait venir de la philosophie sensualiste de Condillac. Selon ce système, la pensée n'est autre chose que de la sensation transformée. L'*Essai sur l'origine des connaissances humaines* (1746) soutenait que l'ordre dans lequel étaient placés les mots, par exemple l'adjectif à l'égard du nom, dépendait de l'impression du locuteur : on dit *grand arbre* ou *arbre grand* selon que l'on est plus ou moins frappé par la sensation de grandeur. Dès lors, les deux ordres du latin et du français sont également naturels, et l'inversion n'apparaît telle que si l'on prend *a priori* l'ordre du français pour ordre de référence ; les constructions que l'on croit « renversées » sont aussi naturelles que celles du français, lequel, du reste, se révèle en contenir tout autant que de « naturelles », si l'on veut bien l'examiner sans préjugés. Une phrase du prédicateur Fléchier sert d'exemple, entre bien d'autres, pour montrer que le français peut, en « violant » l'ordre prétendu naturel, adapter les positions à l'expression la plus fidèle des mouvements de l'âme : « Déjà prenait l'essor, pour se sauver vers les montagnes, cet aigle dont le vol hardi avait d'abord effrayé nos provinces. »[13]

Radicalisant la philosophie de Condillac, Batteux soutient, dans ses *Lettres sur la phrase française comparée avec la phrase latine* (1748), que, contrairement à ce qu'aiment à répéter les partisans de l'ordre direct, le français est rempli d'inversions. Batteux tente d'esquiver la circularité d'une démarche qui définirait l'inversion en fonction de l'ordre naturel lui-même : le terme d'inversion désigne, selon lui, les écarts par rapport à

---

13. E. B. de Condillac, *Œuvres philosophiques*, éd. Georges Le Roy, Paris, 1947, I, p. 576. Cité par U. Ricken, *op. cit.*, p. 106.

l'ordre des idées, et non par rapport à l'ordre courant auquel sont accoutumés les usagers d'une langue particulière l'érigeant en modèle selon une intuition vulgaire. C'est le choix de ce que l'on veut nommer en premier qui, selon Batteux, commande la succession des mots et peut la conduire à s'écarter de celle des idées. Il manque certes à Batteux une théorie des hiérarchies d'information, ainsi qu'une stricte séparation des points de vue (v. chapitre IX) ; mais les arguments contre le dogme de l'ordre naturel sont adéquats. Comme le seront en 1751 ceux de la *Lettre sur les sourds et muets*, dans laquelle Diderot montre qu'il n'existe pas de raison claire pour que l'expression de la substance soit naturellement antérieure à celle des accidents ou de la qualité.

Cependant, la controverse prend encore un peu plus d'acuité quand, en réponse à Batteux autant qu'à Condillac et à Diderot, Du Marsais, dans l'article « construction » de l'*Encyclopédie* (dont il fut le grammairien en titre jusqu'à sa mort en 1756), et surtout Beauzée dans l'article « inversion » (1765) et dans un chapitre de plus de cent pages de sa *Grammaire générale* (1767), volent derechef au secours de l'ordre naturel : ce qui est doit logiquement être nommé avant que ne soient nommées l'action : *prius esse quam operari*, et la manière d'être ou les modifications : *prius esse quam sic esse*. La formulation latine elle-même, en une langue qui, justement, ne respecte pas cet ordre et place *sic* avant *esse*, ne laisse pas de produire ici une étrange impression ! Quoi qu'il en soit, Beauzée aiguise la dispute : « M. Batteux confond les passions avec la vérité, l'intérêt avec la clarté, la rhétorique avec la grammaire, et la peinture accidentelle des mouvements du cœur avec l'exposition claire et précise des perceptions intuitives de l'esprit [...] Une fois pour toutes, ce qui est naturel dans la Grammaire est accidentel ou étranger pour la Rhétorique ; ce qui est naturel dans la Rhétorique est accidentel ou étranger dans la Grammaire » (*Grammaire générale*, II, p. 526 s.). Les positions, on le voit, ne sont pas conciliables. Pour Beauzée, il n'existe pas d'autre ordre en grammaire que l'ordre naturel, et toute violation, puisqu'elle est inspirée par les passions, ne peut pas, de ce fait, relever de la grammaire, mais appartient à la rhétorique, qui se donne justement pour objets les figures par lesquelles l'ordre est perturbé.

La polémique n'est pas close. Batteux multiplie les ripostes aux rationalistes. En particulier, dans son *Nouvel examen du préjugé de l'inversion, pour servir de réponse à M. Beauzée* (1767), il finit par reprocher à ses adversaires de n'être que des puristes prenant les règles qu'ils construisent pour des reflets du réel : « Bientôt les grammairiens, qui n'avaient fait leurs règles que sur la langue faite et établie avant eux, se persuadèrent que leurs règles étaient la Nature même qui avait présidé à la formation des Langues » (p. 29). Ainsi se trouve dénoncé le rationalisme innéiste et antihistoriciste de l'ordre naturel, qui méconnaît les évolutions par étapes et pose des principes d'agencement *a priori* au lieu de les concevoir comme produits d'un processus dynamique. Batteux reprend également un argument essentiel, qu'avaient depuis longtemps mis à profit les adversaires du dogme de l'*ordo naturalis*, et dont ses partisans eux-mêmes ne niaient pas la validité. De Lamy à Beauzée en passant par Girard, Condillac, Diderot et Du Marsais, tous avaient noté que les flexions nominales du latin suffisaient à indiquer les fonctions, et qu'elles remplissaient donc le même rôle que la position en français, où le sujet et l'« objet », au lieu d'être indiqués par le nominatif et l'accusatif, disparus comme toute désinence, le sont par leur position, l'un avant, l'autre après le verbe transitif.

Mais comme on sait de longue date, les mêmes faits alimentent aisément, dans les querelles savantes, deux constructions théoriques opposées. Les uns jugent que les désinences latines « compensent » la « violation » de l'ordre naturel dans tous les cas d'« inversion », cependant que pour les autres, prôner les mérites d'une succession sujet-verbe-objet (« naturelle »), c'est faire de nécessité vertu : le français, ne pouvant manifester les fonctions par les formes (désinences casuelles), est contraint de les manifester par les positions ; il ne peut par conséquent se permettre de formules synthétiques comme lat. *hominem fecit Deus*, aptes à frapper l'imagination par l'antéposition du complément au verbe : mot à mot : « l'homme, (celui qui l') a fait (est) Dieu », soit « Dieu a fait l'homme ». Cet argument et cet exemple, repris presque partout, apparaissaient dès 1676 chez Lamy, un cartésien conscient des limites du rationalisme. On notera que personne, dans aucun des deux camps, n'est gêné par le finalisme quasi anthropomorphique qui paraît attribuer à la langue la « décision » de compenser l'absence des formes par la fixité des positions. L'activité subconsciente de l'énonceur (v. chapitre X) n'est aucunement prise en considération.

Au milieu du XVIIIe siècle, la controverse se prolonge sur ces brisées. L'ouverture de l'*Énéide*, entre autres illustrations, en procure la matière. *Arma virumque cano*, « Armes et héros je chante », c'est-à-dire : « Je chante les combats et le héros (qui...). » Selon Du Marsais, si Virgile peut offrir cet exorde, c'est parce que, grâce à la désinence d'accusatif -*um*, l'ordre naturel, selon lequel il a mentalement commencé par construire son vers, est aisément restituable, ce qui atténue les transgressions constantes que l'on rencontre en latin. Mais Batteux retourne l'argument : un verbe transitif antéposé à un complément selon l'ordre que Du Marsais considère comme naturel présuppose ce complément tout autant qu'un complément antéposé et mis à l'accusatif présuppose le verbe qui le suit. Un autre exemple, cité par Condillac et cent fois repris après lui, avait alimenté la verve de Beauzée : *Darium vicit Alexander*, « Darius, (celui qui le) vainquit (fut) Alexandre », c'est-à-dire : « Alexandre vainquit Darius ». Selon Batteux, ni l'ordre des mots de cette phrase, ni l'ordre obtenu par permutation, soit *Alexander vicit Darium*, ne sont naturels. Ils ne reflètent pas plus l'un que l'autre les opérations de la pensée. En outre, Batteux fait observer que la proposition relative, dans la portion de phrase française *Darius, que vainquit Alexandre...*, contient un pronom relatif complément *que*, antéposé au verbe exactement comme dans la première des deux phrases latines. Il ne suffit pas, pour rendre compte de cette « violation », de dire que ce relatif est justement un cas oblique, conservé en français dans les pronoms alors que les noms l'ont perdu.

Grammaire et politique,
Ancien Régime et Révolution, ou la clarté française

C'est dans ce contexte polémique qu'il faut situer une œuvre dont le titre au moins est fort connu. Elle doit sa célébrité à un talent d'écrivain bien plus qu'à la profondeur ou, surtout, à la nouveauté, de son contenu. Le *Discours sur l'universalité de la langue française* valut en 1783 à Rivarol, comme on sait, le prix de l'Académie des sciences et lettres de Berlin. Ce ne fut pas, on le sait moins, sans de longs débats entre les membres de son jury. L'auteur, qui connaissait les travaux de chacun des tenants de la controverse, ne fait que résumer la théorie de l'ordre direct ou naturel. Au vrai, cette théorie, reprise en écho par une série d'auteurs depuis près d'un siècle et demi avant Rivarol, n'était plus qu'un ensemble de lieux communs. L'influence durable du *Discours*, qui fait souvent oublier les travaux beaucoup plus sérieux (et sans doute moins plaisants) qui l'ont rendu possible, est surtout due au ton outrancier, parfois caricatural, qui n'empêche pas les formules heureuses et brillantes. Ainsi, celles que l'on trouve dans le passage le plus célèbre : « Le français nomme d'abord le sujet de la phrase, ensuite le verbe qui est l'action et enfin l'objet de cette action : voilà la logique naturelle à tous les hommes [...] Or cet ordre si favorable, si nécessaire au raisonnement, est presque toujours contraire aux sensations, qui nomment le premier l'objet qui frappe le premier : c'est pourquoi tous les peuples, abandonnant l'ordre direct, ont eu recours aux tournures plus ou moins hardies, selon que leurs sensations ou l'harmonie des mots l'exigeaient ; et l'inversion a prévalu sur la terre [...] Le français, par un privilège unique, est seul resté fidèle à l'ordre direct, comme s'il était toute raison ; [...] c'est en vain que les passions [...] nous sollicitent de suivre l'ordre des sensations : la syntaxe française est incorruptible. C'est de là que résulte cette admirable clarté, base éternelle de notre langue. Ce qui n'est pas clair n'est pas français. » [14]

De même que la dissertation de Rivarol n'apportait pas, sur le fond, d'élément nouveau, de même les critiques qu'elle suscita reprenaient, quant à elles, les thèses sensualistes de l'école de Condillac. Cependant, le débat, en cette fin du XVIIIe siècle, prend un tour clairement politique. Les théories linguistiques sont rarement innocentes. Elles le sont moins que jamais ici. Deux

---

14. A. de Rivarol, *De l'universalité de la langue française, op. cit.*, p. 89-90.

recensions, parues en 1785, s'en prennent à la thèse de Rivarol. L'une est due à U. Domergue, qui la publia dans son *Journal de la langue française*, dépôt célèbre et précieux d'informations sur le français révolutionnaire, langue d'une époque « où le style acquiert l'espèce d'énergie que donne la liberté » (*Journal*, 1791). L'autre est de la plume de J. Garat, qui la fit paraître dans le *Mercure de France*. Or le premier devait être désigné pendant la Révolution comme « grammairien patriote », et le second fut ministre de la Justice sous Robespierre, puis commença lors du Directoire son enseignement de la philosophie condillacienne à l'Ecole Normale où, en tant que professeur d'analyse de l'entendement, il fut le collègue d'autres Idéologues illustres. Le nom de la première section de la deuxième classe de l'Institut, où enseignaient Cabanis et Volney, « Analyse des sensations et des idées », dit assez ce que les Idéologues devaient à l'héritage de Condillac. La convergence entre leurs idéaux libertaires en politique et leur théorie de l'ordre libre des mots dans la phrase n'est pas fortuite. Les arguments des deux recenseurs de Rivarol en sont l'illustration. L'observation se trouve ici opposée aux spéculations métaphysiques comme la science à la religion : « C'était une grande folie aux Philosophes », écrit Garat dans sa recension (p. 26), « de vouloir créer des grammaires, des logiques, des métaphysiques, qui étaient toutes faites dans les langues. Il n'était question que de bien observer les langues, et on les aurait trouvées : mais on ne sentait pas le besoin d'observer, on voulait créer ; et quand on veut créer sans avoir observé, on ne trouve que des rêveries et des absurdités. C'est en réfléchissant sur les langues que Locke a eu la première fois l'idée d'écrire cet "Essai sur l'entendement humain" qui en a si fort étendu les forces en resserrant cependant sa carrière. »

La fameuse formule de Rivarol sur la clarté française ne fait que donner un tour péremptoire, et plaisant pour l'orgueil national, à un mythe qui, comme les préjugés sur l'imagination et l'inversion, était depuis plus d'un siècle au centre du débat sur l'ordre des mots. Même si cette formule n'était pas totalement démentie par les simples faits, il resterait que la notion de clarté ne peut être appréciée qu'en termes relativistes. La clarté n'est d'aucune façon un titre universel de mérite, malgré ce qu'on tend à croire. Paraphrasant Rivarol, T. Suzuki a pu écrire : « Ce qui est clair n'est pas japonais. » [15] Il ne s'agit pas ici, il est vrai, de l'ordre des mots de la phrase japonaise, que Rivarol aurait pu mentionner comme « confus » (puisque le complément y précède le verbe au lieu de le suivre), mais de l'abondance de synonymes parfaits, telle qu'elle résulte en japonais des très nombreux couples de mots auxquels correspond un seul idéogramme, et dont un membre appartient au fonds autochtone, tandis que l'autre est un emprunt au chinois ; d'où la charge homosémique et le peu d'univocité dans ce lexique. Mais dans le domaine du signe comme dans celui de l'ordre des mots, l'absence supposée de clarté n'est aucunement, semble-t-il, vécue comme une tare. Cependant, en France, le mythe de la clarté, lié selon Rivarol à l'ordre direct, est tout aussi tenace aujourd'hui qu'hier. On n'imagine pas qu'il y ait lieu de le soumettre à examen. Tout argument est bon qui le conforte. Or, au moment même où fut publié le *Discours*, le compte rendu de Garat objectait déjà que la propriété des termes et l'ordre le plus adéquat à la pensée, indé-

---

15. *La langue close ; l'univers du japonais*, Tokyo, Shinchô-sha, chap. 2. Cité par I. Tamba-Mecz, « Aperçu sur les notions d'ambiguïté et de paraphrase en japonais et sur leurs relations avec la lecture des idéogrammes sino-japonais », *Modèles linguistiques*, V, 2, 1983, p. 78 (69-84).

pendamment des contraintes de l'ordre prétendu naturel, sont les vrais facteurs de clarté. « L'ordre direct n'est
pas la seule source de clarté. Des idées bien déterminées,
bien ordonnées, rendues ou avec le mot propre ou avec
le mot qui fait une image juste, seront claires dans toutes
les langues » (p. 31).

Plus encore que Garat, Domergue défend contre
Rivarol le sensualisme condillacien. La clarté, loin d'être
le produit d'une succession immuable, n'est atteinte que
si les émotions sont librement exprimées par un choix
individuel, ce qui suppose un ordre variable. « On voit
que l'auteur fait consister la clarté de notre langue dans
l'ordre direct, et la solidité de son empire dans sa clarté.
Mais d'abord, qu'est-ce que l'ordre direct ? Ce n'est
certainement pas l'arrangement successif du sujet de la
proposition, du verbe et de l'objet ; mais l'arrangement
des idées dans l'ordre où l'esprit les présente. Or lorsque
je vois un serpent [...], le serpent étant la première chose
que mes yeux portent à mon esprit, je suis l'ordre direct,
en quelque langue que je parle, si le mot *serpent*
commence ma proposition. Que je crie en latin, *serpen-
tem fuge*, ou en français, *un serpent ! Fuyez !*, je suis
également fidèle à l'ordre direct, et malheur à la langue
froide et absurde qui [...] voudrait qu'on dît : *Monsieur,
prenez garde, voilà un serpent qui s'approche !* [...] C'est
pourtant ainsi que l'auteur fait parler un Français, c'est
ce qu'il appelle l'ordre direct » (p. 886). Si l'on nomme
naturel un ordre des mots conforme à la raison mais
contraire aux sensations, il faudra donc admettre que
ces dernières ne sont pas naturelles !

Le débat, ici encore, n'est pas neutre. Arranger les
mots selon la succession des idées, c'est donner à l'expression la liberté que lui refusent les gardiens de
l'ordre. La thèse rationaliste en vient paradoxalement à
situer la transgression au sein de la norme. Pour éviter

cette contradiction, il faudrait alors renoncer à appeler norme la réalité éminemment variable des constructions de phrases en français, et d'ailleurs dans bien d'autres langues, où l'ordre direct n'est qu'une des structures possibles, et pas même la plus courante. C'est ce que fait apparaître Domergue, comme avant lui Court de Gébelin en 1778, et J.-C. Laveaux, dont l'ouvrage de 1784[16] semble viser Rivarol. Il se trouve que Laveaux devait être, sous la Révolution, le rédacteur en chef du *Journal de la Montagne*. Il n'a donc pas laissé fortuitement échapper ces mots, qui suivent, dans son livre (I, p. 15), un passage hostile aux prescriptions rationalistes sur l'ordre des mots : « La langue d'une nation s'enrichit à proportion de l'étendue de ses idées, et les idées ne s'étendent que par la liberté. Le despotisme religieux, soutenu par le despotisme politique, abrutit l'humanité plus que le climat et la pauvreté. »

Sur un point voisin de l'ordre des mots, l'affrontement idéologique est aussi sous-jacent. Depuis la fin du XVIIᵉ siècle au moins, une vive polémique opposait adversaires et partisans de la néologie. Et comme on peut le prévoir, les premiers étaient en même temps des adeptes de la grammaire rationaliste et de l'ordre direct : ainsi, l'abbé Desfontaines, auteur d'un *Dictionnaire néologique à l'usage des beaux esprits du siècle* (1726). Symétriquement, les défenseurs de la liberté des constructions de phrases étaient aussi ceux des créations de mots nouveaux, des métaphores, des « inversions » par rapport à l'ordre prétendu naturel, et de tous les procédés d'expression auxquels la pensée de Condillac avait, en contrepoids au rationalisme cartésien, procuré une

---

16. Court de Gébelin, *Histoire naturelle de la parole, op. cit.* ; J.-C. Laveaux, *Cours théorique et pratique de langue et de littérature françaises*, Berlin, A. Wever, 4 tomes.

assise théorique. L'Académie restait divisée. Une vingtaine d'années après le discours de réception de Desfontaines, charge virulente contre la néologie, Moncrif
soutenait en 1742 — date à laquelle, selon un historien
des idées, «la révolution néologique prend la Bastille
académique »[17] — qu'«on ne peut ni ne doit fixer une
langue vivante». Et quarante-trois ans plus tard, Marmontel écrit dans son discours sur l'*Autorité de l'usage*
(1785)[18] : «Tous les jours, elle [la langue] est obligée de
correspondre à des mœurs étrangères [...] ; tous les
jours, l'historien, le poète, le philosophe se transplante
dans des pays lointains [...] ; que deviendra-t-il si sa
langue n'est pas cosmopolite comme lui, si elle n'a pas
les analogues et les équivalents de celle des pays et des
temps qu'elle fréquente ? »

C'est assez faire apparaître combien le débat sur le
cosmopolitisme de la langue est ancien. Mais à la
différence des emprunts directs à l'anglo-américain, qui
sont aujourd'hui au cœur de la controverse sur la
défense du français, les équivalents préconisés par
Marmontel sont les produits d'une création néologique
interne. Dès le début de la Révolution, les néologismes
ainsi conçus furent aussi nombreux que bien accueillis
des pouvoirs nouveaux. En 1791, la Société des Amateurs de la langue française, qui avait remplacé l'Académie française, se donnait déjà pour tâche de «présenter
la liste des mots que nous devons à la Révolution». Les
couleurs de la prose révolutionnaire, où le classicisme, il
est vrai, est loin de perdre ses droits, inspireront à
L.-S. Mercier (porté par le courant sensualiste bien qu'il
ne fût pas un disciple de Condillac) le passage suivant,

17. J.-R. Armogathe, « Néologie et idéologie dans la langue française
au XVIIIᵉ siècle », *XVIIIᵉ Siècle*, nº 5, 1973, p. 22 (17-28).

18. Cité par Armogathe, *ibid.*, p. 22, n. 3.

emprunté à l'introduction d'un ouvrage de 1801, intitulé, justement, *Néologie ou vocabulaire des mots nouveaux*, et dans lequel il annonce son intention de donner un complément sous forme d'un Traité sur les inversions : « La prose est à nous ; sa marche est libre ; il n'appartient qu'à nous de lui imprimer un caractère plus vivant [...] Les mots, les syllabes mêmes ne peuvent-ils pas se placer de manière que leur concours produise l'effet le plus inattendu ? Nos constructions ne sont pas aussi rigides qu'on a voulu le persuader. »

L'événement accuse le caractère politique du débat. Le comte de Rivarol émigre, comme la plus grande partie de la noblesse monarchiste, lorsque la Convention, à la suite de la découverte d'une correspondance qu'il avait entretenue avec le roi, décrète son arrestation. Ce fils d'aubergiste piémontais de Bagnols-sur-Cèze, près d'Uzès, s'était fait successivement anoblir comme chevalier, puis comme comte, dans des circonstances qui ne sont pas claires. Ce qui l'est bien, en revanche, c'est qu'il prit, dans ses écrits comme dans son action, le parti de l'aristocratie d'Ancien Régime. L'ordre des mots et l'ordre social ont les mêmes gardiens. Les maîtres à penser de la Restauration incarneront cette convergence. « La langue est plus ou moins analogue [au sens de Girard, v. ici p. 159 s.], selon que la société obéit à des lois plus ou moins naturelles. On a pu remarquer que dans les orages de la Révolution, la langue française elle-même perdait de son naturel et que les inversions forcées, les constructions barbares prenaient la place de sa belle et noble régularité. » Le passage est de L. de Bonald [19]. Et J. de Maistre, l'autre chef de file du catholicisme monarchiste après l'Empire, appelle Condillac, dans une lettre à de Bonald, « le plus coupable

19. *Œuvres complètes*, éd. de 1864 (1ʳᵉ éd. 1819), Paris, t. III, p. 452.

de tous les conjurés modernes »[20]. Chez l'un et l'autre, la théorie de l'ordre direct est unie au conservatisme politique : une stricte succession des mots reflète la forme naturelle de l'Etat. A l'opposé du dynamisme condillacien sur base de sensation, cette vue statique conforte l'immobilisme de l'ordre politique : toute transgression des règles qu'établit une « raison » dominante est inspirée par le rejet révolutionnaire de l'ordre monarchique, ordre de raison ; les néologismes, les « inversions » et tous les traits propres à l'éloquence des Conventionnels sont à exiler de la mémoire comme les événements mêmes qu'ils réfléchissent : « Il semble que le moyen le plus assuré de bannir des esprits le souvenir de ces temps désastreux, eût été d'en faire disparaître de nos vocabulaires le sauvage idiome. »[21] Tant il est vrai qu'un fil solidaire relie les événements et la forme du discours qui les évoque.

L'ordre des mots, les sourds-muets et la relativité du naturel

Il n'est pas de théorie linguistique qui ne soit vouée à affronter le problème que pose la succession des mots dans les phrases. La querelle de l'ordre direct en a fait apparaître l'importance et les présupposés idéologiques. Bien des observations suggèrent de relativiser l'idée de naturel, selon ce qu'impliquent les critiques de Rivarol,

20. Cf. H. Aarsleff, *The study of language in England, 1780-1860*, Princeton, N. J., Princeton University Press, 1967, p. 228. Cité par U. Ricken, « La critique sensualiste à l'encontre du "Discours sur l'universalité de la langue française" d'Antoine de Rivarol », *Historiographia Linguistica*, I, 1, 1973, p. 77 (67-80).

21. L. de Bonald, *Mélanges littéraires, politiques et philosophiques*, Paris, Le Clere, 1819, I, 295.

disciples de Condillac, qui, faute d'informations assez diversifiées et d'instruments opératoires adéquats, piétinent encore au seuil d'un domaine dont ils aperçoivent la fécondité. Si l'on appelle respectivement S, V et O le sujet, le verbe et le complément dit d'«objet» d'une phrase simple à verbe transitif, des exemples comme, en français, *l'enfant a cassé le bâton* ou *un chat aperçoit une souris* sont de structure SVO. Or, l'ordre des mots qu'ils illustrent, plus proche de l'écrit que de l'oral, est loin d'être le seul possible : on peut dire, par exemple, *le bâton, l'enfant l'a cassé*, ou *il y a une souris, il y a un chat qui l'aperçoit*. D'autre part, la structure SVO ne paraît naturelle aux rationalistes que dans la mesure où ils persistent à considérer, sous l'influence du français écrit, que les idées doivent procéder — et donc la phrase se déployer — de la désignation de l'agent comme source à celle de l'action qu'il accomplit, puis de là vers la cible visée. Or, il suffit d'étudier l'ordre des signes gestuels, dans la plupart des langages de sourds-muets, pour constater que l'on y trouve soit la structure SOV (la plus fréquente en American Sign Language), soit OVS (juste l'inverse de SVO), soit OSV, mais non SVO. A une phrase comme *le chien chasse le lièvre* correspond, dans ces systèmes, soit une suite de signes «chien» + «lièvre» + «chasser», où l'agent et le patient sont désignés avant la relation qui les associe, soit «lièvre» + «chien» + «chasser» ou «lièvre» + «chasser» + «chien», comme en une récitation gestuelle de la scène, puisque le lièvre, étant en tête et poursuivi, apparaît le premier.

Les vertus naturelles de ces types de séquence étaient bien perçues dans un ouvrage écrit il y a près d'un siècle : «On pourrait démontrer que c'est notre langage actuel qui est plein d'inversions, et non le langage des Anciens, le latin, par exemple [...] On a tort de traiter d''''inversions'' l'ordre de la phrase latine chez les prosa-

teurs. Ouvrons-en un, Tacite par exemple. Dès la première phrase de ses *Annales*, on trouve qu'il a adopté
l'ordre familier au sourd-muet : *Urbem Romam a princi-
pio reges habuerunt*. Nous la traduisons en français :
"Des rois eurent (ou gouvernèrent) d'abord la ville de
Rome." Les sourds-muets diraient exactement comme
Tacite : "Ville Rome autrefois rois avaient" [...] Le
sourd-muet, comme les peuples [encore spontanés],
exprime sa pensée dans l'ordre de la génération des idées
[de la gesticulation de l'action]. »[22] Diderot recomman-
dait déjà, dans sa *Lettre sur les sourds et muets*[23],
d'étudier les systèmes de signes qu'on utilise pour
démutiser. Leur intérêt pour l'étude du langage lui
paraissait indéniable. Car il y voyait tracée une voie vers
la solution d'une antinomie logée au cœur du procès
dialogal : l'expérience est perçue globalement, alors que
sa représentation linguistique, inéluctablement, est articulée. Si l'on connaît la succession naturelle des idées, on
peut du moins imaginer comment le réel, d'abord saisi
comme totalité, se trouve ensuite analysé. Or, Diderot
considère, à la suite de Condillac[24], que pour connaître
cette succession, il faut adopter comme critère l'ordre
qu'auraient suivi les gestes si on les avait choisis pour
moyens d'expression.

A l'origine, en effet, les actions étaient, selon Condillac, représentées par des gestes. Adoptant la thèse
(circulaire : v. chapitre VI, p. 176) de l'antériorité chronologique des noms, il considère qu'eux seuls avaient alors
une existence linguistique. Quand, à une étape ultérieure, les gestes exprimant les actions sont remplacés

22. A. Goguillot, *Comment on fait parler les sourds-muets*, Paris,
1889, p. 297-300. Les ajouts entre crochets sont de M. Jousse, *Le style
oral, op. cit.*, qui cite cet ouvrage (p. 97-99).

23. 1751, éd. Meyer, Genève, 1965.

24. *Œuvres philosophiques, op. cit.*, I, p. 577.

par des verbes, le nom, puisqu'il est historiquement
l'élément premier, continue d'être en tête. Par conséquent, poursuit Condillac, l'ordre des mots fut d'abord
« fruit » + « vouloir », et quand on en vint à exprimer le
sujet, on le plaça en dernière position. En formules
modernes, cela donne OVS, soit exactement l'inverse de
la structure canonique SVO, ordre préétabli d'une vision
antihistorique.

Il apparaît ainsi, malgré certaines insuffisances de la
méthode condillacienne, que si l'on raisonne en fonction de l'ordre du monde selon l'espace et le temps tels
que les représentent les signes des sourds-muets, les successions OVS, OSV, SOV sont tout aussi naturelles que
SVO, lequel, en outre, est loin d'être l'unique agencement possible dans les langues où on l'observe. La
conclusion suit de soi. Il y a plus d'un type de naturel, et
sous cette notion générale, des faits hétérogènes se
trouvent confondus. Un des recenseurs de Rivarol notait
déjà : « Ce qui a trompé presque tous ceux qui ont écrit
sur cette matière, c'est qu'ils ont confondu l'ordre direct
avec l'arrangement grammatical. L'arrangement grammatical consiste à mettre d'abord le sujet de la proposition et ses dépendances, ensuite l'attribut et ce qui
le modifie, et enfin les compléments. L'ordre direct
consiste à placer chaque mot d'après le rang que tient
dans l'esprit l'idée qu'il exprime. »[25] OVS est un ordre
naturel si, prenant la clarté pour critère, on considère
avec Condillac que la manière la plus claire d'exprimer la
relation entre participants du procès est de placer *entre
eux* le mot qui la désigne. Les ordres OSV et SOV sont
également naturels : le premier si l'on juge, selon l'expérience des sourds-muets, que la *perception* dans l'espace
commence par le patient, ou l'effet, ou le but, et se

25. U. Domergue, *op. cit.*, p. 886.

poursuit par l'agent, ou la cause, ou le procédé ; le second si l'agent est *conçu* comme le moteur et donc comme l'élément premier, la relation qui les associe étant dans les deux cas mentionnée *in fine*. Il y a plus : même du point de vue strictement grammatical, OSV et SOV sont naturels si l'on prend pour critère l'unicité de direction : le verbe étant l'élément central auquel se subordonnent les arguments nominaux, la séquence procède, dans les deux cas, des déterminants vers le déterminé : O→S→V, S→O→V ; elle est donc unidirectionnelle, tout comme elle l'est, mais en sens inverse, dans une autre structure non encore mentionnée, VSO, où elle procède du déterminé vers les déterminants.

On peut ainsi rendre compte des faits attestés dans les langues les plus diverses. Si, prenant soin d'éviter la démarche réductrice des rationalistes attachés à SVO comme à l'unique type possible de séquence, on ne retient un certain ordre pour caractéristique que parce qu'il est statistiquement dominant dans les situations non marquées par l'expressivité (mais non pas, pour autant, exclusif de tout autre), alors on peut tirer d'utiles enseignements de l'étude des répartitions selon les langues. Il se trouve en effet que VSO, unidirectionnel, représente 15 % des langues connues (sémitiques et celtiques, entre autres), et SOV, également unidirectionnel (en sens inverse), 39 % (ex. turc, japonais, hindi, nombreuses langues amérindiennes et océaniennes). OSV n'est, pour sa part, attesté que dans une partie des 10 % où figurent aussi OVS et VOS (malgache, langues de Polynésie et Mélanésie parmi les illustrations de ce dernier type). Cette forte inégalité de répartition entre SOV et OSV laisse supposer que le naturel de type conceptuel, en vertu duquel l'agent, moteur de l'action, est envisagé et nommé le premier, l'emporte sur le naturel de type spatial, par l'effet duquel le patient affecté peut, surtout lorsque l'action comporte un mouvement, être aperçu, comme dans l'espace visuel du sourd, avant l'agent. De fait, les trois séquences minoritaires, OSV, OVS et VOS, présentent toutes trois une succession O + S, médiate ou immédiate, et non S + O.

Les 36 % restants correspondent à des langues de type SVO (romanes, slaves, mon-khmères, entre autres). Un tel pourcentage doit bien supposer quelque forme de naturel. Mais il ne peut plus s'agir d'unidirectionnalité, puisque S←V→O, combinant deux ordres contradictoires comme l'indiquent les flèches, est hybride du point de vue syntaxique. Il ne s'agit pas davantage de critères spatial ou conceptuel de ce que doit être l'ordre naturel, puisqu'ici la succession n'est ni OSV, ni SOV. C'est un point de vue énonciatif qui commande le choix du critère[26] : une stratégie universelle du discours conduit souvent à énoncer en première position ce dont il est question (*thème*, coïncidant dans beaucoup de cas avec le sujet), et en seconde position ce qu'on en dit (*rhème*, coïncidant dans beaucoup de cas avec le verbe). Si le rhème n'implique pas d'autre participant, on aura SV, et s'il en implique, un complément sera ajouté *in fine*, d'où SVO. Voilà la seule justification recevable du fameux ordre naturel du français (et de bien d'autres langues). C'est le point de vue adopté qui fonde la notion de naturel. Encore le cadre est-il ici celui de la phrase. Dès qu'on en dépasse les limites pour prendre en considération la succession des énoncés d'un texte, ce même ordre SVO compromet par sa rigidité la logique des transitions.

---

26. Sur ce point, v. chapitre IX, p. 295-302.

Séquence ascendante et séquence descendante.
Les spéculations génético-sociales

On peut choisir pour cadre une séquence plus brève que la phrase complète : celle de deux noms. En français, par exemple, un ordre fixe et le joncteur *de* (v. chapitre III, p. 73) marquent un rapport de possession *(le cahier du maître)*, de contenance *(une tasse de thé)*, d'origine *(l'oncle de Russie)*, de matière *(un immeuble de verre)*, etc. Si l'on adopte ce cadre, il est plus facile de mettre en évidence les propriétés des langues, et de contribuer au débat sur l'ordre des mots comme reflet des rapports hiérarchiques de dépendance. Car l'interversion des deux noms bouleverse ou annule le sens, alors que la substitution, dans une phrase complète, d'un ordre SOV à un ordre SVO n'a pas nécessairement cet effet.

L'importance des phénomènes d'ordre au sein du groupe de deux noms a été aperçue, pour s'en tenir aux soixante premières années de ce siècle, par des linguistes comme le P. W. Schmidt, C. Bally et L. Tesnière [27]. Sous des terminologies variables, ils interprètent les mêmes faits. Indépendamment des nombreux indices qui viennent s'y adjoindre dans les langues (affixes divers, etc.), l'ordre même dans lequel les deux noms se succèdent est la marque fondamentale : universelle, car liée à la linéarité du discours. L'un, le déterminé, est le centre auquel, par dépendance hiérarchique, est rapporté l'autre, le déterminant, sa périphérie. La succession Nom déterminé + Nom déterminant, celle du français par exemple

27. P. W. Schmidt, *Die Sprachfamilien und Sprachenkreise der Erde*, Heidelberg, Carl Winter's Universitätsbuchhandlung, 1926 ; C. Bally, *Linguistique générale et linguistique française*, Berne, Ed. Francke, 1932, 4ᵉ éd. 1965 ; L. Tesnière, *Éléments de syntaxe structurale*, Paris, Klincksieck, 1959, 2ᵉ éd. 1969.

dans *le livre de l'écolier*, est appelée « postposition du génitif » par Schmidt, « séquence progressive » (progression du centre vers la périphérie) par Bally, et « ordre centrifuge » par Tesnière. Les mêmes appellent l'ordre inverse, respectivement : « antéposition du génitif », « séquence anticipatrice » et « ordre centripète ». On parle également de séquence descendante dans le premier cas, et de séquence ascendante dans le second.

Ici encore, l'idéologie sous-tend, si même elle ne commande pas directement, les théories grammaticales qu'on imagine innocentes. Le P. Schmidt commence par établir que les marques de genre et de nombre, ainsi que les affixes de classes (v. chapitre III, p. 61), tendent à occuper, vis-à-vis du nom déterminé, une position identique à celle du déterminant, et que cette position est aussi celle du nom complément par rapport au verbe transitif. Cet alignement des séquences prouve à ses yeux l'importance que doit revêtir, dans la grammaire de toute langue, l'ordre de succession de deux noms en rapport de détermination : cet ordre est le modèle des autres. L'explication de la différence entre les séquences Nom déterminé + Nom déterminant (« postposition du génitif ») et Nom déterminant + Nom déterminé (« antéposition du génitif ») est donc au centre de toute théorie de l'ordre des mots. Cette explication, l'auteur croit la trouver dans les conditionnements sociaux.

Il distingue en effet trois domaines culturels : celui des cultivateurs à la hache et à la faucille, dont les sociétés sont de droit matriarcal ; celui des nomades éleveurs de bétail, qui sont régis par le droit patriarcal ; celui des grands chasseurs regroupés en clans totémiques, également de droit patriarcal. Or, estime le P. Schmidt en relevant une corrélation plutôt qu'en argumentant, la postposition du génitif ne peut avoir son territoire d'origine chez les deux derniers, c'est-à-dire dans les sociétés patriarcales. De fait, elle ne se rencontre pas dans les zones où domine encore le droit patriarcal primitif : centre et nord de l'Australie, Polynésie, pays sonora (nord du Mexique). Exception qui « confirme la règle », les cultures dites du boomerang sont de droit patriarcal et leurs langues connaissent pourtant la postposition du génitif ; mais, justement, dans les cultures en question (pays tsimshian d'Amérique du Nord, Tasmanie), ce trait linguistique résulte de l'emprunt. Ainsi, l'antéposition du génitif serait « organique-psychologique » et caractéristique des sociétés archaïques, patriarcales ; au contraire, sa postposition serait « analytique-rationnelle », et propre aux sociétés matriarcales, plus évoluées.

Comment peut-on ainsi poser une différence entre deux degrés de rationalité ou entre spontanéité affective et distanciation réflexive ? C'est que, selon l'auteur, la détermination par le complément nominal (« génitif ») porte une information nouvelle, indiquant en quelle espèce se particularise le *genus* du nom déterminé ; par conséquent, la mention antérieure de cette précision, c'est-à-dire la mention de l'espèce avant celle du genre, serait naïve et contraire à l'ordre de la description scientifique qui, dans les taxinomies d'êtres vivants, donne le genre avant l'espèce. La postposition du génitif, reflétant une rationalité mieux conquise, ne peut être que tardive ! « Le génitif représente, dans tout l'organisme du développement conceptuel, la *differentia specifica* par laquelle se constitue, à partir de la généralité du *genus*, la nouvelle *species*. Ainsi, par exemple, dans le concept de "Haus-Schlüssel" ["maison-clé" = "clé de la maison"], le mot "Schlüssel" est le *genus* global pour tous les genres de clés ; le génitif "Haus" qui lui est préposé est la *differentia specifica*. Le *genus* est naturellement le plus ancien, le déjà connu. La *differentia specifica* est ce qui jusque-là était inconnu et qui, en tant que nouveau, attire sur soi l'attention. C'est pourquoi elle est, dans le mode de pensée caractérisé par la naïveté, le naturel, la chaleur spontanée, préposée, en tant que génitif, dans la construction des mots. Dans le mode de pensée plus froid, constructif, "logique", le génitif, du fait qu'il exprime la *differentia specifica*, le plus tardif, ce qui vient après, est donc placé après, comme par exemple dans la désignation scientifique des genres et des espèces zoologiques et botaniques »[28].

Or, il n'est pas vrai que la place naturelle de la spécification soit après le spécifié. Diderot le rappelait à propos de la substance et de la qualité[29]. En tout état de cause, à ce degré de spéculation, on n'a pas seulement déserté le territoire scientifique : on est de plain-pied dans le fantastique, non dépourvu, il est vrai, de vertu poétique. S'il était besoin encore d'une preuve de la fragilité d'un tel édifice, on la trouverait dans le fait qu'un autre, le psychologue W. Wundt, aboutit, à partir des mêmes données, à une conclusion opposée et tout aussi indémontrable que celle de Schmidt : pour Wundt[30], les langues qui suivent l'ordre Nom déterminé + Nom déterminant sont primitives, car c'est celui du langage gestuel.

Les étiologies en forme de reconstructions psycho-socio-culturelles étaient encore assez prisées au début du XXᵉ siècle. On en trouverait des traces, avant même le P. Schmidt, chez un autre ecclésiastique, le P. J. Van Ginneken[31]. Au XIXᵉ siècle, elles étaient courantes, et non étrangères à la tradition « rationaliste ». H. Weil, en 1844,

28. W. Schmidt, *op. cit.*, p. 464.

29. *Lettre sur les sourds et muets, op. cit.*, p. 42 s.

30. *Elemente der Völkerpsychologie, op. cit.*

31. *Principes de linguistique psychologique*, Paris, Marcel Rivière, Amsterdam, E. Van der Vecht, Leipzig, Otto Harrassowitz, 1907.

distinguait deux types de compléments : « Le français place beaucoup d'adjectifs avant le substantif qu'ils déterminent, il permet aux adverbes et aux locutions adverbiales de précéder le verbe, mais il est rigoureux sur la place des régimes. On est donc autorisé à distinguer deux espèces de rapports entre l'idée complémentaire et l'idée complétée. "Tuer un homme, payer sa dette à la patrie." Voilà le rapport de l'action à l'objet sur lequel elle se dirige, rapport sensible et matériel, pour ainsi dire. "Un grand appartement, bien parler." Voilà un rapport de détermination grammaticale qui n'est pas emprunté au monde sensible, rapport plus abstrait, qui consiste à restreindre la compréhension d'une idée en y attachant une autre idée. Dans le premier de ces rapports, les deux termes se détachent plus facilement l'un de l'autre, l'imagination peut se figurer un mouvement progressif du terme antécédent au terme conséquent. Dans le second, il n'y a qu'une décomposition d'idée, opérée par la réflexion, où l'imagination ne découvre plus deux parties différentes auxquelles elle pourrait attribuer une priorité et une postériorité. »[32] Un exemple latin est utilisé plus loin pour illustrer l'idée d'une plus grande clarté dans les cas où le complément est postposé au verbe : « En disant[...] *Scipio Carthaginem*, il n'y a pas moyen de s'arrêter ; voilà un accusatif qui flotte, pour ainsi dire, en l'air, il faut qu'il s'appuie quelque part, donnez-nous tout de suite un verbe qui le soutienne, ajoutez *expugnavit*. Si vous commencez la phrase par *Scipio expugnavit*, on demande bien aussi de savoir quelle est la ville conquise par Scipion, mais du point de vue grammatical, les mots prononcés se tiennent eux-

---

32. H. Weil, *De l'ordre des mots dans les langues anciennes comparées aux langues modernes. Question de grammaire générale*, 1844, 2e éd., Paris, librairie A. Franck, 1869, p. 53.

mêmes et n'ont pas besoin de s'appuyer sur d'autres »[33].

Ces considérations, qui prennent pour référence et modèle l'ordre des mots dans la phrase française, ne sont pas étayées sur des bases solides. En admettant qu'elles reflètent des intuitions qui ne sont pas toutes à rejeter, en particulier quant à la place de l'adjectif, elles ne permettent pas de décréter qu'un ordre des mots est « préférable » à un autre. Si même Weil avait raison de juger l'ordre ascendant plus fidèle à l'unité de la pensée et l'ordre descendant plus propre à en faire apparaître distinctement les étapes, ce ne serait pas assez pour que l'on doive trouver plus d'avantages à l'un qu'à l'autre. Comme toute langue, le français, selon les constructions, se sert soit du premier, soit du second. Et il n'y a pas lieu de privilégier l'un d'eux, l'ordre V + O, comme le suggérait Mme de Staël en cédant, après tant d'autres, à la tentation ethnocentrique alimentée par l'imaginaire sur la langue : « L'allemand se prête beaucoup moins que le français à la rapidité de la conversation. Par la nature même de sa construction grammaticale, le sens n'est ordinairement compris qu'à la fin de la phrase »[34].

Même chez des linguistes plus prudents, les présupposés culturels se donnent à lire ici et là. Ainsi, C. Bally considère que la séquence progressive « satisfait aux exigences de la linéarité »[35]. Il se trouve que c'est, dans le groupe Nom déterminé + Nom déterminant, celle du français, sa langue maternelle ! La séquence inverse, celle qu'il appelle « anticipatrice », d'un terme qui déjà la juge, « est synthétique et antilinéaire », car ici, « une partie de l'énoncé, dont la compréhension dépend d'une autre partie, précède celle-ci au lieu de la suivre [...] Dans

---

33. *Ibid.* p. 56-57.
34. *De l'Allemagne*, 1813, I, chap. 12.
35. *Linguistique générale et linguistique française, op. cit.*, p. 201.

les réductions de phrases en termes, le déterminant ne doit être énoncé qu'après ce qu'il détermine ; comparez *de mon père* et *la maison de mon père* »[36]. A supposer que ceux qui parlent une langue à séquence anticipatrice éprouvent devant une partie de groupe nominal comme *de mon père* le sentiment d'inachèvement que leur prête le linguiste francophone, on trouve en français même des cas semblables : le possessif, équivalant à un pronom déterminant, est antéposé, et non postposé, au nom qu'il détermine : *mon chapeau*. Bally note lui-même, en insistant à juste titre sur la relation essentielle et souvent négligée entre l'ordre des mots et l'accent, que *chapeau* est accentué, alors que *mon* est atone ; en sorte que les contraintes rythmiques du français moderne, langue à accent *final* de mot et de groupe, viennent subvertir le sens lorsque la séquence n'est pas progressive. On s'attend en effet à un accent qui vienne frapper les éléments apportant une information nouvelle par spécification, comme c'est le cas pour *le* et pour *de Jean* dans *prends-le* et *le chapeau de Jean*. Or, tel n'est pas le cas dans *mon chapeau*, où l'accent frappe *chapeau* et non *mon*, à moins qu'il n'y ait emphase du possessif.

Plus cohérente paraît être la position de Tesnière, pour qui « toute la syntaxe structurale repose sur les rapports qui existent entre l'ordre structural et l'ordre linéaire »[37]. Le premier est l'ordre hiérarchique qui organise la phrase autour d'un centre, pour Tesnière le verbe, auquel les autres termes sont subordonnés. Parler une langue, dès lors, c'est pouvoir passer de cet ordre, universel, à l'ordre linéaire propre à cette langue, cependant que la comprendre, c'est pouvoir accomplir l'opération inverse. Tesnière propose donc une classification

---

36. *Ibid.*
37. *Eléments de syntaxe structurale, op. cit.,* p. 19.

« par le sens du relevé linéaire »[38], c'est-à-dire, comme au début du XIXᵉ siècle, par affinité typologique et non par lien génétique, alors qu'à la fin du XIXᵉ siècle, les classifications par familles devaient commencer à dominer la scène, au point que Meillet pouvait déclarer plus tard qu'elles sont les seules concevables. Comme Schmidt et Bally, Tesnière prend pour critère le groupe nominal plutôt que l'énoncé, bien que certains de ses exemples soient des phrases complètes. Les langues du monde sont pour lui centrifuges ou centripètes selon que l'élément déterminant le nom-centre le suit (ex. langues sémitiques, bantoues, polynésiennes) ou le précède (ex. langues « ouralo-altaïques », caucasiennes, dravidiennes). Mais il prévoit aussi des cas intermédiaires. Ainsi, le français est une langue « centrifuge mitigée », puisque l'on dit *Alfred frappe Bernard*, où *Alfred frappe* est centripète et *frappe Bernard* centrifuge. Le latin est une langue centripète mitigée, comme le grec et les langues slaves.

Cette répartition est quelque peu schématique. En réalité, les langues comme le latin autorisent une certaine liberté dans l'agencement des mots, aisément assignables, néanmoins, à des fonctions distinctes, puisque l'accord identifie les groupes de solidarité. Une apostrophe fameuse de Cicéron commence par le mot le plus important *(constrictam)*, que cinq autres mots interposés n'empêchent pas d'associer clairement à celui avec lequel il s'accorde en cas (ainsi qu'en genre et nombre), *conjurationem* : « Constrictam jam horum omnium conscientia teneri conjurationem tuam non vides ? » *(Cat.,* I, 1), « Elle est paralysée, parce que tout le monde ici est au courant, ta conjuration, ne le vois-tu pas ? ». D'autre part, en dépit de son intérêt, la distinction

---

38. *Ibid.*, p. 32.

de deux ordres centrifuge et centripète est trop élémentaire, même à l'affiner par la reconnaissance de degrés intermédiaires, pour rendre compte de la complexité des faits. Enfin, le critère définissant le statut de la notion de centre, c'est-à-dire permettant de savoir quel est l'élément supérieur de la hiérarchie, n'est pas clairement défini. C'est pourtant un point essentiel si l'on veut caractériser l'ordre des mots dans les langues par rapport à l'ordre du pensable et à l'ordre du monde. [39]

Les variations d'ordres

Un inconvénient des formules comme SVO, SOV, etc., est de suggérer un ordre fixe pour chaque langue, ce qui, on l'a vu, est démenti par les faits. Les variations d'ordres, appelées par les besoins variés de l'expression, sont une des conditions du dicible. La rigidité d'un ordre unique en toute circonstance en serait un facteur d'abolition. Les variations reflètent deux types d'harmonies en conflit : l'une aligne les séquences sur celles du passé, l'autre les aligne sur celles de la langue contemporaine. En effet, à mi-chemin d'un vaste *mouvement cyclique qui commande l'évolution des langues*, c'est-à-dire au cours de l'étape de grammaticalisation, les mots-outils, morphèmes, se dégagent des mots lexicaux, lexèmes, par spécialisation du sens, et souvent par réduction formelle. Or ceux, parmi les morphèmes, qui fonctionnent comme instruments de relation (ex. les prépositions du français), conservent plus ou moins longtemps, par rapport aux mots voisins, la position qu'ils occupaient en tant que lexèmes. C'est pourquoi, à titre d'illustration, les relateurs issus d'anciens participes

---

39. Sur ce point, v. C. Hagège, *La structure des langues, op. cit.*, p. 33-36.

passés ou présents du français sont attestés encore, au moins dans le style littéraire, en tant que postpositions, c'est-à-dire à la place qu'ils occupaient autrefois ; tel est le cas des mots *excepté* et *durant* dans les exemples suivants : *que tout le monde sorte, les fillettes excepté* (pas d'accord en genre et nombre marqué dans l'écriture, car le statut n'est plus aujourd'hui celui d'un participe-adjectif), ou *il a peiné des années durant*. Il s'agit ici d'une harmonie séquentielle reflétant l'histoire. Mais un autre type d'harmonie séquentielle, structural et synchronique cette fois, tend à aligner tous les relateurs sur la séquence dominante, c'est-à-dire, en français, à leur donner uniformément le statut et la place de préposi-tions. C'est pourquoi on dit aussi, sans doute plus couramment, *excepté les fillettes* et *durant des années*, les rares postpositions du français tendant à connaître aussi un emploi prépositionnel. Et ces variations stylisti-ques arbitrent le conflit entre les deux types d'harmonie de séquence : historique et structural.

On trouve dans d'autres langues des situations com-parables. En finnois et en hongrois, langues à postposi-tions selon la syntaxe ouralienne classique, quelques emplois prépositionnels de relateurs existent et semblent même s'étendre. Dans d'autres cas encore, l'évolution respecte les séquences, et ces dernières portent la trace des origines. Ainsi, en chinois, il existe à la fois des prépositions et des postpositions, mais les origines sont différentes. Les prépositions sont d'anciens verbes, et précèdent donc leur régime nominal tout comme ces verbes précédaient leur complément ; les postpositions sont d'anciens noms et suivent donc leur régime tout comme ces noms suivaient, selon la séquence typique du chinois, celui qui les déterminait. On a donc les schémas *sòng* (« envoyer ») + *gěi* (« donner » = « à ») + *xuésheng* (« étudiant ») = « envoyer à l'étudiant », où *gěi* se comporte comme une préposition, étant *avant* son régime nominal, et *zhuòzi* (« table ») + *shang* (« dessus » = « sur ») = « sur la table », où *shang* se comporte comme une postposition, étant *après* son régime nominal. C'est pourquoi il n'y a pas lieu de s'étonner que le chinois, alors qu'il antépose le nom déterminant au nom déterminé, possède des prépositions. C'est J. Greenberg, auteur d'une contribution importante à la problématique de l'ordre des mots[40], qui juge cette situation surprenante, ayant rappelé que dans les langues à structure Nom déterminant + Nom déterminé, les relateurs sont des postpositions. Mais tel est bien le cas du chinois, et si, par ailleurs, cette langue possède également des prépositions, c'est que leur origine, quant à elle, n'est pas nominale mais verbale. Les harmonies séquentielles, ici, sont donc parfaites et le système est d'une totale cohérence historique et structurale.

D'autres cas illustrent la façon dont les langues tirent parti des variations d'ordre. La place de l'adjectif en français est un des plus célèbres. L'ancien français l'antéposait plus facilement que la langue moderne. Dans les nombreux cas où les deux positions sont possibles, il semble que la succession Nom + adjectif, c'est-à-dire déterminé + déterminant, implique l'adjonction analytique d'une qualification, alors que la construction inverse (séquence ascendante) implique une plus grande solidarité du groupe, donné synthétiquement : *lois iniques/iniques lois, plaisir réel/réel plaisir, idée bizarre/bizarre idée, obligeance extrême/extrême obligeance.*

Certains faits montrent cette plus grande cohésion de

---

40. « Some universals of grammar with particular reference to the order of meaningful elements », *in* J. H. Greenberg, ed., *Universals of language*, M.I.T. Press, 1963, p. 58-90.

la structure à adjectif antéposé. Ainsi, c'est elle qui, dans les expressions idiomatiques, est la plus fréquente et peut le moins se décomposer : *passé simple, procès-verbal* sont interprétables par analyse ; *blanc-seing, sage-femme, sauf-conduit* le sont beaucoup moins. D'autres phénomènes vont dans le même sens. D'une part, il semble que l'on prononce plus rapidement *glorieux souvenir* ou *second tome* que *souvenir glorieux* ou *tome second* : ces derniers souffrent une pause à la frontière des deux mots. D'autre part, l'accent tombant à la fin d'un groupe en français, *souvenir glorieux* paraît souligner davantage la notion de gloire. Enfin, on fait ordinairement la liaison dans *profond abîme* ou *excellent homme*, mais elle n'est pas courante dans *un froid extrême* ou dans *un remplaçant aimable*. C'est même sur cette différence formelle que reposent les distinctions de sens comme celle que l'on observe entre *un savant [t] aveugle* (*savant* est ici adjectif et *aveugle* nom : il s'agit d'un aveugle qui est savant) et *savant aveugle*, sans liaison (cette fois, il s'agit d'un savant qui est aveugle). Certes, cette distinction n'est pas générale en français, et en tout état de cause, la liaison, aussi bien que l'emploi de l'adjectif *savant* en antéposition, ne se rencontrent sans doute pas chez la totalité des francophones. D'autre part, il est vrai qu'en dehors de ce cas, dans lequel chacun des deux mots associés peut être nom ou adjectif selon sa position, il n'y a pas, dans les exemples donnés jusqu'ici, de différence sémantique profonde entre les deux places. Il s'agit surtout d'un contraste entre une qualification plus intrinsèque (séquence ascendante) et une plus extrinsèque (séquence descendante).

Pourtant, dans d'autres cas, la langue manifeste une tendance à la polarisation des sens selon les positions. Un *heureux poète* est heureux en tant que poète, c'est-à-dire qu'il écrit avec bonheur (= avec savoir-faire), mais ce n'est pas nécessairement un *poète heureux* ; un *furieux menteur* (légèrement archaïsant) ment furieusement (= avec une fréquence élevée), mais n'est pas forcément un *menteur furieux*. Il semble que les adjectifs postposés tendent plus souvent vers un sens purement relationnel : *paternelle* = « du père » dans *autorité paternelle*. Au contraire, la séquence ascendante, qui n'est pas un trait dominant dans l'état actuel du français, est de ce fait une source disponible de qualifications non relationnelles. Les adjectifs de relation eux-mêmes passent parfois en antéposition du nom, et peuvent alors, n'étant plus soumis aux contraintes de la séquence descendante, être gradués : on ne dit pas *l'autorité très paternelle*, ni *ces élections assez présidentielles*, mais on peut dire *la très paternelle autorité du maître*, ou *cette fort présidentielle assurance* : l'adjectif, de *relationnel*, devient *qualificatif*.

Mais surtout, on le sait, le français, tirant profit de la tendance à la polarisation, s'est constitué une bonne soixantaine de couples de séquences sur adjectif identique. Les différences de sens ne répondent pas ici à des régularités, et ne sont donc pas prévisibles, sinon sur la base d'une opposition très générale, déjà mentionnée, entre plus et moins inhérent. Ce phénomène est sans doute un des traits les plus exotiques du français. Les phrases suivantes font apparaître certains des couples les plus connus : *ce benêt, ce pauvre enfant, n'appartient pas au milieu des enfants pauvres* ; *brave homme dans le civil, serait-il un homme brave à la guerre ?* ; *une certaine compétence ne signifie pas une compétence certaine* ; *Napoléon apporte la preuve qu'il n'est pas besoin d'être un homme grand pour devenir un grand homme* ; *le sale type était bien trop soigné pour paraître un type sale* ; *ce sont ses propres termes, et ce n'étaient pas les termes propres* ; *dans la chambre, un simple tapis, aux volutes assez compliquées* (= « peu simples ») ; *voilà une vraie phrase, mais ce n'est hélas pas une phrase vraie*. On sait en outre qu'un *chaud lapin* n'est pas un *lapin chaud*, qu'un *foutu cochon* est fort différent d'un *cochon foutu* et une *fière canaille* d'une *canaille fière*.

Loi du second lourd

Les critères régissant l'ordre des mots, dont on a vu la diversité, peuvent entrer en concurrence. La manière dont se résolvent alors les antinomies projette un vif éclairage sur la nature profonde des langues. La plupart des idiomes connus possèdent des expressions à deux termes, coordonnés ou simplement juxtaposés, de même catégorie et de même fonction quand ils sont séparables, et irréversibles en emploi idiomatique. L'ordre de succession de ces deux termes répond à une tendance que l'on proposera d'appeler *loi du second lourd* : « loi » du fait de la rareté des exceptions connues et parce qu'une formulation rigide facilite l'invalidation en cas de découverte d'un nombre plus grand de contre-exemples. En vertu de cette loi, les langues favorisent, dans les binômes de ce type, le rejet en seconde position du terme le plus lourd, c'est-à-dire de celui qui a le plus grand nombre de syllabes, ou les consonnes ou voyelles les plus longues ou les plus postérieures, ou les consonnes à spectre acoustique présentant les plus fortes concentrations dans les basses fréquences.

La loi du second lourd l'emporte le plus souvent sur la prise en compte du locuteur humain comme repère par rapport auquel sont appréciées les distances spatiales ou temporelles, ou comme centre ordonnateur d'une échelle des valeurs, c'est-à-dire, plus généralement, comme référence de toute *déixis* ou désignation de l'univers autour d'*ego* comme foyer. Cette déixis fait normalement concevoir, et donc inscrire en hiérarchie de valeurs et ordre de mention, comme termes positifs dans la sphère d'*ego*, le prochain spatial, le prochain temporel, le plus, par opposition au lointain et au moins, termes marqués négativement. Ainsi, le français se trouve pouvoir dire, sans violation de déixis, *ici et là, tôt ou tard, plus ou moins*, où le dernier terme suit la loi du second lourd. Dans d'autres langues, il arrive qu'en suivant la loi, les binômes violent la déixis. Ainsi, le russe dit *tam i sjam* (« là et ici »), l'espagnol *tarde o temprano* (« tard ou tôt »), l'ourdou (d'influence persane) *kəm o béš* (« moins et plus »). Dans tous ces cas, le second élément est le plus lourd, mais le terme négatif vient avant le terme positif, faute de quoi ce serait le premier élément qui serait le plus lourd[41]. Dans tous les autres cas, la loi s'applique sans conflit, car il n'y a pas de relation hiérarchique entre les deux termes du binôme : fr. *bric-à-brac, prendre ses cliques et ses claques, de bric et de broc, méli-mélo*, angl. *flip-flop, by guess and by gosh*, etc. *Affinité iambique* du langage, qui impose les successions élément faible + élément fort.

La loi du second lourd n'a jamais été explicitement formulée jusqu'ici. Mais ses effets ont été observés depuis longtemps. Pânini, grammairien indien du Vᵉ siècle avant J.-C.[42], avait noté que le sanscrit tend à rejeter en finale le mot le plus long d'un binôme. Grammont observait[43] que, « quel que soit le moment auquel on commence à écouter le bruit de la pendule, on entend toujours *tic-tac, tic-tac*, jamais *tac-tic* [...] L'apophonie (= changement de voyelle) des onomatopées à

---

41. Une exception connue est celle de l'hébreu israélien, qui dit *paḥot o yoter* (« moins ou plus »), alors que l'élément le plus lourd est le premier.

42. Cf. C. Hagège, *La structure des langues, op. cit.*, p. 26.

43. *Traité de phonétique*, Paris, Delagrave, 1933, rééd. 1971, p. 379.

redoublement [...] veut que leurs voyelles accentuées soient[...] *i, a, ou*, allant de la plus claire à la plus sombre, sans que cet ordre puisse être interverti ». Plus généralement, Ibn Khaldoun soutenait [44] que le poète travaille avec des mots, et que les idées, par rapport aux mots, sont mineures. La loi du second lourd illustre de façon saisissante cette priorité des formes sonores. Les langues produisent du sens, mais elles le font au moyen de sons. Les contraintes phoniques auxquelles est donc soumise cette production l'emportent sur la logique du sens. C'est pourquoi toute linguistique d'inspiration exclusivement logico-sémantique s'expose à traiter son objet comme un système aberrant ou paradoxal.

La brisure de l'unité et le laminage du monde par la chaîne parlée

Contrairement aux partitions symphoniques, faites de notes simultanément jouées par divers instruments, les discours linguistiques sont des suites de signes sans contrepoint. Les signifiants sonores ne pouvant être articulés qu'en successivité, des signifiés nouveaux naissent des rapports de places, sources potentielles, parfois cycliquement exploitées comme dans le cas des adjectifs français (cf. p. 241 s.). L'agencement des compléments circonstanciels apporte une autre illustration. Il est variable et lié à des effets de style, mais il arrive qu'il ait lui aussi une pertinence moins individuelle. Ainsi, en français, certains compléments temporels sont

44. V. T. Rosenthal, *The Muqaddam*, Princeton University Press, 1967, t. III, p. 391 (chap. 7, § 55). Je remercie H. Meschonnic pour cette référence.

souvent plus proches du prédicat que les compléments de lieu (la tendance est inverse dans la plupart des langues). Une permutation modifie les degrés d'information : la structure *il est arrivé hier à Paris* apporte une information concernant *il*, alors que dans *il est arrivé à Paris hier*, l'information principale, pour la plupart des francophones interrogés, est apportée par *hier*, le reste de la phrase étant, sinon présupposée, en tout cas jugé moins informatif.

Quelques régularités paraissent cependant émerger. Dans beaucoup de langues, les adjectifs de couleur, de dimension et de qualité se succèdent selon cet ordre, soit du nom-centre vers la périphérie antérieure (séquence ascendante de l'allemand, de l'anglais, du hongrois, etc.), soit du nom-centre vers la périphérie postérieure (séquence descendante du persan, du basque, etc.). L'allemand dit par exemple *ein schöner kleiner roter Ball*, et l'anglais *a beautiful small red ball*. On peut, par hypothèse, suggérer que l'ordre des qualifications suit celui des degrés d'inhérence. La couleur, trait relativement objectif, trouve son expression à proximité immédiate du nom, et la qualité, trait subjectif, à distance, tandis que la dimension, trait intermédiaire[45], occupe l'intervalle. Les langues à séquence mixte, comme le français, confirmeraient cette hiérarchie : *une jolie petite balle rouge*, et non *une rouge petite balle jolie* ni *une jolie balle petite rouge*. Mais les hypothèses de ce genre ne sont pas libres. Elles sont conditionnées par les contraintes de la linéarité, qu'elles s'efforcent de justifier *a posteriori*. L'unité de la pensée et la globalité des représentations

45. On peut débattre, en termes de logique ou de physique, sur le degré d'objectivité, et considérer par exemple que la dimension est une donnée tout aussi objective que la couleur. C'est évidemment l'interprétation par la langue, et non la logique, qui est en cause ici.

sont inéluctablement disloquées dès lors qu'elles sont mises en mots. En outre, de quelque manière que l'on tente d'expliquer cet ordre des adjectifs, il correspond déjà à une interprétation de l'univers et non à des relations réelles d'objets et de propriétés.

Les langues abolissent la simultanéité du monde et l'unité du pensable. Les contraintes physiologiques sont en effet celles de la successivité et des équilibres sonores illustrés par la loi du second lourd. Le langage ne sait qu'articuler le monde et la pensée. Il produit son propre temps d'analyse, et dans ce temps de déroulement des signes, le temps du monde est dissous. L'ordre des mots, variable selon les langues, lié aux contraintes linéaires, est un ordre spécifique. Ce ne peut être l'ordre du monde. Dans le monde, les phénomènes sont perçus selon un agencement uniforme : les causes précèdent les effets, même si elles ne sont connues qu'après eux, et les mouvements tendent vers des buts. L'ordre des mots n'a presque rien à voir avec ces situations. Mais il n'est pas davantage l'ordre du pensable, lui-même divers selon les cultures. Ni reflet de l'univers, ni miroir de l'idée, l'ordre des mots n'a d'orient qu'en lui-même. En quoi il représente l'ordre du langage.

Or, c'est la relation d'interlocution qui contribue de manière essentielle à fonder ce dernier. En sorte que l'agencement des mots, parce qu'il reflète le procès dialogal où sont engagés les interlocuteurs (transmission d'information, interrogation, intimation, soulignement expressif, etc.), n'est pas une stratégie innocente. Par l'étude qu'elle en fait, la linguistique apporte une double contribution au projet anthropologique. D'une part, elle relie l'ordre des mots aux besoins que sécrètent les situations d'échange verbal propres aux sociétés humaines. D'autre part, comme on a pu le voir dans ce chapitre, elle fait apparaître, à travers l'étude des débats sur l'ordre des mots telle qu'elle peut être conduite du point de vue du linguiste, la relation qui rattache les faits de langue à l'histoire des idées. Cette contribution de la linguistique à l'histoire n'est pas une de ses moindres utilités.

Chapitre VIII

LES MAÎTRES DE PAROLES

Le fantasme du parfait de langue

Le rêve de la langue universelle rejoint l'antique fantasme de la transparence adamique. De ce fantasme, le mythe de Babel fait résonner dans la conscience occidentale l'écho obsessionnel. La relation harmonique du monde et du langage, si elle existe, ne peut être multiforme, d'où sa coïncidence avec l'image de la langue unique. Ce n'est donc pas une sève nouvelle qui alimente le rêve des pasilalies, langues artificielles destinées à tout l'univers par leur transparence et leur perfection. L'espéranto du docteur L. Zamenhof, dont la première brochure parut en 1887, n'est que le plus célèbre et le moins éphémère parmi les récents produits de ce rêve : les langues internationales inventées à la fin du XIXᵉ siècle. Mais il n'est qu'un jalon. Du prophète Zéfania (VIIᵉ siècle av. J.-C.) jusqu'au prêtre allemand J. M. Schleyer, inventeur du volapük (1879) en passant par sainte Hildegarde (XIIᵉ siècle) et les philosophes du langage ou savants, Leibniz, Ampère, R. Poincaré, le fantasme du parfait de langue hante les esprits. Zamenhof et ses émules, dont le linguiste O. Jespersen, inventeur du novial (1928), entendaient, par une entreprise volontariste de construction d'un code unique pour tous, épargner aux hommes l'apprentissage d'une langue nouvelle dans chacune des situations où la différence des idiomes interdit le dialogue. En outre, on aimait à croire, en ces temps d'idéaux internationalistes, que seule la multiplicité des langues était « cause » des dissensions.

Ces entreprises, bien qu'elles aient été conçues pour se réaliser et non comme des ornements, ont un point commun avec les créations romanesques de langues idéales, parées des vertus de simplicité, univocité, régularité, logique, ainsi qu'avec les inventions comme la langue musicale de J. F. Sudre (1866), qui faisait coïncider des combinaisons précises de sons avec des sens particuliers ; la perfection de la clarté n'est pas la seule ambition ; l'inventeur vise encore à triompher de la convention sociale imposée par le système de la langue, condition tyrannique, dès l'enfance, de l'intégration même au groupe. Les inventeurs de langues sont, d'une manière ou d'une autre et à des degrés divers de conscience et d'assomption, des révoltés qui ont pris cette tyrannie pour cible de leur révolte. Un exemple peut suffire, cependant, à montrer la faiblesse de ces utopies : les Sévarambes imaginés par Vairasse [1] parlent une langue à déclinaisons, comme le latin ou l'allemand : l'ordre des mots, n'étant pas seul à marquer les fonctions puisque des désinences assument ce rôle, devrait théoriquement y devenir plus libre ; mais l'économie ainsi réalisée quant aux contraintes séquentielles est compromise par la surcharge qu'impose à la mémoire l'apprentissage des formes fléchies du nom. A l'allégement obtenu dans la chaîne parlée répond un alourdissement dans le système de grammaire : situation in-

---

1. D. Vairasse, *Histoire des Sévarambes qui habitent une partie du troisième continent, communément appelé Terre australe*, Paris, 1677.

verse, on le voit, de celle des pidgins (v. chapitre II, p. 47
s.), alors que les langues artificielles se veulent des
langues simples. L'aspiration de toutes à la transparence
plonge ses racines en deçà de la conscience, puisqu'on la
retrouve dans les états somnambuliques ou subliminaux
d'invention de langues. Partout, il s'agit de briser les
contraintes de la langue sociale, prison du rêve.

Révoltes marginales. Car si l'homme dialogal peut
agir sur la langue, ce n'est pas par un rejet illusoire de
ses pressions. Ni par l'invention qui prend l'universel
pour asile. Ni par la projection obstinée de ses fantasmes
sur les non-lieux des royaumes d'utopie. Ni par la
production paramnésique de codes incommunicables.
Ni par la vanité d'aucune uglossie (langue première).
C'est par l'intervention concertée sur la matière, irréfu-
tablement réelle, des langues bien vivantes, dont il a déjà
plus ou moins consciemment construit l'histoire, specta-
teur complice autant qu'acteur aveugle, au gré de sa
propre histoire.

Les démiurges du dicible

Les voies de l'action humaine sur le destin des langues
sont privées ou publiques, sans qu'entre ces deux types
le clivage soit absolu. Car un appui ou du moins une
neutralité bienveillante des autorités d'Etat peut favoriser l'issue d'une action privée, quand elle ne la relaye pas
purement et simplement. L'histoire des langues est, dans
de nombreux pays, de l'Italie (Académie de la Crusca,
1582) à Israël (Académie de la langue hébraïque, 1953),
marquée par la fondation d'organismes de réforme ou
de conservation. Aux périodes où la conscience nationale
se reconnaît le plus fortement dans une culture et dans
la langue qui l'exprime, alors vient à se résoudre la

tentation d'intervenir sur son cours « naturel ». Le rôle que jouent dans les sociétés d'écriture, en interférence avec ces actions, les meilleurs journalistes, les auteurs de manuels et les écrivains les plus grands est considérable. Ils sont les modèles du public cultivé, dont l'action équilibre la construction inconsciente de l'histoire de la langue par la masse parlante anonyme. De Vaugelas à Grevisse, en France, ils sont les *garants* qu'invoquent les *arbitres de la langue*. Les savants et techniciens jouent également un rôle : ils créent, dans leur spécialité, ce que l'on proposera ici d'appeler des *technolectes*, ou lexiques techniques (de la chimie, des industries pétrolières, du droit, etc.).

Mais le cas le plus original est ailleurs. C'est celui des « bâtisseurs de langues ». La mémoire collective et l'histoire officielle associent certains grands noms à des étapes décisives du destin des langues. Les « premiers grammairiens » sont souvent, comme saint Mechrop pour l'arménien (ve siècle) et les saints Cyrille et Méthode pour la notation, dite glagolitique, du slavon (ixe siècle), les créateurs d'une orthographe : œuvre essentielle, en tout cas moins périphérique que ne le croient souvent les linguistes (voir au chapitre IV). Plus fréquemment, ce sont les pères fondateurs d'une forme autorisée de leur langue, à un tournant de son destin : aux xvie et xviie siècles, M. Luther, M. Agricola, J. Sylvester, le premier pour l'allemand, le deuxième pour le finnois, le troisième pour le hongrois ; aux xviiie, xixe et xxe siècles, M. V. Lomonosov, A. Koraís, V. Karadžić, I. Aasen, E. Ben Yehuda, M. Kemâl (Ataturk), J. Aavik, le prince Wan, respectivement pour le russe, le grec, le serbo-croate unifié, le néo-norvégien, l'hébreu israélien, le turc, l'estonien, le thaï [2].

2. Pour plus de détails, v. C. Hagège, « Voies et destins de l'action humaine sur les langues », *op. cit.*, p. 43-52.

Ces actions volontaires suffisent-elles à (re)construire le tout d'une langue ou demeurent-elles largement illusoires ? Les œuvres accomplies ne sont pas nulles. Luther, Agricola et tous les traducteurs de grands textes religieux consacrent un lexique et une phraséologie par sélections opérées sur les données disponibles. Ben Yehuda, servi par la demande d'un public motivé ainsi que par l'aide des enseignants, recueille dans la littérature biblique et talmudique un nombre considérable d'éléments qui constitueront le fonds du vocabulaire israélien. Ataturk, lettré nationaliste autant que chef d'Etat, trouve pour l'osmanli une recharge culturelle dans les mots empruntés, par le biais d'experts étroitement contrôlés, aux autres langues turques, source « authentique » substituée à l'arabe. Les défenseurs d'une culture, Aavik, le prince Wan et d'autres, créent, par emprunt aux langues archaïques de prestige, mine sans fond même quand elles sont des modèles non apparentés génétiquement à la langue-cible (ainsi le pāli vis-à-vis du thaï), divers technolectes, mots de spécialités et tout un vocabulaire moderne. Dans plusieurs cas, la publication de grands travaux lexicographiques ou grammaticaux, codifiant l'usage que l'on tient pour le plus représentatif, coïncide avec une phase d'ascension de l'Etat. En 1492, en Espagne, le pouvoir des Rois Catholiques se trouve affermi par une triple action : la Reconquête s'achève, l'expédition d'Amérique commence, les Juifs sont expulsés. C'est à ce moment précis que paraît la grande *Grammaire* de Nebrija, plus célèbre que connue, comme d'autres œuvres qui font repère. Aux aurores d'une nouvelle nation qui ne dégagea pourtant pas de nouvelle langue — ne pouvant, malgré certaines tentatives, se résoudre à abandonner celle des colons britanniques au profit d'un idiome de dominés (Indiens) — le *Dictionnaire* de N. Webster (1828) fixa les normes orthographiques de l'anglais américain.

Toutes ces œuvres appartiennent en profondeur à l'histoire des langues qu'elles concernent. Elles sont des événements, non des péripéties. Il est vrai, pourtant, qu'elles restent en lisière d'une refonte réelle. Elles ne font que réorganiser et moderniser. Les Trésors de langue, bien qu'ils aient une évidente portée politique et culturelle, sont des monuments de l'autorité établie, puissante caution apportée à ce qui existe, non entreprise fondatrice. Plus qu'ils ne rompent avec des usages, ils consolident le passé, traçant les contours d'une norme. Le grand dictionnaire, en particulier quand il est panchronique (quand il décrit la langue à toutes les époques connues de son histoire), reflète les discours des sociétés mortes aussi bien que ceux des sociétés vivantes. Discours qui hantent la conscience et tracent une destinée, en sorte que le dictionnaire apparaît comme un outil socio-politique à représenter l'histoire selon la vue qu'on souhaite accréditer, beaucoup plus que comme une œuvre d'innovation.

Certes, les plus audacieux parmi les « démiurges » de langue ont glissé des créations dans la trame des entrées consacrant les usages préférés. Il existe dans certains dictionnaires des mots factices, procédé original d'invention pure et simple. Leur succès s'explique par deux propriétés et se mesure à deux critères : ils satisfont un besoin lorsque la notion ou l'objet qu'ils désignent appartient à l'environnement mais n'a pas encore de nom, et ils ne violent pas les structures auxquelles les énonceurs sont accoutumés ; d'autre part, ils sont acceptés par le public ainsi que par les maîtres tout-puissants de l'information audiovisuelle, et dans les meilleurs cas on oublie ou l'on ignore leur origine artificielle. Ben Yehuda déclarait qu'il se tiendrait pour comblé si un quart au moins de ses innovations lexicales s'acclimatait en hébreu israélien de telle sorte que nul ne sût qu'on

les lui devait. En fait, les deux tiers ont réussi à s'imposer. Il en est de même pour certains mots d'Aavik en
estonien et pour les créations des acteurs les plus
engagés de la *nyelvújítás* (rénovation de la langue) en
Hongrie à la fin du XVIIIᵉ et au début du XIXᵉ siècle. Mais
ces exemples demeurent isolés, et les cas d'insuccès sont
beaucoup plus nombreux[3].

Il reste que les pères fondateurs ont adroitement
exploité les moyens traditionnels d'enrichissement des
vocabulaires : emprunt savant, soit interne (à la lan-
gue-mère), soit externe (à une vieille langue de prestige
ou à des langues étrangères), fabrication autochtone, soit
par composition, soit par dérivation (surtout affixation,
et troncation − suppression − d'une partie initiale ou
finale), et enfin extension, c'est-à-dire adjonction d'un
sens nouveau à un ou plus d'un sens déjà associés à une
forme existante. Reprenant ces procédés, des assemblées
de spécialistes ont créé et créent encore les technolectes
capables de répondre au vaste appel de mots suscité par
l'accroissement considérable des connaissances et des
pouvoirs humains. Les initiatives privées aussi bien que
les actes d'Etat attestent une tendance : la transparence
nationaliste des formations motivées (composés descriptifs, dérivés de types variés) est préférée à l'opacité
mondialiste des emprunts. L'emprunt à cet espéranto
technolectal qu'est depuis longtemps − et singulièrement depuis la fin de la Seconde Guerre mondiale −
l'anglais américain, consacre des formes universelles,
mais ne parle pas aux imaginaires nourris par les cultures nationales. Le cas des formations motivées est exactement inverse. Ce sont elles qui l'emportent dans de
nombreuses entreprises de modernisation du lexique :
les réformateurs du vietnamien, du tamoul, du somali,

3. Cf. C. Hagège, *ibid.*

du géorgien ont donné leur préférence aux fabrications autochtones [4].

Même dans les langues qui recourent largement à l'emprunt, des procédés originaux localistes se sont accrédités. Un des plus vivants est la siglaison, type particulier de composition qui ne retient que la première syllabe ou le nom de la première lettre de chaque mot d'une suite de mots, comme en français *cégétiste* (où le procédé est combiné avec une dérivation suffixale en *-iste*) : le russe et l'indonésien en offrent d'abondants exemples, ainsi que l'hébreu moderne, où l'armée nationale s'appelle *tsahal*, de *tsava*, « armée » + *haganah*, « défense » + *leisrael*, « d'Israël », et le radar (lui-même de *radio detecting and ranging*) *makkam*, de *megalle*, « découvreur » + *kiwwun*, « direction » + *maqom*, « position ». Cependant, entre emprunt et localisme, il existe des voies moyennes. L'une d'elles est l'emprunt-calembour, création mi-ludique mi-chauvine : l'heureux hasard d'une ressemblance formelle et sémantique, toujours trop vague, cependant, pour conjurer les acrobaties, entre mot étranger et mot autochtone, inspire des termes qui peuvent finir par s'imposer : le hongrois possède *elem*, « élément », sur une racine *elö*, « ce qui est en avant » ; on trouve en turc *okul*, « école », sur *oku*, « lire », et en hébreu israélien *ilit*, « élite », sur *ili*, « supérieur ». Une autre voie, suivie dans la néologie savante comme dans la création spontanée, est la naturalisation des emprunts : le swahili prend à l'arabe le nom du « livre », *kitabu*, mais lui donne un pluriel *vitabu*, exploitant le hasard qui intègre ce mot à son système de classes nominales, où *vi-* pluriel répond à *ki-* singulier.

Enrichissement planifié des vocabulaires, contrôle de

4. Voir, pour plus de détails, C. Hagège, *ibid.*, p. 52-58.

la néologie, établissement de listes de termes recommandés ou déconseillés, élaboration de dictionnaires, telles sont donc, avec l'introduction ou la réforme de l'orthographe le cas échéant, les tâches confiées dans de nombreux pays à des réunions d'experts. Souvent, des organes législatifs, comme le Parlement français ou le Storting norvégien, se prononcent par vote sur leurs décisions. Un autre champ qu'elles concernent est la *normalisation*. Cette dernière est l'adoption d'un moyen d'expression linguistique sélectionné parmi d'autres pour être promu au rang de langue nationale, ou officielle, ou l'un et l'autre. Il peut s'agir d'une norme supra-dialectale, comme ce fut le cas en Italie au XIXe siècle et en Chine populaire à partir de 1955. L'absence d'une norme, ou d'une autorité unifiée susceptible d'en promouvoir, est corollaire, dans certaines sociétés, d'une forme extrême d'instabilité. Ce sont alors les relations interindividuelles de la vie quotidienne qui déterminent les usages : tel est le cas, en Europe, du carélien (U.R.S.S.) ou du sarde, et, en Nouvelle-Guinée, des langues des tribus éményo sur les Hauts-Plateaux. Le breton, le basque (en dépit des efforts d'unification), le rhétoromanche en Suisse et, au Caucase, le tcherkesse, sont également, en l'absence d'une norme qui, à l'horizon des variétés, ait pu être imposée par l'autorité politique ou par celle d'œuvres littéraires, des ensembles dialectaux plutôt que des langues comme lieux d'unification. L'émiettement des nationalités peut recommander, par compensation, l'effort de consécration d'une des langues nationales, comme l'amharique en Ethiopie et le tagalog aux Philippines, ou l'adoption d'une langue officielle étrangère : le français ou l'anglais, en Inde et dans la plus grande partie de l'Afrique décolonisée, ont beau être les langues des anciens colonisateurs, ils sont pourtant moins chargés, en affectivité, que ne le sont les unes pour les autres les langues d'ethnies voisines et rivales se disputant âprement la préséance.

La réforme lexicale, contrairement à la normalisation, ne se situe pas à la périphérie de la langue proprement dite. Pourtant, même quand elle réussit, elle n'atteint que les parties les moins structurées. Certes, la morphosyntaxe n'a pas été tenue à l'écart des interventions. Mais dans ce domaine, elles sont plus conservatrices que réformatrices, puisque la plupart des cas connus sont des restaurations. Ainsi, dans la morphologie nominale, le féminin, sur le point de disparaître, a été réintroduit en néo-norvégien d'après les dialectes les plus conservateurs, où il s'était maintenu. En néerlandais, le souci de façonner la langue écrite à l'image du latin avait artificiellement conservé au féminin, à travers les initiatives de grammairiens puristes et jusqu'au milieu du XIXe siècle, une position très forte ; mais des interventions officielles, en Belgique comme aux Pays-Bas, ont rendu sa situation précaire face à la concurrence du masculin. On a, en outre, revivifié certaines formes moribondes, comme la conjugaison en *-ik* du hongrois ou, en hébreu israélien, les schèmes verbaux *pu'al* et *šaf'el*, ou encore, en finnois, les désinences nominales et verbales que la chute des voyelles brèves atones en position finale avait éliminées de la langue parlée, aboutissant à *metsä-s* (« forêt-dans »), « dans la forêt », ou à *tule-m* (« venir-nous »), « nous venons », au lieu de *metsä-ssä* et de *tule-mme*. Il existe enfin des cas de modifications locales de l'ordre des mots : ainsi, en néo-norvégien, la séquence dizaine + unité a été substituée par décret à la séquence unité + « et » + dizaine, soit *tjue-to*, homologue du français *vingt-deux*, au lieu de *to-og-tjue*. Partout, on le voit, l'action non seulement conforte une tradition au lieu d'innover, mais, en outre, demeure limitée dans son étendue et modeste par ses résultats.

La prononciation, comme on peut s'y attendre, reste également hors de portée, ou déjoue les efforts pour se l'approprier. On a tenté, en hébreu israélien, d'imposer la norme phonétique des Juifs orientaux qui, riche en sons gutturaux comme ceux de l'arabe, était tenue pour plus fidèle à l'hébreu classique. Mais elle demeurait étrangère aux habitudes articulatoires des Juifs occidentaux qui fondèrent l'Etat et en eurent le contrôle exclusif jusqu'à une date récente. Leur prépondérance fit donc échouer la tentative.

La langue : source ou ressource ?
L'ordinateur et la linguistique

Cette résistance de tous les domaines autres que le lexique ne décourage pas les démiurges du dicible. Surprenante et remarquable persévérance ! Bien que le lexique soit seul accessible à une intervention véritable, ils ne s'y cantonnent pas. Quêteurs audacieux d'un Graal du mieux-dire, ils remettent en question l'enseignement implicite de toute grammaire scolaire : que la langue est « une force qui va » et que c'est folie de vouloir la contrôler. Certes, si l'on voit dans la langue une donnée « naturelle », l'action humaine qui la modèle est loin d'être inconcevable. Le contrôle et l'utilisation rationnelle de la nature sont, depuis les aurores du temps des hommes, les conduites qui distinguent leurs sociétés de toutes les autres sociétés du monde vivant [5]. L'*Homo sapiens* est une espèce bien singulière, en vérité. Son

5. De cela, on peut trouver une théorisation adéquate dans la première partie de l'ouvrage de M. Godelier, *L'idéel et le matériel*, Paris, Fayard, 1984, justement intitulée « L'appropriation matérielle et sociale de la nature » (p. 41-163).

environnement naturel et les produits de certaines des propriétés inscrites dans son code génétique, au lieu de les subir seulement, il tente aussi de les transformer. « Nature enferme d'autres espèces en des lois par moi établies », dit Dieu à Adam selon Pic de La Mirandole. « Mais toi, que ne limite aucune borne, par ton propre arbitre, entre les mains duquel je t'ai placé, tu te définis toi-même »[6]. Pour le réformateur, les langues ne sont pas inaccessibles à l'entreprise régulatrice.

Cependant, il convient de prendre conscience ici de certains présupposés. Si la langue est conçue comme une ressource naturelle, alors elle fait partie, tout autant que le pétrole ou le minerai de fer que recèle un sous-sol, des biens d'une nation. A ce titre, elle doit s'ouvrir aux efforts de réglage et d'exploitation. Mais une conception instrumentale de ce type implique qu'une des fonctions du langage, la communication, est reconnue comme la plus importante, sinon comme la seule déterminante. Dans une telle perspective, la planification des langues n'est plus une œuvre annexe, inscrite en codicille de la linguistique. Elle en est une partie intégrante. Jespersen disait[7] que la linguistique théorique était le moyen, et la planification des langues la fin. Et dans un ouvrage récent, on peut lire : « Une théorie syntaxique fournissant une conception de la syntaxe qui contribue à la caractérisation du langage humain comme instrument, ou comme type de conduite orientée vers un but, est préférable à une théorie qui ne parvient pas à le faire »[8].

6. Cité par M. Yourcenar en exergue de *L'œuvre au noir*, Paris, Gallimard, 1968. La traduction du latin est ici assez libre.
7. Cité par V. Tauli, « The future paradigm of linguistics », in *Proceedings of the XIIIth International Congress of Linguists*, Tokyo, Gakushuin Univ., 1983, p. 889.
8. E. A. Moravcsik & J. R. Wirth, eds., *Current approaches to syntax*, New York, 1980, Introduction, p. 17.

Si l'on pousse ce point de vue jusqu'à ses dernières conséquences logiques, la linguistique devient une science directement articulée sur son application, comme le sont assez souvent l'anatomie, la physiologie et la pathologie s'articulant sur la médecine. Il y a plus encore. Certains[9] prévoient le jour où la supériorité des machines (ordinateurs d'aujourd'hui) sur le langage sera devenue telle qu'elles le remplaceront en tant que supports de la pensée. Dès lors, la langue la mieux adaptée à une collaboration harmonieuse avec la machine s'imposerait d'elle-même à l'humanité. C'est à ce façonnage que les linguistes devraient donc s'appliquer. Une pareille tâche donnerait à la linguistique, dans l'histoire de la civilisation, un rôle dont nul aujourd'hui n'imagine l'ampleur. Alors l'évaluation du degré d'économie, de motivation, d'analyticité, de simplicité, dont l'étude des pidgins met en pleine lumière l'importance théorique (v. chapitre II, p. 47 s.), deviendrait la tâche primordiale des linguistes. La typologie d'indice morphologique, utilisant une version améliorée de la trilogie des langues flexionnelles, agglutinantes et isolantes (v. chapitre III, p. 85-87), ne serait plus un champ clos de techniciens, mais l'enjeu fondamental d'une décision en termes de pure valeur, choisissant la langue la meilleure par sa souplesse et sa « facilité ».

Si l'on émonde les excroissances mythiques, cette vue futuriste mérite mieux qu'un haussement d'épaules. Une implication, au moins, vaut d'être scrutée : ce n'est pas la langue en soi qui change selon ses propres lois aveugles, comme on l'enseigne à satiété, mais l'homme dialogal lui-même qui, espèce vivante, modifie ses langues comme il modifie tout, consciemment ou non, des

---

9. Cf. A. Sauvageot, « Le langage et la pensée », *Vie et langage*, 103, 1960, p. 536-539.

technologies qui fixent son rapport avec la nature jus-qu'aux propriétés qui le définissent. Cependant, le com-portement même des réformateurs des langues fournit un indice. D'où vient que dans le domaine lexical, le plus ouvert à leur action, ils préfèrent pour la plupart les formations autochtones aux emprunts (cf. ici p. 257) ? Si les langues étaient de pures ressources naturelles modelables à volonté, ne devrait-on pas prédire, sans risque de démenti, le triomphe des idiomes artificiels qui, comme l'espéranto, s'efforcent de corriger leurs imperfections de simples outils, forgés par l'histoire contingente d'une création collective sans plan directeur, qui accumule, dans leur lexique, leur morphosyntaxe, et, le cas échéant, leur orthographe, étapes archaïques et phases résiduelles non digérées ? Or, non seulement les langues artificielles n'ont pas réussi, mais l'entreprise réformatrice préserve autant qu'il se peut une pureté originelle. En elle s'investissent les individus et les groupes. Le rêve d'orienter le cours du vocabulaire et de la grammaire, loin d'être iconoclaste, présuppose une appropriation de la langue comme lieu d'occupation symbolique. Et pour le réformateur lui-même, s'assurer la maîtrise de la langue, c'est garantir sa propre conti-nuité.

Dès lors, on peut imaginer que dans les siècles, ou peut-être les millénaires à venir, le destin des langues humaines les plus répandues, et donc de toutes celles qu'elles dominent par leur diffusion, oscillera entre l'instrumentalisme d'une adaptation au défi des machi-nes et le symbolisme d'une représentation des cultures diverses. A moins qu'un jour lointain, les deux ne coïncident : coïncidence à l'échelle des nations, ou peut-être même, au-delà, à l'échelle du monde. Dans cette dernière éventualité, il n'y aurait plus qu'une humanité solidaire face aux défis conjugués de la nature et des inventions humaines elles-mêmes. Il n'est pas interdit de rêver... Ni de méditer sur les enjeux que porte pour l'homme et son destin l'aventure actuelle et future du langage. En tout état de cause, s'abandonner à ce temps d'égarement, ce n'est en aucune manière se ranger avec ceux qu'incommode la multiplicité des langues et qui ont hâte d'en voir le nombre se réduire. Au contraire, si une solidarité réelle liait les nations, elle commencerait, pour préparer l'union dans l'affrontement commun des agressions qu'accumule l'avenir, par le respect absolu des différences — entre autres, les différences entre les langues.

L'écologiste des langues, ennemi d'Etat

C'est peu de dire que l'histoire n'illustre guère ce respect idéal. Elle n'offre presque jamais d'autre voie d'unification linguistique à contempler que la violence ou l'expulsion autoritaire des diversités naturelles. La promotion du français, par exemple, fut d'abord servie par la monarchie : le choix de la langue sous Saint Louis et plus tard sous Philippe le Bel est un choix de pouvoir. La diffusion de la langue vernaculaire dans tout le domaine royal est le corollaire de l'affermissement d'une autorité centralisée. Quand François Ier exclut, par l'édit de Villers-Cotterêts (1539), toute autre langue que le français de l'usage de justice, il entérine simplement une situation de fait, créée dans les Parlements et administrations des provinces par les agents diffuseurs de la langue du roi. La Révolution, consolidant cette position, fait de la langue nationale un instrument de lutte politique, non seulement contre les patois de l'ouest antirévolutionnaire, mais contre toutes les langues et tous les dialectes minoritaires, qu'ils fussent ou non les moyens d'expression de conduites hostiles à la République. Les patois, en tout état de cause, ne sont pas simplement perçus comme reflets des anciennes divisions féodales. Ce sont des obstacles majeurs au civisme. Pour être bon citoyen, il faut comprendre les décrets. Comment seraient égaux devant la loi ceux qui ne le sont pas devant la langue ?

C'est pourquoi les Rapports de Barère et de Grégoire en pluviôse et prairial de l'an II déclarent, l'un que « le fédéralisme et la superstition parlent bas-breton », l'autre que l'on devra examiner « la nécessité et les moyens d'anéantir les patois et d'universaliser l'usage de la langue française ». Les patois n'ont d'autre vocation, sous ce règne absolu, que d'être muséifiés. La politique centraliste continue sous la Restauration et sous Louis-Philippe ; d'où les réactions furieuses d'écologistes de la langue : « C'est au nom de la civilisation », écrit C. Nodier en 1834 [10], « qu'on insiste aujourd'hui sur l'entière destruction des patois [...] Détruire le bas-breton, dites-vous ? [...] Et de quel moyen se servirait-on pour y parvenir ? Sait-on seulement ce qu'est une langue, et quelles profondes racines elle a dans le génie d'un peuple, et quelles touchantes harmonies elle a dans ses sentiments ? [...] Quand on est venu à de pareilles théories, il faut avoir au moins l'affreux courage d'en adopter les conséquences. Il faut anéantir les villages avec le feu ; il faut exterminer les habitants avec le fer. »

La situation des langues minoritaires est tout aussi précaire dans les grands empires où l'idiome dominant de l'Etat s'impose par son seul poids. L'importance numérique des emprunts russes est considérable dans la quasi-totalité des langues dites de nationalités en Union

---

10. *Notions élémentaires de linguistique, op. cit.,* t. XII, p. 256 et 261 des *Œuvres complètes,* Paris, 1832-1837.

soviétique, du tchérémisse du bassin de la Volga au koriak du Nord sibérien en passant par l'abkhaz du Caucase et le kirghiz des monts d'Asie centrale. Seules résistent celles qui, comme le géorgien ou les langues baltes, se parlent à l'échelle d'une République Socialiste Soviétique et s'enracinent dans une tradition de nationalisme culturel et politique. Pour toutes les autres, la publication de nombreux dictionnaires et grammaires qui a suivi l'alphabétisation massive des peuples de l'Union ne fait que mieux souligner la fragilité face à la suprématie du russe, grand bénéficiaire du bilinguisme généralisé puisqu'il est la langue du pouvoir. Il est, au surplus, servi par des mesures « libérales », faux-semblant de liberté : une loi de 1958 laisse aux parents le choix d'une langue d'éducation [11] !

Les mêmes Etats qui, dans leurs entreprises de normalisation, imposent la prééminence d'une langue sont aussi ceux qui, dans l'autre type d'actions, celles de réforme et modernisation, confortent les usages des communautés socio-culturelles dominantes. Le français en est un exemple édifiant. S'il doit tout, quant à sa prééminence politique et culturelle, aux mesures de l'Etat, il leur doit beaucoup moins, en dépit d'un préjugé tenace, dans ses structures lexicales et morphosyntaxiques. Ou, plus exactement, l'autorité politique n'a été efficace que quand son action a purement et simplement coïncidé avec les modèles idéologiques dont la pression, seule décisive, l'emporte sur toutes les réformes de détail multipliées par le pouvoir depuis les aurores de l'Etat au XIVe siècle. Ces modèles sont ceux des groupes sociaux dominants, gardiens de la langue et vivant leur rapport au français comme la possession d'un patrimoine.

---

11. Cf. C. Hagège, « Voies et destins de l'action humaine sur les langues », *op. cit.*, p. 40-41.

Certes, leur action consciente de dépositaires contrôlant ou inspirant les interventions officielles n'a guère pu brider [12], malgré ce que l'on croit, l'évolution « spontanée » de la langue telle que la façonne et la transforme imperceptiblement, dans l'anonymat de l'usage quotidien, l'immense multitude des énonceurs ordinaires, non investis de pouvoir politique. Mais le fait que cette action, même limitée, ait été possible, montre assez par lui-même quel type de relation la langue est susceptible d'instituer entre sujets dès lors que les statuts ne sont pas harmoniques : une relation de pouvoir.

Langue, pouvoir anonyme

D'où peut venir la sollicitude, envers la langue, de l'autorité politique, appuyant ou relayant l'interrogation savante ? D'où vient que normaliser la langue, réformer son vocabulaire soient des activités politiques et non pas seulement d'innocents jeux d'amoureux des phrases et des mots ? Pourquoi les langues sont-elles si souvent les enjeux de violents affrontements, comme, jadis ou naguère, en Grèce, en Inde et en Belgique, pour s'en tenir à des exemples du xxᵉ siècle ? Les métiers de langue ne sont pas sans périls : l'historien et philologue iranien A. Kasravi, qui proposait de désarabiser une partie du lexique persan, est assassiné en 1946 comme ennemi de l'islam ; et Staline, en 1936, avait envoyé le linguiste E. D. Polivanov, jugé trop favorable aux langues turques et trop hostile aux dogmes, régnant alors, du marrisme, devant un peloton d'exécution. Du même Staline on peut

---

12. Cf. B. Quemada, « Les réformes du français », *in* I. Fodor & C. Hagège, eds., *Language reform : history and future, op. cit.*, vol. III, p. 79-117.

lire ces mots au début de l'article qui, précisément, abolit en 1950, par le biais d'une réponse aux questions d'« un groupe de jeunes camarades », le règne de Marr (v. chapitre XI, p. 364) : « Comme je ne suis pas linguiste, je ne peux évidemment pas satisfaire pleinement les camarades. Mais pour ce qui est du marxisme en linguistique, comme dans les autres sciences sociales, c'est là une affaire qui me concerne personnellement. »

Surprenante affirmation par Staline d'un intérêt tout *personnel* pour la linguistique. D'où peut-il bien venir ? D'un intérêt particulier pour le phénomène de la langue lui-même. Le régime soviétique en est encore un exemple frappant, lui qu'on a pu qualifier de « logocratie »[13]. Il convient, en fait, d'analyser en termes *linguistiques* cette fameuse « langue de bois », définie ici et là comme un style par lequel on s'assure le contrôle de tout, en masquant le réel sous les mots. La novlangue d'Orwell visait, mais dans la fiction, à extirper toute pensée non orthodoxe en bannissant les noms mêmes qui pouvaient lui servir de supports. Les mots y devenaient leurs propres référents. Dans les textes soviétiques officiels, on constate un emploi largement inférieur des verbes par rapport aux noms dérivés de verbes, type de nominalisation dont le russe est abondamment pourvu[14]. Le grand nombre des nominalisations permet d'esquiver par le discours l'affrontement du réel, auquel correspondrait l'emploi de verbes. Ainsi, on peut présenter comme évident et réalisé ce qui n'est ni l'un ni l'autre. Pour

---

13. A. Besançon, *Présent soviétique et passé russe*, Livre de poche, coll. « Pluriel », 1980.

14. C'est ce qu'établit, par une fine analyse des Rapports de N. Khrouchtchev et L. Brejnev devant les XXIIe et XXIIIe Congrès du Parti Communiste de l'Union soviétique, en 1961 et 1966, l'ouvrage de P. Sériot, *Analyse du discours politique soviétique*, Paris, Institut d'Etudes Slaves, « Cultures et Sociétés de l'Est » 2, 1985.

prendre un exemple français, quand on passe de *mes thèses sont justes* ou *les peuples luttent contre l'impérialisme* à *la justesse de mes thèses* ou *la lutte des peuples contre l'impérialisme*, on passe de l'assertion à l'implicite. L'énonceur élude ainsi la prise en charge, aussi bien que l'objection. Car l'auditeur, s'il peut interrompre à la fin d'une phrase *mes thèses sont justes*, le peut beaucoup moins après une portion de phrase inachevée *la justesse de mes thèses*.

Les dictatures n'aiment certes pas à être identifiées. Comment demeureraient-elles indifférentes à la langue ? Une propriété singulière de la langue est justement d'être un pouvoir clandestin. Pareille discrétion n'a-t-elle pas de quoi séduire ? L'exercice de la langue est celui, non explicitement déclaré, d'une suprématie. Certains mots le disent plus ouvertement. « Celui qu'à Mexico nous appelons l'"empereur" portait le titre de *tlatoani*, "celui qui-parle", du verbe *tlatoa*, "parler" ; la même racine se retrouve dans les mots relatifs à la parole, par exemple *tlatolli*, "langage", et dans ceux qui concernent le pouvoir, le commandement, comme *tlatocayotl*, "Etat" : les deux sens se rejoignent dans le mot *tlatocan*, qui désigne le conseil suprême, lieu où l'on parle et d'où émane l'autorité. Ce n'est pas par hasard que le souverain est qualifié de *tlatoani* : à l'origine de son pouvoir, il y a l'art de parler, les palabres au sein du conseil, l'habileté et la dignité de ces discours pompeux et imagés que les Aztèques appréciaient tant »[15].

Même quand les formes linguistiques ne le disent pas aussi clairement que dans l'idiome des Aztèques, celui qui possède la langue est investi d'autorité. D'une plus grande autorité que celui qui en a une commande

15. J. Soustelle, *La vie quotidienne des Aztèques à la veille de la conquête espagnole*, Paris, Hachette, 1955, p. 114.

hésitante. L'homme d'Etat, s'il réussit, comme Ataturk
en Turquie, à contrôler le cours de la langue à une de ses
étapes décisives, ajoute à son pouvoir un autre pouvoir,
anonyme et efficace. C'est pourquoi le dirigisme linguistique, et la conception qui voit dans la langue une
ressource naturelle (v. ici p. 260 s.), ne sont pas innocents. Le dirigisme pourrait être de bon aloi, surtout s'il
est anti-puriste et s'oppose à toute consécration des
usages d'une minorité conservatrice. Mais la langue est
un bien politique. Toute politique de la langue fait le jeu
du pouvoir en le confortant par un de ses appuis les plus
fidèles. La norme que le dirigisme établit n'est pas la
norme comme statut, forme d'expression commune au
plus grand nombre et que l'on se contenterait d'enregistrer. C'est une norme idéale. Elle sert les intérêts d'Etat
si sa nature fictive gomme les tracés oscillants de la
parole. Car l'unité de la langue intéresse le pouvoir. La
variation l'incommode : celle des modes de dire, qui déjà
fait obstacle aux parcours de l'argent[16], est aussi celle
des modes de penser. En ratifiant l'usage dominant, le
linguiste, bon gré mal gré, risque de se faire la caution
des puissances établies.

C'est pourquoi l'action humaine sur les langues, si elle
veut être un peu plus qu'un fantasme de maître, doit se
développer en indépendance de tout pouvoir. *La part que
prend le linguiste*, lorsqu'une situation le rend légitime,
*dans le travail de planification et de réforme, est, à côté
de l'enseignement des langues, de la traduction et de la
réponse au défi informatique, une des grandes voies
d'application qui peuvent donner à son activité une prise
réelle sur le cours des choses.* S'il n'intervient pas, il

---

16. « Dans l'étendue de toute la nation », disait en termes révélateurs
le *Rapport* de l'abbé Grégoire, « tant de jargons sont autant de barrières
qui gênent les mouvements du commerce ».

abandonne l'initiative à ceux qui, en tout état de cause, ne se soucient guère d'obtenir sa bénédiction pour intervenir eux-mêmes en permanence, par la presse, l'enseignement, les moyens audiovisuels et les lois, sur le destin des langues. A laisser le champ libre aux ingénieurs, savants, juristes qui inventent − et souvent parviennent à accréditer − des technolectes, il risque de laisser croire que les langues sont affaires trop graves pour être confiées aux linguistes. L'enjeu est bien davantage que la simple technique d'expression linguistique. Si les langues contribuent largement à façonner les démarches intellectuelles, agir sur les premières, c'est agir médiatement sur les secondes, et par conséquent sur les cultures elles-mêmes.

Certes, les langues ne sont pas la propriété du linguiste. Mais il a le droit, sinon le devoir, d'exprimer une opinion sur leur destin. Il ne lui est pas interdit, même, de s'y engager quelquefois. Si, dans les sciences, la recherche fondée sur le besoin de savoir se distingue de l'application pratique, c'est comme un préalable et non comme une vocation de pureté s'opposant aux conduites impures par lesquelles on dérogerait en se souillant au contact de la matière. En prenant sa place dans l'entreprise réformatrice des langues, le linguiste peut contribuer à engager sur des voies moins incertaines leur avenir et peut-être, en quelque mesure, celui des peuples qu'elles expriment.

III

Visée théorique
ou
L'homme dialogal

Chapitre IX

THÉORIE DES TROIS POINTS DE VUE

Le cadre général

Les linguistes de diverses origines s'accordent à peu près sur l'existence de quatre domaines traditionnels d'étude des langues : phonologie, lexique, syntaxe, morphologie (v. chapitre III, p. 70-71). Mais si c'est à travers les productions concrètes de parole qu'elles sont considérées, les faits et les méthodes s'ordonnent d'autre manière. Ce n'est plus seulement avec des mots associant un sens à des sons que l'on doit opérer. Ce que l'on trouve, ce sont des phrases, et des ensembles de phrases formant des textes. Telle est la matière manifeste que chacun produit et perçoit. Dans un tel cadre, c'est plutôt à partir de phrases que le linguiste aboutit aux mots. L'étude des sons y déborde donc les limites du mot. Et les intonations, qui ont pour cadres les phrases ou des parties de phrases, y ont leur place autant que les phonèmes, unités distinguant les mots entre eux.

La théorie des trois points de vue est le cadre proposé ici pour cette étude des langues dans la réalité de leur manifestation en discours[1]. La phrase s'y trouve définie

---

1. Sur les différences entre la théorie des trois points de vue et

selon deux critères. D'abord, elle est l'ensemble de mots (coïncidant éventuellement avec un seul) que l'usager de naissance accepte comme complet, c'est-à-dire se suffisant à lui-même et n'exigeant pas d'addition pour être grammaticalement correct et sémantiquement interprétable. Le second critère est formel : un certain contour intonationnel indique les frontières de la phrase, quelle que soit la forme matérielle de ce contour d'une langue à l'autre et au sein d'une même langue.

La phrase ainsi définie peut être considérée de trois points de vue complémentaires. Le premier l'envisage en relation avec les systèmes de la langue. On étudie donc, selon cette perspective, les rapports entre les termes, ainsi que l'expression de ces rapports. C'est le point de vue *morphosyntaxique* ou point de vue 1. Le deuxième relie les phrases au monde extérieur dont elles parlent. Ce ne sont donc pas, cette fois, les formes que l'on retient, mais les sens transmis par elles, d'où le nom de *sémantico-référentiel* qui est ici proposé pour désigner le point de vue 2. Enfin, du point de vue 3, la phrase est considérée dans ses rapports avec celui qui la profère, relié lui-même à un auditeur. Le locuteur choisit une certaine stratégie ou mode de présentation, introduisant une hiérarchie entre ce qu'il énonce et ce à propos de quoi il l'énonce. De là le nom d'*énonciatif-hiérarchique* que l'on proposera pour ce point de vue.

Il s'agit de points de vue, et non de niveaux, ainsi qu'il apparaît encore plus précisément dans le schéma (v. p. 279), où la disposition est en contiguïté horizontale, et non en succession verticale. Le concept de niveau et la présentation correspondante impliqueraient une relation hiérarchique, ou un mécanisme transformationnel par lequel les niveaux seraient dérivables entre eux. Or,

certains modèles plus ou moins explicitement trilogiques, cf. C. Hagège, « Les pièges de la parole », *op. cit.*

un tel mécanisme n'a aucune réalité phénoménale, et pas même d'utilité opératoire. D'autre part, chacun des trois points de vue apporte un éclairage d'égale importance, et aucun n'est dominant. Tous concourent ensemble à caractériser les langues en acte comme conduites humaines archétypales.

Toute étude d'un seul point de vue isolé des deux autres est un artifice ignorant la réalité des liens indissolubles entre les trois. Du point de vue morphosyntaxique, les langues sont des objets naturels dont l'étude relève de diverses disciplines : la phonologie ou description des systèmes de sons qui constituent la face physique des mots, la morphologie comme étude de la structure des mots, de leurs alternances éventuelles et des classes entre lesquelles ils se répartissent selon les langues, la syntaxe comme examen des relations entre mots ou groupes de mots, et des marques de ces relations. En se limitant au seul point de vue 1, on oublie le sens produit et les rapports entre producteurs. En ne retenant que le point de vue sémantico-référentiel, on est conduit, si on en creuse les implications, à une formalisation, éventuellement selon une axiomatique de type logico-mathématique, du phénomène du sens et des opérations qui en assurent la construction et l'interprétation. Du même coup, les contraintes morphosyntaxiques qui caractérisent les langues, et les conditions d'utilisation dans le dialogue, sont perdues de vue. Enfin, si on ramène tout au point de vue 3, on peut obtenir une caractérisation des discours et des rapports d'interaction qu'ils instituent, mais on laisse échapper des composantes essentielles du langage. La réalité linguistique se déployant selon les trois faces à la fois, il est clair que les trois points de vue doivent correspondre à trois champs d'un seul et même regard. Si inconfortable ou périlleux qu'il soit de s'asseoir au sommet d'une pyramide, le linguiste,

pour rendre justice à la complexité de son objet, n'a pas
d'autre choix, et son regard, nécessairement, se déplace,
dans l'espace métaphorique de son interrogation, pour
considérer *les trois versants de l'étude des langues* tels
que les délimitent les trois arêtes de cette pyramide :
versants des sciences de la nature, du logico-mathématique, du psychosocial.

Pour faciliter cette tâche, il est utile de prendre en
considération un des énoncés minimaux les plus simples
et les plus révélateurs dans la plupart des langues, celui
qui contient deux termes. Du point de vue morphosyntaxique, un énoncé de ce type, par exemple, en français,
Pierre chante, institue une relation entre un prédicat (v.
p. 72) *chante* (à distinguer de *prédication*, nom du
phénomène), et un sujet qui le détermine, ici *Pierre*. Du
point de vue sémantico-référentiel, *Pierre* représente
le participant, celui qui prend une part à l'événement,
et *chante* est le procès, c'est-à-dire cet événement. Enfin, du point de vue énonciatif-hiérarchique, *Pierre*
est le thème, c'est-à-dire ce dont l'énoncé dit quelque
chose, et *chante* est le rhème, soit la chose qui est dite de
Pierre.

La théorie des trois points de vue ne s'en tient pas à la
mise en évidence de ces trois types de relations entre les
termes. Il existe en outre un lien de solidarité entre les
points de vue. Souvent, en effet (mais non toujours,
cependant), le mot fonctionnant comme sujet du point
de vue 1 est aussi celui qui représente, du point de vue 2,
le participant, et, du point de vue 3, le thème. La même
correspondance existera donc, symétriquement, entre le
prédicat (point de vue 1), le procès (2) et le rhème (3).
Ainsi, dans *Pierre chante*, dans *il court*, dans *l'enfant
bavarde* ou dans *les invités sont arrivés*, les mots ou
groupes de mots *Pierre, il, l'enfant, les invités* figurent à
la fois comme sujets en termes morphosyntaxiques,

participants en termes sémantico-référentiels, thèmes en termes énonciatifs-hiérarchiques. Et de même, *chante, court, bavarde, sont arrivés* sont analysés comme prédicats en termes 1, expressions du procès en termes 2 et en termes 3 comme informations apportées sur le thème pris en tant que base, c'est-à-dire comme rhèmes. On peut schématiser ainsi cette correspondance :

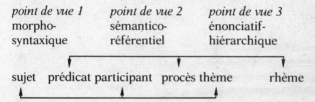

point de vue 1 *point de vue 2* *point de vue 3*
morpho-   sémantico-   énonciatif-
syntaxique   référentiel   hiérarchique

sujet prédicat participant procès thème rhème

Cependant, il arrive que ce soit le prédicat qui corresponde au thème, conçu comme l'élément peu informatif par lequel est posé un décor, tandis que le rhème, information plus nouvelle, coïncide avec le sujet. Ainsi, dans *il reste trois poires*, ou bien, au cours d'une relation d'événements, *survient un homme armé*, la seconde partie de la phrase apporte plus d'information que la première[2]. On peut le voir dans le cas où le locuteur

2. Ce genre de structure est encore plus courant qu'en français dans les langues qui, comme l'italien, antéposent ordinairement le verbe porteur d'information secondaire. Le contraste que l'on peut alors obtenir est bien illustré dans une séquence du film de Fellini, *La strada* : la petite employée du forain est chargée par lui d'annoncer son arrivée dans chaque ville à coups de tambour accompagnant le cri « è arrivato Zampano ! ». Mais elle se trompe et annonce, en inversant : « Zampano è arrivato ! », ce qui lui vaut une sévère correction de son maître : le nom du nouveau venu est l'élément inattendu et doit donc être en fin d'énoncé ; si l'énoncé commence par lui, il est d'emblée posé comme

n'exprime, elliptiquement, que l'information principale.
Cela ne veut pas dire que l'autre soit nulle, mais simplement que la situation la supplée, d'où les énoncés *trois
poires !* et *un homme armé !* Ce ne sont donc pas les mots
initiaux, *il reste* dans le premier cas et *survient* dans le
second, qui portent l'information principale, bien que ce
soient eux qui fonctionnent comme prédicats. Cela dit,
qu'il y ait ou non coïncidence du prédicat avec le rhème,
et du sujet avec le thème, il existe toujours une relation
de correspondance entre les trois types de structurations
de la phrase.

Avant de revenir sur chacun de ces types, il faut
encore souligner un fait essentiel. L'ordre même de
numérotation des points de vue que l'on adopte ici
semble impliquer une hiérarchisation, ou du moins un
arrangement préférentiel. En fait, il n'en est rien. Deux
directions sont à considérer. Si un auditeur francophone
reçoit le message *J'ai acheté "L'éducation sentimentale"
hier*, il le décodera, à partir des formes ainsi disponibles
et selon les règles du français, pour aboutir au contenu
dont était parti celui qui l'a produit. Si, au contraire, le

thème, c'est-à-dire comme l'élément le moins informatif, et donc ici le
moins intéressant, alors qu'il faut supposer connue l'arrivée et que c'est
le nom de celui qui est arrivé qui constitue la surprise.

Le français parlé n'antépose pas facilement le verbe au sujet dans la
structure affirmative ; il se sert plutôt de la formule *celui qui..., c'est* : *celui
qui est arrivé, c'est Zampano*. En revanche, certaines formes de français
écrit, entre autres le genre journalistique, quelques variantes de la
rhétorique des littérateurs et un « style sciences humaines », cultivent cette
antéposition du verbe, vecteur de l'information la moins importante :
« L'inspirent plus particulièrement l'amour, le sexe, les mœurs, les
fantasmes, les angoisses de l'époque, le snobisme intellectuel, la
psychanalyse, la drogue, l'âge, et, accessoirement, la mort. » (*Le Monde*,
15 mai 1979, p. 19). Le procédé devient répétitif dans certains travaux
scientifiques : « Se pose le problème de... », « Se présente alors une
difficulté », etc.

francophone est locuteur et souhaite donner une information sur l'achat qu'il vient d'effectuer d'un livre particulier, il encodera, toujours selon les règles du français, le contenu équivalent, pour aboutir à la forme que constitue ce même message. En d'autres termes, ou bien l'on opère selon une *linguistique de l'auditeur,* et dès lors c'est un *parcours sémasiologique* que l'on suit : des formes vers les sens, ou du message comme donné vers une interprétation en contenu ou décodage. Ou bien on choisit une *linguistique du locuteur* qui, partant d'une intention de signifier et d'une hiérarchisation de l'information à transmettre, encode un contenu en fonction du système de la langue, et dès lors on suit un *parcours onomasiologique* : du sens vers les formes qui l'expriment ; dans ce second cas, l'ordre des points de vue serait inversé par rapport à celui qui est adopté ici, l'informatif-hiérarchique devenant 1 et le morphosyntaxique devenant 3. Mais vouloir substituer cet ordre au précédent, c'est revenir à une conception en termes de niveaux hiérarchiquement ordonnés, alors que, comme on l'a dit, la notion de point de vue n'implique aucune hiérarchie. Si l'on persistait néanmoins à donner un sens aux numérotations, il ne faudrait pas oublier alors que les deux parcours sont en fait complémentaires, de par l'interchangeabilité des locuteurs.

L'ordre adopté ici peut, en tout état de cause, refléter dynamiquement la situation de l'enfant, qui commence nécessairement, dans l'histoire de son apprentissage, par être un auditeur. Mais cela ne signifierait pas encore qu'on entende ici promouvoir une linguistique de l'auditeur, en réplique à la linguistique du locuteur caractéristique de divers courants modernes. Ainsi, en grammaire générative, bien qu'on se défende de choisir une des deux directions, les règles proposées vont des schémas sous-jacents aux structures réalisées, et aucun algorithme n'est prévu qui soit symétrique et permette donc une dérivation en sens inverse, c'est-à-dire une étude des messages déjà construits comme résultats à décoder, et non pas seulement une construction des messages comme processus d'encodage[3]. Une priorité est donc impliquée, qu'il faut rejeter tout comme la priorité inverse.

Le point de vue morphosyntaxique

Divers faits alimentent le mirage de l'autonomie syntaxique. On peut en quelque mesure, comme dans certains ouvrages littéraires (par exemple le *Finnegans wake* de J. Joyce, 1939), désarticuler le lexique, dynamiter les mots, cultiver l'incohérence apparente (mais sans cesser, par là même, de transmettre un sens). On ne peut en revanche violer à volonté les règles syntaxiques, malgré les latitudes de distorsion. Certains types de langues interdisent toute transgression de l'accord entre sujet et prédicat, ou entre prédicat et compléments, d'autres exigent que l'on respecte l'ordre des mots, surtout lorsque c'est lui qui commande le sens. Quant à la morphologie proprement dite, on peut encore moins modifier la forme des mots indicateurs de fonctions, les désinences des langues à déclinaisons, les marques de temps, d'aspect, et, le cas échéant, de genre, de nombre, etc. Dans les cas d'aphasie dite sémantique, le malade conserve les schèmes syntaxiques de détermination, coordination, subordination, prédication, mais presque aucune suite ne fait sens. Tout se passe comme si seule la syntaxe était préservée, et que le sens fût perdu. A cela s'ajoute que les structures syntaxiques sont plus résis-

---

3. Cf. C. Hagège, *La grammaire générative. Réflexions critiques*, op. cit., p. 191-192.

tantes, dans les phénomènes d'interférences et d'emprunt à une langue étrangère, que le lexique. Une propriété nucléaire des langues — étrange propriété aux yeux du pur « bon sens » — est d'imposer à l'expression spontanée le carcan de la syntaxe. Le sens passe par le laminoir des règles, bien que beaucoup de phrases mal formées soient interprétables. Diverses expériences font apparaître que très tôt dans sa vie, l'homme acquiert une conscience des contraintes linguistiques. Les corrections des erreurs commises par des étrangers sont orientées sur la syntaxe plutôt que sur le sens, et les conduites rectificatrices de l'enfant-grammairien peuvent s'observer dès quatre ans et demi, d'autant plus claires s'il est plus nettement bilingue[4]. Comme si l'attention à la syntaxe plutôt qu'au contenu était favorisée par l'aptitude à exprimer un même sens à travers deux syntaxes, c'est-à-dire en deux langues différentes.

Mais en dépit de ces considérations, la syntaxe n'est pas une fin en soi. C'est bien parce qu'elle résulte en partie d'un figement de la sémantique au cours du temps qu'elle peut parfois apparaître comme un système clos, qui caractérise l'être même de chaque langue. Mais on ne parle pas pour appliquer ou illustrer des règles de grammaire, sauf dans les cours et manuels, où du reste le grammairien s'investit (parfois consciemment) dans les exemples qu'il produit. On parle pour transmettre du sens. C'est pourquoi les langues sont radicalement distinctes des systèmes logiques, avec lesquels elles partagent une syntaxe que l'on croit autonome chez elles aussi. Dans le modèle tripartite adopté ici, on ne retrouve pas cette autonomie de la syntaxe dont certaines théories

---

4. Cf. S. J. Galambos et S. Goldin-Meadow, « Learning a second language and metalinguistic awareness », in *Papers from the Nineteenth Regional Meeting*, Chicago, Chicago Linguistic Society, 1983, p. 117-133.

modernes, telles que la grammaire générative, perpétuent aujourd'hui l'illusion. Les règles de construction des énoncés ne sont pas indépendantes du sens qu'ils expriment, ni des choix qui organisent l'information. Dans une langue, les fautes de syntaxe que peuvent commettre l'enfant, l'étranger ou l'adulte peu scolarisé sont tolérables pour autant qu'elles ne compromettent pas le sens, alors que dans les systèmes de logique formelle, toute faute de syntaxe, toute violation des séquences, toute inversion des propositions détruisent l'édifice entier.

Le point de vue sémantico-référentiel.
La production-réception de sens

On peut dresser une typologie des énoncés minimaux à deux termes. L'examen d'un grand nombre de langues permet d'aboutir au modèle suivant, qui représente les cas les plus courants et auquel on attribuera le statut d'hypothèse empirique à vérifier sur un nombre encore plus grand de cas (cf. chapitre III, p. 68-69) :

Types sémantiques		*Participant*
non actifs	1 équatif	défini par le procès
	2 attributif	qualifié par le procès
	3 situatif	identifié par sa situation
	4 existentiel	posé comme existant
	5 descriptif	conçu comme théâtre du procès
actif	6	doué d'un certain contrôle sur le procès

L'énoncé minimal à deux termes met en relation, comme on l'a vu (cf. ici p. 275-282), un procès et un participant. Ce dernier peut être envisagé de diverses manières : comme défini ou définissable (énoncé équatif : ex. *Jean [est un] menteur* (le français, tenu d'exprimer l'article et le verbe « être », présente ici plus de deux termes)) ; comme support d'attribut (énoncé attributif : ex. *Jean [est] généreux*) ; comme localisé, au propre (« dans », « sur », « chez », etc.) ou au figuré (« avec », « pour ») (énoncé situatif : ex. *Jean [est] ici*) ; comme existant (énoncé existentiel : ex. en français parlé *ya* (= *il y a*) *[un] problème* (dans beaucoup de langues sans verbe « avoir », comme l'arabe, l'hébreu classique, le russe, les langues couchitiques, c'est un énoncé situatif, de structure « Y est chez X », ou existentiel, de structure « existe Y » avec adjonction d'un possesseur « chez X », qui s'utilise dans l'expression de la possession)) ; comme siège d'événements (énoncé descriptif : ex. *Jean dort*) ; enfin, comme doué d'un certain degré de contrôle sur le procès, supposant un état de conscience ou de vouloir, par opposition aux cinq types précédents, dans lesquels le participant est conçu comme non actif (énoncé actif : ex. *Jean travaille*).

On a vu que du point de vue morphosyntaxique, l'énoncé minimal à deux termes est un cadre commode. On y décèle aisément les récurrences, les types de relations, les compatibilités entre classes de mots, les séquences, les rapports de détermination caractéristiques de chaque langue. Il offre également un cadre pratique pour dégager les relations sémantiques les plus simples, en les distinguant de la situation de discours qui participe à l'élaboration du sens. Mais l'énoncé minimal à deux termes n'est pas l'unité opératoire fondamentale. Le lieu où s'élabore le sens n'est pas le plus petit énoncé isolé. C'est le texte comme ensemble de phrases (le terme

« phrase » étant plus adéquat qu'« énoncé » dès qu'il s'agit d'une pièce au sein d'un tout cohérent). Le texte exprime un message homogène, éventuellement découpé en parties (les paragraphes dans la notation écrite) entre lesquelles s'articule ce message. Il peut évidemment s'agir aussi bien d'un texte d'écriture que d'un texte d'oralité. Toutes les langues possèdent des mots coordonnants ou des structures grammaticales, ou des courbes intonatives, marquant l'addition ou la progression des idées et les choix opérés au sein de la hiérarchie argumentative ou narrative. La cohésion et l'accumulation s'observent non seulement à l'intérieur des phrases, mais aussi dans le cadre des paragraphes d'oralité ou d'écriture comme touts homogènes. Il existe des marques de la cohésion entre les phrases d'un texte : anaphoriques ou mots reprenant une portion antérieure, cataphoriques ou mots anticipant sur une portion ultérieure, etc. Dans certaines langues d'Amérique du Sud et de Nouvelle-Guinée, il est même d'usage, à l'intérieur des récits, de souder les phrases entre elles par des propositions-bilans qui reprennent textuellement ou en substance toute une partie du contexte antérieur. Dans d'autres langues (ex., en Colombie, l'inga, l'ica), des morphèmes spéciaux signalent que d'une phrase à l'autre le fil directeur change et que, par exemple, on passe de l'exposé des événements à la description des circonstances.

Etant donc admis que c'est au niveau du texte et non de l'énoncé isolé qu'il convient d'opérer, quels sont les éléments constitutifs du sens ? Téméraire interrogation ! Il ne s'agit pas seulement du signifié de chaque signe, dont la contribution est appelée, pour la distinguer du sens en général, *la signification*, mais du phénomène beaucoup plus vaste qui l'englobe : ce que veut dire une phrase d'un texte, ou tout échange de phrases dans le dialogue, ou tout un texte d'oralité ou d'écriture. Que le sens appartienne de plein droit à la linguistique, bien qu'elle n'ait pas l'exclusivité de son traitement, cela est attesté de toutes parts. Pour ne retenir qu'un phénomène frappant qui relève de l'ontogenèse, on observe que dans la petite enfance, les séquences sonores et les sens se montent parallèlement du point de vue neurologique.

Le tableau suivant regroupe en trois zones les composantes du sens et en deux champs ses modalités :

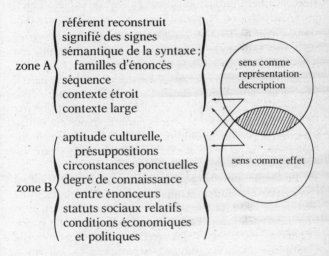

zone A
- référent reconstruit
- signifié des signes
- sémantique de la syntaxe ; familles d'énoncés
- séquence
- contexte étroit
- contexte large

sens comme représentation-description

sens comme effet

zone B
- aptitude culturelle, présuppositions
- circonstances ponctuelles
- degré de connaissance entre énonceurs
- statuts sociaux relatifs
- conditions économiques et politiques

zone C   signifiances inconscientes

La zone A du sens a pour caractéristique fondamentale le *codage* de ses composantes. Cela signifie qu'elles correspondent à des moyens formels fixes appartenant à la langue. «Référent reconstruit» : cette formule rappelle (chapitre VI, p. 169 s.) que la langue n'est pas la pure réplique du monde, et qu'au contraire elle le réorganise. La deuxième composante, le signifié des signes, est la contribution qu'apportent au sens l'addition et la combinaison des signifiés de chaque signe, c'est-à-dire la signification. Les signifiés s'analysent eux-mêmes en unités sémantiques minimales ou sèmes. L'organisation sémique reflète en toute langue la praxis de la société qui culturalise les référents, de manière spécifique dans chaque cas, de sorte que l'on peut considérer les mots comme des *praxèmes* ou expressions linguistiques de cette praxis. L'objet d'une praxématique comme discipline ancrée sur la nature réelle des vocabulaires dans les langues est caractérisé, par opposition au statisme de l'étude lexicale, par le fait qu'il change en fonction de la praxis et de ses représentations, lesquelles, dans les sociétés modernes, évoluent vite. D'autre part, il existe une autonomie relative du signifié. C'est une entité donnée par la connaissance de la langue autant que par l'emploi en contexte : il peut apparaître dans des contextes tout à fait inhabituels, ou même se trouver en conflit avec eux, sans que cela l'empêche pourtant d'être reconnu.

La sémantique de la syntaxe est cette participation au sens que constituent l'appartenance d'un mot à une catégorie de la langue (nom, verbe, adverbe, etc.), et la fonction qu'il remplit dans le texte où il apparaît (sujet, prédicat, etc.). Ainsi, les verbes et les marques de compléments (prépositions, postpositions, etc.) disent la relation, par opposition aux noms (cf. chapitre VI, et la mention de B. Russell, p. 200-201). Dans la sémantique de la syntaxe entrent également les sens qui se dégagent des rapports entre énoncés d'une même famille : conversion, ex. *il est venu et j'en ai été heureux / j'ai été heureux de sa venue*, paraphrase, ex. *Jean a menti / Jean n'a pas dit la vérité*, antonymie, ex. *tu leur as prêté de l'argent / ils t'ont prêté de l'argent*.

La participation de la séquence (ordre des mots) au sens est apparue plus haut (cf. chapitre VII, p. 241-244) pour l'adjectif en français, et pourrait être illustrée de bien d'autres exemples. Celle du contexte est un fait d'expérience reconnu, bien que, comme on vient de le voir, le signifié des signes soit une entité identifiable en elle-même. Il s'agit soit des mots immédiatement voisins ou appartenant à la même phrase, c'est-à-dire du contexte étroit (ex. *grand* n'a pas le même sens devant *garçon* et devant *connaisseur*), soit d'un passage de plus large étendue, comme par exemple la question *qui as-tu rencontré ?*, qui fournit les éléments nécessaires à l'interprétation de la réponse *Pierre*, non compréhensible à l'état isolé. L'homme *apprend* durant l'enfance sa langue « naturelle », alors qu'il *construit* des langages formalisés. Or, une propriété nucléaire des langues naturelles est à souligner ici : par opposition aux mots des langages formalisés, c'est-à-dire à des mots qui ont la même valeur en tout contexte, ceux des langues naturelles sont sensibles au contexte, en fonction duquel ils changent. C'est une des conditions de possibilité de la création poétique. Dans le discours suivi aussi bien que dans le dialogue, plus largement encore, le volume des informations apportées aux différentes étapes d'un même texte et non répétées à chaque phrase nouvelle (sauf cas pathologiques, ou styles narratifs comme ceux des langues d'Amérique du Sud ou de Nouvelle-Guinée mentionnées tout à l'heure) constitue un stock sémantique nécessaire à l'intercompréhension. On peut le conceptualiser comme *connaissance commune dynamisée*. Son assignation à la zone A du sens est garantie par le fait que les parties antérieures du texte sont des phénomènes formels, relevant d'une analyse linguistique ordinaire.

Par opposition à la zone A, la zone B du sens est un domaine de contingence. Elle n'est pas codée, puisque toutes ses composantes sont liées à des situations chaque fois nouvelles et imprévisibles. Sous *aptitude culturelle*, on entend ici la connaissance que partagent les interlocuteurs quant à l'environnement physique, social et culturel propre à chaque langue et à chaque situation dialogale. L'appartenance à un même monde perceptif peut être une condition de l'intercompréhension, bien que ce ne soit pas une condition suffisante et que la dissymétrie entre émission et réception, due aux états passagers et fortuits de chaque partenaire, puisse constituer un obstacle. Quoi qu'il en soit, les membres d'une même communauté de langue sont à égalité d'aptitude culturelle. L'étranger ne parlant pas la langue se trouve donc exclu. Même s'il dispose de textes traduits, son inaptitude peut lui rendre opaques certaines homologies de formes. Ainsi, en shawnee, langue algonquienne d'Amérique du Nord, les deux phrases correspondant aux phrases françaises fort différentes « je fais dévier la branche en tirant dessus » et « j'ai un orteil supplémentaire » sont presque semblables : l'une est *ni-l'θawa-ko-n-a*, c'est-à-dire « je-fourchu-branche-manuellement-action d'un agent sur un patient », et l'autre *ni-l'θawa-ko-θite*, c'est-à-dire « je-fourchu-branche-orteil »[5]. Certes, cette langue ne possède pas d'opposition verbo-nominale tranchée et ce qui est nom en français ou en anglais y est suffixe classificateur (ici *-ko*, élément applicable à tout objet en forme de branche). Mais ce n'est pas seulement pour des raisons de structure morphosyntaxique que cette ressemblance entre les deux phrases shawnee est frappante aux yeux d'un francophone. C'est aussi parce que dans une culture comme la sienne, la parenté entre branche et orteil est

5. Exemple cité par B. L. Whorf, *Language, thought and reality, op. cit.*, p. 233.

au mieux métaphorique, alors qu'ici elle est traitée comme un fait d'évidence.

Cela dit, il est vrai que la connaissance partagée de l'environnement culturel n'est pas étrangère à celle du code linguistique. Des expériences ont montré[6] que dans certaines langues autorisant un discours assez elliptique, comme le japonais, les locuteurs réduisent le nombre des ellipses en fonction de leur familiarité avec le partenaire ; cette réduction atteint donc son degré le plus élevé en face d'un étranger, même s'il parle couramment le japonais. Les aptitudes culturelle et linguistique sont en étroite relation. A trop insister sur le code commun aux locuteurs, la linguistique structurale a négligé de rappeler qu'il ne suffit pas. Il faut encore que les partenaires s'accordent sur ce que signifie dire ou ne pas dire la même chose, il faut donc qu'ils appartiennent à une même culture ou à des cultures très proches. Il est vrai, cependant, que cela n'empêche pas les malentendus (cf. chapitre X, p. 337).

Les présuppositions font partie de l'aptitude culturelle, mais aussi, pour celles qui ont valeur universelle, de l'expérience du monde propre à l'ensemble de l'espèce. *Il commence à dire « maman »*, par exemple, présuppose (en dehors du cas tout à fait particulier d'un adolescent sauvage), une proposition « c'est un enfant ». Ce sont ensuite les circonstances ponctuelles de l'échange verbal qui participent à la construction-interprétation du sens au-delà de la lettre. Ainsi, *il nous quittera bientôt*, appliqué à une personne mourante, ne peut pas signifier que celle-ci s'apprête à prendre la route. L'interprétation de nombreux messages dans la conversation quotidienne

---

6. Cf. J. Hinds, « Shared information in Japanese conversation », Working Group 17 : Shared knowledge in language use, in *Proceedings of the XIIIth International Congress of Linguists, op. cit.*, p. 1315.

met en jeu des composantes de la communication non verbale : comportements du corps, en particulier mouvements de la tête et des bras, autres constituants kinésiques divers, attitudes, actions. D'autre part, le sens est également lié au degré de connaissance entre énonceurs, c'est-à-dire à tout ce qu'ils savent l'un sur l'autre : actes, idéologie, états d'âme récurrents, style de vie, habitus [7] dans divers domaines. Si l'on ignore les orientations politiques de l'interlocuteur, en particulier au début d'un dialogue, on ne peut avoir une idée précise de ce que représentent pour lui les mots *gauche, droite, démocratie, communisme, féministe*, etc. La connaissance réciproque des partenaires est aussi variable, du fait de la variété des situations, que l'aptitude culturelle et les circonstances ponctuelles.

Il en est de même des deux dernières composantes de la zone B : statuts sociaux relatifs et conditions économiques et politiques. On voit donc que les cinq composantes de cette zone ne sont pas encodées en système, contrairement à celles de la zone A (à moins de relever elles-mêmes directement de la morphosyntaxe, comme les formes personnelles de politesse et de rapports hiérarchiques dans nombre de langues d'Asie de l'Est et d'ailleurs). Ce sont des variables et, en tant que telles, elles ne donnent pas prise, malgré leur importance comme facteurs de construction et de déchiffrement du sens, à des règles interprétatives exprimant des faits systématiquement récurrents et prévisibles, c'est-à-dire à des règles de production-réception du sens. Quant aux facteurs, intégrables à une ethnographie sémantique de la vie quotidienne, que mentionnent les courants interactionnistes contemporains, seuls parmi eux sont codifia-

----

7. Le concept est dû à P. Bourdieu ; cf., parmi les œuvres récentes, *Ce que parler veut dire*, Paris, Fayard, 1982, p. 83 s.

bles en termes linguistiques ceux qu'E. Goffman désigne[8] comme « énoncés verbaux » : « Le matériel compor-
temental ultime est fait des regards, des gestes, des
postures et des énoncés verbaux que chacun ne cesse
d'injecter, intentionnellement ou non, dans la situation
où il se trouve. »

La zone C du sens, elle aussi, est à peu près impossible
à codifier. On parlera ici de *signifiances*, puisqu'il ne
s'agit ni de *signification* (phénomène propre au signe), ni
de *sens* (phénomène propre au texte comme combinaison de signes dans une situation donnée de parole). Les
signifiances, parce qu'elles sont enfouies dans l'inconscient, échappent de ce fait même au codage caractérisé
par un consensus explicite. Mais, à vrai dire, même pour
les composantes du sens qui répondent à un codage
(zone A), et à plus forte raison pour celles de la zone B,
qui n'y répondent pas, ce consensus est plus théorique
que réel. L'ambiguïté est constitutive de la communication linguistique, comme il apparaîtra plus loin (v.
chapitre X, p. 335 s.).

Quant aux deux modalités du sens, la première, le sens
comme représentation-description, est connue depuis
longtemps, tandis que la seconde, le sens comme effet,
n'a été étudiée systématiquement, du moins au XXᵉ
siècle, qu'à travers la prise en considération des instances concrètes d'échange dialogal. Le sens en tant que
représentation-description ne recouvre pas exclusivement la zone A, ni le sens comme effet la seule zone B.
Ainsi que le montrent la partie hachurée et la direction
des flèches dans le tableau de la p. 287, les deux
modalités du sens interfèrent, et chacune, en outre,

8. *Les rites d'interaction*, Paris, Ed. de Minuit, 1974 (tr. fr. d'*Interaction ritual*, Essays on face-to-face behavior, New York, Doubleday and
Cᵒ, 1967), p. 7.

recouvre à la fois les zones A et B. La reconstruction du sens comme représentation-description peut faire intervenir des composantes non codées, par exemple l'aptitude culturelle. Ainsi, dans une structure à proposition relative, l'antécédent, bien que son statut relève en principe de la syntaxe, composante codée par définition, n'est pas toujours repérable par application de règles : il ne peut être identifié dans la phrase française *il s'agit d'un écrivain ami de Flaubert, qui est l'auteur des « Convulsions de Paris »*, si l'on ignore que ce livre est dû à Maxime Du Camp et non à Flaubert.

Un autre exemple est celui de l'impératif, clairement codé dans la morphologie de la plupart des langues, alors qu'il n'est pas une simple transmission d'information : il met le destinataire en demeure de faire quelque chose. Il est remarquable que le codage linguistique de l'injonction corresponde, dans beaucoup de langues qui, aux autres modes, fléchissent le verbe, à la forme nue de ce dernier : la situation rendant évidente l'adresse à l'interlocuteur, les langues qui ne le désignent pas expriment ainsi, négativement, la participation prise, dans la construction du sens, par les circonstances d'interlocution. L'interrogation elle aussi est codée en langue : par une courbe intonative, avec ou sans mots spéciaux (cf. français *est-ce que*) ou séquence particulière (comme, en français soutenu, l'inversion : *viens-tu ?*). La question prend, au moins symboliquement, possession du questionné, puisqu'une réponse, verbale le plus souvent, est attendue de lui : « La question, bien qu'elle se présente comme une demande d'information, est aussi une *prise* effectuée sur un autre sujet parlant qu'elle constitue, quoi qu'il fasse, en répondeur virtuel — ne serait-ce que pour établir qu'il refuse de répondre. Elle est une mainmise d'ordre symbolique sur le corps, le temps et la parole de l'autre, du simple fait qu'elle brise du silence et ouvre un espace verbal »[9].

Le point de vue énonciatif-hiérarchique.
La pragmatique

En concentrant l'examen sur la problématique du thème et du rhème, c'est-à-dire du choix par le locuteur et de la saisie, par l'auditeur, d'une hiérarchie dans l'information, on évite, bien qu'on élargisse son champ, l'immersion de la linguistique dans l'océan de la *pragmatique*. Ce terme désigne un courant de recherche qui, depuis quelques décennies, connaît en Europe et en Amérique du Nord un développement notable. L'inventeur présumé en est C. S. Peirce, mais c'est son élève, le sémioticien C. W. Morris, qui l'intègre à un cadre théorique où ce terme dénote la relation entre les signes et leurs utilisateurs. Il s'agit ici, en fait, d'un modèle n'envisageant le langage que comme système de signes et appliqué au discours scientifique[10]. Mais les développements ultérieurs de la pragmatique devaient, autour de cette problématique des rapports entre langage et locuteurs, beaucoup étendre ses frontières, en sorte que l'on ne voit pas toujours clairement où s'arrête ce territoire[11].

L'énonciatif-hiérarchique, dans la théorie des trois points de vue, s'en tient, par opposition au gonflement

---

9. P. Encrevé et M. de Fornel, « Le sens en pratique », *Actes de la recherche en sciences sociales*, n° 46, mars 1983, p. 7-8 (3-30).

10. C. W. Morris, « Foundations of the theory of signs », in O. Neurath, R. Carnap et C. W. Morris, *International Encyclopedia of Unified Sciences*, Chicago, The University of Chicago Press, vol. I, n° 1, 1938, p. 1-59.

11. Cf. C. Hagège, « Les pièges de la parole », *op. cit.*

mal contrôlable du champ pragmatique, à la polarité contrastive du thème et du rhème définis ci-dessus (p. 278). D'où la possibilité d'ancrer solidairement les trois perspectives sur une même réalité, en rattachant explicitement les stratégies énonciatives à la syntaxe et à la sémantique. Pour donner encore un exemple simple, l'énoncé français *l'enfant s'est endormi* est susceptible d'être analysé de trois manières solidaires : la première partie, *l'enfant*, est sujet du point de vue 1, actant du point de vue 2 et thème du point de vue 3 ; la seconde, *s'est endormi*, est respectivement prédicat, procès et rhème. Le thème et le rhème se déterminent l'un par rapport à l'autre, et non en valeur absolue. Il en résulte que le thème n'est pas nécessairement porteur d'information ancienne ou acquise, ni le rhème vecteur de nouveauté et d'inconnu. Dans un énoncé donné, le rhème, simplement, est plus informatif que le thème, ce qui n'empêche pas ce dernier d'être porteur, à l'occasion, d'une information nouvelle. Poser un thème, en général, c'est ne pas se contenter du donné situationnel ou du contexte antérieur que l'on veut commenter, mais lui donner une expression linguistique en tant que support. Ainsi, il convient de distinguer au moins deux acceptions de cette notion : le thème comme élément délimitant l'univers de discours ou posant ce dont on parle, c'est-à-dire comme support en contraste avec le rhème comme apport, et le thème en tant qu'information ancienne ou reprise du connu, en contraste avec le rhème comme information nouvelle ou exposé du moins connu. « Connu » implique ici un degré de connaissance ou de conscience que le locuteur possède et qu'il a des raisons de supposer à l'auditeur sur ce dont il parle.

L'affinité statistique entre thème et sujet (p. 278) peut se vérifier pour chacune de ces deux acceptions de la notion de thème. Si le sujet coïncide le plus souvent avec le thème défini comme support de ce que dit le reste de l'énoncé, on peut prédire que les éléments en fonction sujet seront moins souvent que d'autres les centres de déterminations correspondant à diverses informations. Si le sujet coïncide le plus souvent avec le thème défini comme information ancienne, on peut prédire que les types de mots référant au connu, en particulier les pronoms, seront plus fréquents en fonction sujet que dans les autres fonctions. Or, ces deux prédictions se trouvent vérifiées, pour le français, dans une étude récente[12]. Cela dit, certaines langues utilisent deux marques distinctes selon qu'il s'agit d'un sujet ou d'un thème, mais, dans ce cas, l'emploi préférentiel de la marque de thème répond à une intention. Ainsi, on a observé au Japon, sur toutes les chaînes de radiodiffusion et de télévision, pendant une période donnée, que dans les *informations*, fort adéquatement nommées puisqu'elles énoncent sur quelque chose de nouveau (thème) quelque chose d'encore plus nouveau (rhème), le premier élément est, pour près de la moitié des phrases, marqué par le thématiseur *wa* ; précisément, *wa* est souvent traduit, en langues opposant des articles défini et indéfini, par l'article défini (puisque ce qui est supposé connu est du même coup tenu pour identifiable[13]). Or ce premier élément devrait être marqué par l'indice de

---

12. R. Jolivet, *Descriptions quantifiées en syntaxe du français — approche fonctionnelle*, Genève et Paris, Slatkine, 1982, p. 184 et 282.

13. Cependant, l'article indéfini peut fort bien, dans ces langues, contrairement à ce que l'on enseigne souvent, accompagner un thème, pourvu qu'il s'agisse du thème comme support (non nécessairement connu), et non du thème comme information ancienne. Ainsi, en français, « Une solution politique, d'accord pour la discuter » (réplique sur le poste de radio France-Inter, 13-8-1971, 8 heures, d'après A. Sauvageot, *Analyse du français parlé*, Paris, Hachette, coll. « Recherches/Applications », 1972, p. 16).

sujet *ga* (souvent traduisible en français par l'article indéfini *un*), qui le signalerait comme non connu. On peut en conclure que le procédé répond à une intention : réduire la distance mentale entre l'annonceur et les auditeurs[14].

La courbe intonative et l'antéposition sont des marques universelles du thème en contraste avec un rhème. Mais il s'y ajoute dans certaines langues des morphèmes spéciaux, comme le *wa* du japonais, et, par ailleurs, il existe d'autres stratégies qui peuvent se distinguer de l'antéposition. Le français distingue deux types de thèmes dans la conversation : le thème comme information ancienne ou reprise du connu tend à être postposé, alors que l'on antépose plutôt le thème comme support. Ainsi s'opposent d'une part *ça s'élève tout seul, les enfants* ou *il n'est pas là, papa*, où *enfants* et *papa* sont thèmes contrastifs postposés représentant une information déjà donnée, et, d'autre part, *les chiens mordent quand on les provoque* (style soutenu, à thématisation faible de *chiens*) ou *les chiens, ça mort quand on les provoque* (style parlé, à thématisation forte de *chiens*, repris comme sujet par *ça*). La première stratégie, postposition du thème contrastif, éventuellement sous forme d'un mot différent, par reprise anaphorique s'appliquant au même référent, est une des caractéristiques qui donnent à la phrase célinienne son tour familier en même temps que sa pulsation dramatique : « Je venais de découvrir la guerre tout entière... Faut être à peu près seul devant elle comme je l'étais à ce moment-là pour bien la voir, la

---

14. Cf. Iyoko Hirata, « *Ga* or *wa* for new referents in a discourse », Working Group 28 : Characteristics of Japanese expressions in news reporting, in *Proceedings of the XIIIth International Congress of Linguists, op. cit.*, p. 1387.

vache, en face et en profil. »[15] L'inscription séquentielle de l'opposition entre les deux stratégies n'est pas systématique, mais elle fait bien apparaître l'intérêt d'une distinction entre les types de thèmes[16]. Parmi les codes connus, les langues semblent bien être les seuls dans lesquels un support de l'information (le thème comme élément donné) soit explicite.

Les langues, en sus de leur rôle comme instruments d'analyse ou d'interprétation logique, sont également des mécanismes à la disposition d'utilisateurs auxquels elles permettent de hiérarchiser l'information. Même dans les usages les plus dépouillés, dans le style scientifique, en particulier mathématique, une hiérarchie des supports et apports en contraste organise l'information. C'est le cas, à plus forte raison, dans le dialogue, où l'interaction de protagonistes est beaucoup plus évidente, et largement conscient. Cette interaction rend les stratégies plus complexes. En particulier, la pure et simple progression linéaire de l'information[17] n'est pas la seule stratégie possible en discours. L'utilisateur peut changer de perspective, mettre en avant-scène ou reléguer en arrière-plan, tour à tour, selon ses besoins, tel argument ou tel autre. Cela, bien entendu, s'applique au niveau du paragraphe comme succession de phrases tout autant qu'à l'intérieur de la phrase. Précisément, dès que l'on prend en considération un texte plus long qu'un simple

---

15. Extrait du *Voyage au bout de la nuit* (1932). Cité par J. Kristeva, « Le sens et l'hétérogène, à propos du "statut du sujet" », *DRLAV* (Université de Paris VIII), n° 30, 1984, p. 19 (1-25).

16. Sur cette distinction, et plus généralement sur tous les problèmes liés à l'organisation de l'information, voir l'œuvre de J. Perrot, en particulier « Fonctions syntaxiques, énonciation, information », *Bulletin de la Société de Linguistique de Paris*, 73, 1, 1978, p. 95-101.

17. Cf. M.-C. Hazaël-Massieux, « Support, apport et analyse du discours », *Le français moderne*, 45, 2, 1977, p. 156-164.

énoncé isolé, on découvre qu'un ordre de succession préféré quand le cadre est un tel type d'énoncé peut compromettre la clarté et la cohérence d'un ensemble textuel fait d'une succession d'énoncés quand c'est cet ensemble qui sert de cadre. Dans un texte ainsi défini, il est plus facile de hiérarchiser les éléments d'information si la langue connaît une certaine liberté d'ordre des mots. Sur ce point, la prose littéraire française (mais non la langue parlée, ni même une prose moins littéraire) est caractérisée par une certaine rigidité qui, en favorisant l'ordre (autrefois dit « naturel », v. chapitre VII) sujet + prédicat verbal + complément, peut avoir pour effet de masquer les transitions logiques : les compléments, qui constituaient une information nouvelle dans l'énoncé précédent, devraient apparaître en tête de l'énoncé suivant puisqu'ils y représentent, en tant que thèmes, une information devenue moins nouvelle.

L'ordre des idées se trouve donc sacrifié, en français littéraire, à la succession purement grammaticale. De cette préférence, le passage suivant de Voltaire (*Siècle de Louis XIV*, chapitre 30[18]) offre une illustration : « Ce n'est point en effet l'argent et l'or qui procurent une vie commode ; c'est le génie. Un peuple qui n'aurait que ces métaux serait très misérable ; un peuple qui, sans ces métaux, mettrait heureusement en œuvre toutes les productions de la terre, serait véritablement le peuple riche. La France a cet avantage avec beaucoup plus d'espèces qu'il n'en faut pour la circulation. » Les niveaux d'information apparaîtraient mieux si l'on brisait les contraintes séquentielles. Il suffirait d'antéposer en tant que thème l'élément représentant, dans chaque phrase, une information ancienne (parce que déductible

---

18. Cité par H. Weil, *De l'ordre des mots dans les langues anciennes comparées aux langues modernes, op. cit.*, p. 34.

de la phrase précédente), c'est-à-dire de façonner des *transitions par thèmes*, pour obtenir un texte plus satisfaisant quant à la hiérarchie d'information, mais du même coup moins acceptable en français littéraire, comme, par exemple : « Ce n'est point en effet l'argent et l'or qui procurent une vie commode ; c'est le génie. Ces métaux, un peuple qui n'aurait qu'eux serait très misérable ; (ces métaux), un peuple qui, sans eux, mettrait heureusement en œuvre toutes les productions de la terre serait véritablement le peuple riche. Cet avantage, la France l'a avec beaucoup plus d'espèces qu'il n'en faut pour la circulation ». Un tel ordre des mots, souvent évité, même aujourd'hui, en français écrit, est pourtant bien celui du français parlé. Pour peu que divers points aient déjà été évoqués dans le dialogue ou appartiennent à l'univers de discours, on pourra les insérer l'un dans l'autre jusqu'aux limites de compréhension : *moi, mon copain, son père, il est pilote,* où *moi* est thème par rapport à tout le reste, cependant qu'au sein de ce reste, constitué en rhème, un autre thème imbriqué, *mon copain,* se détache, et de même, à un autre niveau, *son père.*

Cet ordre de progression fidèle aux articulations de l'apport et du support est souvent aussi celui des textes grecs et latins. Ainsi, les transitions sont assez naturelles dans Homère, alors que la traduction française les gomme : *tòn d'apomeibómenos proséphê pódas ôkùs Achilléus*[19], mot à mot : « lui alors répondant déclara pieds légers Achille », c'est-à-dire, dans la seule traduction française courante, « Achille aux pieds légers lui répondit » ; or Achille, n'ayant pas été mentionné au vers précédent, est dans celui-ci un élément nouveau dont la brusque apparition en tête brise la continuité ; au

19. *Iliade,* I, 84.

contraire, le texte grec mentionne d'abord (*tòn*, « celui-ci ») l'orateur précédemment apparu, et donc connu, auquel répond Achille.

Ainsi, le point de vue 3 dans la théorie des trois points de vue recouvre un aspect essentiel de l'étude des langues, qui n'est pas abordé dans la description morphosyntaxique (point de vue 1). La question se pose alors de savoir dans quelle mesure cette étude du rapport entre la langue et ses utilisateurs est indépendante de celle même du sens comme fin dernière et mystère permanent de la linguistique. Le point de vue 3, énonciatif-hiérarchique, peut-il être considéré comme embrassant un domaine autonome par rapport au point de vue 2, sémantico-référentiel ? Pour répondre, il convient d'abord de prendre position sur la portée d'un clivage repris, à travers des formulations diverses, par presque toutes les théories modernes : la langue comme système et la parole comme activité.

Utilité de méthode, cette distinction, par l'outrance dont elle a été l'objet, a joué négativement un rôle essentiel dans le destin de la linguistique au XXᵉ siècle. Celui qui en donne la formulation la plus accusée, F. de Saussure, considérait que « linguistique de la langue » et « linguistique de la parole » sont « deux routes qu'il est impossible de prendre en même temps » (*Cours de linguistique générale*[20], p. 38). Il s'attachera seulement, annonce-t-il en tranchant le débat, à « la linguistique proprement dite, celle dont la langue est l'unique objet » (*ibid.*, p. 38-39). Dans la continuité de cette inspiration, Saussure note, en abordant plus tard le problème du statut de la phrase, que celle-ci « appartient à la parole, non à la langue » (*ibid.*, p. 172). C'est assez pour la proscrire, puisque, p. 148, on avait pu lire à propos de la

---

20. *Op. cit.*

phrase : « Si elle relève de la parole, elle ne saurait passer pour l'unité linguistique. »

Cet acte de proscription, et cette solidarité des démarches dont l'une ajourne la linguistique de la parole pendant que l'autre élimine la phrase, ont fort embarrassé les épigones de Saussure. L'histoire de la linguistique après lui a été, pour une large part, celle de la restauration de la syntaxe, laquelle, précisément, a la phrase pour objet principal ; celle, aussi, de la promotion du locuteur construisant des phrases dans l'activité de parole. Toute une tradition représentée à l'époque classique par Port-Royal, puis par la grammaire philosophique jusqu'aux premières décennies du XIXe siècle, et illustrée par la controverse sur l'ordre des mots (v. chapitre VII), avait mis à l'honneur la syntaxe. La grammaire générative la restaure dans la seconde moitié de ce siècle[21], ou plutôt donne à cette restauration un nouvel éclat[22]. Mais à trop s'y appliquer, elle en vient à oublier qu'il n'y a pas de syntaxe en soi et que les langues transmettent du sens.

A la grammaire générative, et parfois en réaction contre elle, ont succédé une série d'entreprises que l'on place aujourd'hui sous les bannières souvent confondues de la pragmatique, reprise et élargie à partir de Morris (v. plus haut), et de l'énonciation. Le point commun entre les théories de l'énonciation, la pragmatique et le point de vue 3, énonciatif-hiérarchique, est, par-delà les différences évidentes, la prise en considération de l'acti-

---

21. N. Chomsky, *Syntactic structures*, La Haye-Paris, Mouton, 1957 (trad. fr. Paris, Ed. du Seuil, 1969). *Id.*, *Aspects of the theory of syntax, op. cit.*

22. Sur les travaux qui, avant 1957, avaient fait à la syntaxe une large place, de Bally à Jakobson en passant par Frei et Tesnière, cf. C. Hagège, *La grammaire générative, op. cit.*, p. 101 et s. et *Critical Reflections on Generative Grammar*, p. 168-169.

vité du sujet dans l'exercice de parole, c'est-à-dire de tout
ce qu'ont négligé les modèles de la langue comme pur
système. Cette dernière, cependant, dans la théorie des
trois points de vue, est étroitement reliée (v. schéma à la
page 279) au sémantique et à l'énonciatif. En sorte
que dans le cadre théorique adopté ici, *il ne saurait y
avoir deux linguistiques distinctes* comme celles que bâtissent tour à tour Saussure et Benveniste [23]. Sans doute
est-il méthodologiquement utile de ne pas confondre
la langue comme système et la parole comme activité, mais la première n'est perceptible qu'à travers la seconde dont, en retour, elle fonde l'existence. Sous des
terminologies et des prétextes variables, la plupart
des théories modernes du langage méconnaissent cette
unité.

Dans sa première version, qui n'a cessé d'être rema-
niée mais à laquelle beaucoup demeurent attachés, la
grammaire générative assigne à la « *performance* », ou
acte d'utilisation, les écarts, les déviations et tous les
désordres individuels qu'elle entend bannir hors de la
« *compétence* », notion qui définit la connaissance du
système de langue par l'usager (v. aussi chapitre I, p. 26).
En sont également bannis tous les faits liés à la finitude
de la mémoire, aux limites sur les enchâssements, aux
contraintes sur les processus de récursivité. Ainsi, il
n'existerait pas d'interdit théorique contre l'accumulation des déterminations nominales, comme dans *l'ami
du frère du directeur de l'école de...*, ni contre celle des
relatives, comme dans *voici le chat qui a attrapé le rat qui
a rongé le fromage qui...* Seules des limitations de
performance expliqueraient l'absence courante de ces

---

23. Linguistique de la langue et linguistique de la parole chez
Saussure, sémantique et sémiotique chez Benveniste, les deux oppositions ne coïncident pas. Mais elles sont plus proches qu'on ne l'a dit :
voir chapitre V, p. 137-143 et n. 14.

accumulations. C'est méconnaître que le principe organisateur de telles structures est un fait de compétence. La langue comme système doit contenir en elle-même les mécanismes qui adaptent les règles ou permettent leur violation dans l'exercice de parole, puisque tant que cette violation n'empêche pas le sens de se construire et d'être perçu, nul ne niera que les interlocuteurs parlent la même langue. Parole et langue ne peuvent donc constituer deux domaines autonomes.

Ainsi, le paradoxe chomskyen ne fait que reprendre, sous une autre forme et en dépit du rejet apparent [24], le paradoxe saussurien. L'un et l'autre sont résolument antisociologiques. Le prix payé pour la constitution d'un objet scientifique homogène est beaucoup trop élevé : après l'élimination des variations individuelles, il ne reste que le seul code partagé par tous les membres d'une même communauté. Mais les variations sont le réel lui-même, et toute entreprise réductrice qui les méconnaît aboutit à une linguistique vidée de son contenu social. Tant il est vrai que c'est la théorie qui crée la cible. Saussure, selon qui « la linguistique a pour unique et véritable objet la langue envisagée en elle-même et pour elle-même » (phrase finale, souvent citée, et peut-être apocryphe, du *Cours de linguistique générale*), exclut l'individu parlant, et, du même coup, néglige l'interaction entre locuteurs. Dans la langue ainsi conçue, tout se passe comme si personne ne parlait. Les utilisateurs vivants et la relation que tisse entre eux l'échange de mots sont renvoyés à la linguistique de la parole, ajournée *sine die*.

Mais, à l'inverse, et suivant un mouvement de pendule dont l'histoire des sciences offre bien d'autres illustrations, les progrès réalisés dans l'étude des actes de

24. N. Chomsky, *Aspects of the theory of syntax, op. cit.*, p. 4.

discours sous l'inspiration d'Austin[25] et de Searle[26] ont eu pour effet, en particulier chez les pragmaticiens, de faire fréquemment oublier, par l'excès de la réaction, que la parole n'est pas concevable en dehors du système de la langue qu'elle met en exercice. Les textes sont des résultats et ne peuvent être séparés de ce dont ils résultent, à savoir le code. Inversement, l'activité opératoire de l'homme dialogal rend le code manifeste. Elle le constitue même au cours de l'histoire, en provoquant, par l'usage qu'elle en fait, les changements dont il est périodiquement affecté.

Cette unité d'un champ délimité par la polarité langue/parole apparaît partout. Dans le lexique, la plupart des mots pleins (c'est-à-dire autres qu'outils grammaticaux comme les articles ou les conjonctions) peuvent, employés dans le discours, se charger de valeurs liées à cet emploi. L'évolution du vocabulaire est, entre autres choses, commandée par l'annexion, au champ du dénotatif, sens premier donné par le dictionnaire, du connotatif, c'est-à-dire du sens en relation avec une situation spécifique. La situation crée d'elle-même son rapport à un signifié, et dès que la fréquence d'une même situation le permet, la langue intègre les signifiés nouveaux. Parmi d'innombrables exemples, on peut citer la série classique *pondre, couver, muer, traire* du français : dans les circonstances particulières liées à la vie rurale, très anciennement établie en France, ces mots ont pris les sens techniques qu'on leur connaît, alors qu'en ancien français, ils avaient le plus souvent ceux de leurs ancêtres latins *ponere, cubare, mutare* et *trahere*, soit respec-

25. J. L. Austin, *How to do things with words*, Oxford, Oxford University Press, 1962.

26. J. R. Searle, *Speech acts. An essay in the philosophy of language*, Cambridge, Cambridge University Press, 1962.

tivement « poser », « être couché », « changer » et « tirer ».
A la frontière entre les champs syntaxique et sémantique, un phénomène troublant, lieu déjà ancien de
controverses théoriques, l'*ellipse*, devient interprétable
moyennant la vue unitaire ici proposée : on peut la
considérer comme vidage d'une position de la chaîne
parlée, qui est soumis à des propriétés constitutives du
code et non à la fantaisie ou aux choix stylistiques, mais
qui, en même temps, est opéré par l'énonceur en activité
dialogale. Elle est donc à la fois codée et ouverte à
l'opérativité du sujet, comme d'autres faits linguistiques,
lieux d'une dialectique de contraintes et de liberté (v. le
chapitre X). Par là, elle rejoint un autre phénomène-défi,
l'*ambiguïté*. Enjeux d'une théorie linguistique l'une et
l'autre, elles s'offrent comme guides épistémologiques
vers une voie d'unité telle qu'on la verra apparaître au
chapitre X sous la forme d'un modèle dialogal du sujet.

Un autre phénomène essentiel met en pleine lumière
l'unité des faits de langue et de parole : l'intonation, que
l'on tend à occulter lorsque l'on opère sur la seule langue
écrite, en dehors des conditions réelles de profération
des textes. Les spécialistes savent de mieux en mieux,
aujourd'hui, analyser les courbes intonatives et reconnaître les variations de registres de la voix, depuis
l'infra-grave jusqu'au supra-aigu en passant par tous les
degrés intermédiaires, qu'il s'agisse de parcours plat à
l'unisson ou de mélodie ascendante, descendante ou
bi-directionnelle. Cependant, on est fort en peine pour
déceler un codage sous ces multiples courbes. En effet,
c'est de la situation que dépendent − en dehors de cas
très précis comme l'opposition du thème et du rhème[27]

---

27. Les courbes intonatives qui mettent en contraste le thème et le
rhème sont à peu près codées. Un énoncé *il mourrait sans elle*, prononcé
avec le contour 1, c'est-à-dire initialement médium à l'unisson puis, sur

ou comme l'interrogation (domaines non exempts, eux-mêmes, de variations aléatoires) — les sens, chaque fois différents et peu prévisibles, des courbes d'intonation. Les locuteurs ne s'accordent pas toujours sur les contenus des courbes (cf. p. 150 et 151). Mais dans les cas, heureusement assez nombreux, où le consensus est atteint, l'observation de leur comportement linguistique est évidemment pleine d'enseignements.

Un phénomène contrastif de la chaîne parlée, comme l'est l'intonation, peut pourtant s'intégrer au système de la langue. On en trouve la preuve dans un exemple aussi simple que celui de la question française : *vous avez l'heure ?* Les pragmaticiens soutiendraient qu'il y a ici contradiction entre la syntaxe, qui paraît interroger sur la possession ou la non-possession de l'heure, et la sémantique, qui appelle, à moins que l'auditeur ne dise « non », une réponse donnant l'heure, et non une réponse « oui ». Cette contradiction serait levée, dans un tel cadre, par la prise en compte de la dimension pragmatique selon laquelle la question n'est posée que dans des situations où l'on désire s'informer sur l'heure. Tout dépend en réalité de l'intonation, que l'on s'est habitué à évacuer parce qu'on raisonne à partir d'énoncés artifi-

---

sans elle, mélodie aiguë-descendante, a le même sens que *sans elle, il mourrait*, prononcé avec le contour 2, c'est-à-dire mélodie initiale aiguë-descendante puis, sur *il mourrait*, palier grave. Dans les deux cas, le sens est « il mourrait loin d'elle, hors de sa présence ». Symétriquement, un énoncé *sans elle, il mourrait*, prononcé avec le contour 1, a le même sens qu'un énoncé *il mourrait, sans elle* prononcé avec le contour 2. Dans les deux cas, le sens est cette fois « il mourrait si elle n'était pas là (pour le soigner, l'aider, etc.) ». En dehors du contraste entre le thème et le rhème, les autres cas de combinaison entre séquence et intonation sont moins clairs. Les énoncés *moi, le ski...* et *le ski, moi...* sont, aussi bien l'un que l'autre, interprétés en sens péjoratif ou mélioratif, par les francophones interrogés, en fonction de l'intonation : c'est d'après elle qu'ils suppléent soit *je n'aime pas ça*, soit *j'aime ça*.

ciellement isolés, que l'on écrase sur l'espace plat d'un tableau de cours ou d'une feuille de papier. Si la question dont il s'agit dessine une courbe intonative ascendante du grave vers l'aigu, cette courbe est codée en système, comme l'établit la réponse invariable, laquelle consistera à donner l'heure si on la connaît. Au contraire, lorsqu'une note aiguë puis une mélodie descendante rapide affectent la seconde syllabe d'*avez* et que *l'heure* est proféré sur un registre grave ou infra-grave, alors, pour tout francophone, il s'agit (mais ce cas est plus rare) d'une interrogation sur la possession de l'heure. Dans ce cas, la réponse appelée peut être « oui », aussi bien que « non ». Ce sera « oui », par exemple, si le questionneur, n'ayant pas de montre, souhaite s'assurer auprès de l'auditeur, qui en possède, que celui-ci pourra ultérieurement lui répondre en cas de besoin (personne ou événement attendu pour une certaine heure).

Mais il arrive que l'intonation ne suffise pas, les implications d'un énoncé donné dépendant de la situation et des liens qu'elle forme entre interlocuteurs. Ici reparaît la problématique formulée plus haut à propos de l'inclusion de ces facteurs dans l'étude du sens en général. La réponse des pragmaticiens, ou de beaucoup d'entre eux, postule l'inclusion inverse, celle de la sémantique dans la pragmatique. Ainsi, c'est la situation qui permet d'interpréter l'énoncé *il fait froid ici*, proféré dans une chambre aux fenêtres grandes ouvertes en plein hiver, comme une invitation à les fermer. Si l'on admet que l'auditeur qui ne le fait pas n'a pas compris, la théorie sous-jacente à cette position est que la reconstruction du sens est d'abord liée aux situations. Or la zone B, qui leur correspond, est, comme on sait (cf. p. 289-293, et tableau des zones p. 287), le domaine du non codifiable, alors que le sens recouvre également les composantes de la zone A, qui sont codées. Il y a donc une autonomie de la sémantique, et par contrecoup, de l'énonciatif-hiérarchique. Si ce dernier était élargi en une pragmatique au territoire immense et vague, il annexerait la zone B, alors que dans la théorie des trois points de vue, l'opposition du thème et du rhème, à laquelle il se limite, est clairement codée. Pour l'évaluation du sens en situation, les critères décidables manquent, et par conséquent aussi la solution unique qui, au-delà de la variété des suppositions, devrait définir un consensus.

Mais il y a plus. On ne dit pas toujours ce qu'on veut dire ni ne veut toujours dire ce qu'on dit. La formule de L. Carroll rappelle que même les actes de parole dits indirects, objets privilégiés des pragmaticiens, peuvent être ambigus ou inadéquatement perçus. L'exemple cité plus haut illustre le cas des observations interprétables comme des demandes. Elles ne sont pas toujours bien comprises, ni les autres actes de parole : questions valant injonctions atténuées ou tranchantes, requêtes de pardon travesties en explications, etc. Certaines formulations indirectes, il est vrai, paraissent claires : il en est ainsi pour les substitutions de pronoms personnels, comme dans *maintenant nous allons nous laver les mains*, dit par l'instituteur à de jeunes enfants désignés par *nous*, ou dans *on en vient à la conclusion qu'il y a là une erreur*, où le *on* représente un « je » et le *il y a* un « vous avez fait », tous deux minimisés par travestissement. En outre, il est généralement vrai qu'en proférant les énoncés que l'on a appelés performatifs à la suite d'Austin, on accomplit, du fait de la situation de parole, la chose même que l'on dit accomplir : *j'ordonne qu'il s'en aille*, ou *nous te permettons de revenir*, ou *la séance est ouverte*. Mais, dans ces cas, tout comme dans celui du langage indirect qu'étudiait la rhétorique, ancêtre de la pragmatique d'aujourd'hui, à travers les tropes et les figures comme moyens détournés de transmettre un sens, de convaincre l'interlocuteur, d'agir sur lui[28], c'est des faits linguistiques que l'on part, donc de l'inscription des sens dans la matière du discours.

On s'engage sur une voie incertaine dès lors que l'on commence à poser des catégories conceptuelles sans le souci de leur trouver, dans la trame matérielle discursive, des traces, quelles qu'elles soient, pour repères et garants. En voulant inclure tous les facteurs participant au sens, qu'ils soient ou non codés, on s'oblige à l'aporie d'une connaissance universelle doublée d'une prophétie illimitée, comme le répètent, à trente-cinq ans de distance, L. Bloomfield et U. Eco[29]. Il n'y a de science que du clos, et le territoire linguistique ne peut être noyé dans l'océan des supputations non appuyées sur des formes. La seule passerelle entre sémantique et pragmatique, en acception large, dont la linguistique ait lieu d'être soucieuse, c'est le locuteur lui-même, producteur et décodeur de sens dans l'environnement social qui se constitue comme son milieu naturel. Il reste donc à l'envisager dans ce cadre.

28. On ne citera, parmi les très nombreux ouvrages de rhétorique français, qu'un des plus connus, *Les figures du discours*, de P. Fontanier, 1821, rééd. Paris, Flammarion, 1968. V. aussi, dans une tout autre culture, M.-C. Porcher, « Théories sanskrites du langage indirect » *Poétique*, 23, 1975, p. 358-370.

29. L. Bloomfield, *Language*, Londres, Allen & Unwin, 1933, p. 74. U. Eco, *La struttura assente*, Milan, Bompiani, 1968.

LINGUISTIQUE SOCIO-OPÉRATIVE, OU POUR UNE THÉORIE DE LA COMMUNICATION

La relation d'interlocution

A trop isoler la langue de la parole, comme le font aux deux extrêmes les structuralistes classiques, qui privilégient l'une, et les pragmaticiens, qui intronisent l'autre, on méconnaît soit les contraintes que la première impose, soit la relation dialogale que la seconde instaure. Celle-ci est à peu près ignorée dans la tradition structuraliste, préoccupée de la langue en soi, comme si personne n'affirmait, ne niait, n'interrogeait, n'invitait, ne s'exclamait ; personne ne recevant de parole, personne aussi bien ne répond, n'exécute, ne réagit. Mettre en œuvre la langue dans l'activité de parole qui en est constitutivement inséparable, c'est adapter son système à la relation d'interlocution. Il s'agit d'une conduite de nature régulatrice, et non d'une activité purement opératoire ou logique. On ne peut qu'intégrer à la définition de la langue les propriétés liées aux instances d'interlocution. L'homme est par nature dialogal.

Dialogue est à prendre ici en un sens large, c'est-à-dire non pas seulement comme couple question/réponse, malgré l'importance de cette composante, mais comme interlocution en général : toute interaction linguistique en face à face, définitoire de l'espèce humaine ; malgré ce que fait croire une fausse étymologie du terme, les instances dialogales ne sont pas nécessairement limitées à deux partenaires. Les échanges de paroles à plus de deux (« plurilogues ») sont inclus dans la notion de dialogue telle qu'on l'entend ici. En tout état de cause, c'est la construction solidaire d'un sens qui caractérise l'activité des partenaires. Les questions, injonctions, négations y tiennent une place importante.

La question établit un rapport étroit dans la mesure où elle appelle naturellement une réponse (v. chapitre IX, p. 294). Mais elle est stratégie d'évitement ou de reprise de pouvoir quand elle se trouve utilisée elle-même en réponse, selon le vieux précepte que la sagesse rabbinique de tradition orale enseigne au juif soumis à la question. L'injonction, par des moyens verbaux, appelle souvent une réponse non verbale. La négation réfute une assertion, éventuellement attribuée au partenaire, ou répond à une interrogation. Du fait de son poids interlocutif, la négation, qui doit absolument, sous peine de contresens, être comprise, donc bien perçue par l'oreille, a souvent un certain poids phonique, soit par reprise après l'élément nié (négation discontinue du français *(ne... pas)*, du mooré (Haute-Volta-Burkina), de l'afrikaans, du guarani (Paraguay), du birman, etc., en tout 17 % des langues [1]), soit par adjonction d'éléments renforçants. Plus marquée dans sa morphosyntaxe, car il faut en général plus de traits pour dire ce qu'une chose n'est pas que pour dire ce qu'elle est, la négation est en même temps plus chargée de présupposés et psychologiquement plus complexe. Elle offre donc une parfaite

---

1. Cf. C. Hagège, *La structure des langues, op. cit.*, p. 86.

illustration de l'incidence des situations dialogales sur la structure même de la langue.

Mais le dialogue utilise également d'autres stratégies. L'affirmation forte prend souvent la forme d'une question, dite rhétorique, appelant en français une réponse par « oui », « non » ou « si » : *N'est-ce pas en France qu'on trouve les meilleurs fromages ? — Si !* La progression est assurée par une sorte de coopération des participants. Non dans l'acception moralisante des maximes de Grice[2], qui recommandent d'apporter toute et seulement l'information requise par la situation, de ne pas mentir, d'être pertinent, d'être clair, alors que les conduites de bravade, d'humour, de tromperie, d'intérêt remettent indéfiniment en cause l'harmonie dont ces maximes bâtissent la mythique obligation. Mais parce que les partenaires sont engagés ensemble dans la construction d'un sens[3] qui est le fondement et la justification de leur rapport, y compris quand, au moyen de *mots suspensifs* (français *ben* ou *eh bien, alors, c'est-à-dire,* etc.), ils comblent les vides pour maintenir le contact par des séquences linguistiques de sens indifférent en lui-même. Une syntaxe du dialogue se donne à voir dans les nombreux cas où leur coopération se résout en reprises-échos ou même enchaînements sur portions de phrases amorcées : A : *Ce type-là... —* B : *... c'est un voleur... —* A : *... peut-être pas un méchant homme... —* B : *... mais dangereux tout de même.* Une interprétation subtile peut conduire à devancer les questions par des assertions qui répondent à une attente, ou à donner une ré-

2. H. P. Grice, « Logic and conversation », ronéotypé, Harvard, 1968, repris dans P. Cole et J. L. Morgan, eds., *Syntax and semantics*, vol. 3 (« Speech acts »), New York, Academic Press, 1975, p. 41-58.

3. On trouvera une vue voisine de celle qui est développée ici dans l'œuvre de F. Jacques, en particulier dans *Différence et subjectivité*, Paris, Aubier-Montaigne, coll. « Analyse et raisons », 1982.

ponse qui, en dépit d'une apparence d'éloignement, devine les implications d'une question. Inversement, les questions peuvent être esquivées quand on entend se dérober à l'interrogation pour conjurer l'interrogatoire, et les réponses peuvent être biaisées, ce qui n'empêche nullement la progression du sens, mais lui imprime une direction correspondant à la qualité d'information que chacun concède et au type de relation qu'il entend instaurer.

Partout ici se joue une *interaction discursive* qui fait appel à nombre de moyens linguistiques dont les grammaires académiques ne signalent qu'à peine l'existence. Certains des plus remarquables s'y trouvent rangés sous l'étiquette condescendante de particules. Vieille et persistante défiance à l'égard des mots les plus vivants des registres oraux, peu utilisés en style écrit. De fait, c'est dans les langues de tradition surtout orale qu'apparaît un foisonnement de ces mots courts et doués de pouvoir régulateur, auxquels une langue comme le français ne peut fournir que des équivalents gauches : *quant à moi, vois-tu, en quelque sorte, si on veut, tout bonnement, c'est à peu près sûr, c'est bien connu,* alors qu'en lapon, en finnois, en suédois[4], en tchèque, par exemple, ce sont des monosyllabes agiles. Ces *modalisateurs d'énoncé* (distincts, par leur fonction, des mots suspensifs mentionnés plus haut) impliquent l'auditeur comme partie prenante dans le dialogue.

---

4. Une étude précise et détaillée des « particules » énonciatives de ces langues du nord de l'Europe, assortie d'intéressantes considérations théoriques sur leur lien avec les situations de plurilinguisme dans cette zone, a été présentée par M. J. Fernandez, *Discours contrastif, oralité, plurilinguisme : l'espace communicatif same, finnois, suédois (en Finlande),* Thèse d'Etat déposée à l'Université Paris V, 1984.

L'énonceur psychosocial

Comment conceptualiser cet homme dialogal d'une manière qui permette à la linguistique d'apporter une contribution réelle aux sciences humaines ? Il semble de plus en plus clair, en ce dernier quart du XXe siècle, que s'intéresser au langage, c'est s'intéresser à l'homme défini par l'usage qu'il en fait. Les théories de l'énonciation et la pragmatique, alors même qu'elles prennent en considération l'activité de parole, n'ont pourtant pas, jusqu'ici, prêté toute l'attention souhaitable à sa dimension sociale, culturelle et historique. La percée récente au-delà du structuralisme, telle que l'a permise l'étude des actes de langage, doit-elle conduire à une théorie de la personnalité ? S'il est vrai que la linguistique doive rester à l'écoute des psychologues en sus de son intérêt permanent et fondamental pour les recherches des sociologues, elle ne peut étendre inconsidérément un territoire dont l'immensité est assez éclatante dès qu'on accepte de continuer à l'explorer sans le croire indéfiniment voué aux « dépassements ». Le sujet doit bien être au centre de ses préoccupations, mais comme sujet énonceur, non comme pure subjectivité accessoirement parlante. On propose de le conceptualiser comme *énonceur psychosocial*.

La notion de psychosocial n'a rien à voir ici avec les *a priori* de la vieille « Völkerpsychologie », préoccupée des mentalités des peuples telles que les refléteraient leurs langues. Il s'agit seulement de souligner que l'homme en situation dialogale noue avec son semblable une relation dans laquelle sont engagées solidairement toutes les composantes de sa psychologie et de sa nature sociale, dont cette situation permet l'expression. « Énonceur » est à prendre ici au sens de locuteur + auditeur, et non de

« locuteur-auditeur » comme s'il s'agissait de deux entités interchangeables. Il est temps de renoncer aux mirages sécurisants de cette formule. On commence à saisir, en psycholinguistique, la relation de non-convertibilité entre processus mentaux d'encodage et de décodage, ainsi qu'en sociolinguistique les statuts différents, recoupant ou transcendant les différences de niveau social, entre l'émetteur et le récepteur selon les moments du dialogue. Il est temps de tenir compte de ces avancées. L'énonceur psychosocial n'est ni idéal, ni lieu mythique de permutation entre un locuteur et un auditeur doués de vertus et de pouvoirs égaux. Il faut rejeter la tentation permanente de l'occultation des origines qui fait oublier que l'enfant, au stade de l'acquisition, commence par être auditeur, nécessairement. L'adulte, pour sa part, le restera en priorité. Tout auditeur connaît plus de registres qu'il n'en utilise et, au minimum « bilingue », il comprend, en plus de son parler familial ou local, la norme que parlent les classes dominantes, que l'école enseigne dans les sociétés d'écriture ou que les ethnies minoritaires ont apprise quand il s'agit d'une langue qui leur est étrangère, soit nationale, soit officielle. La langue de Saussure n'est peut-être pas autre chose que cette norme. Quoi qu'il en soit, le concept d'énonceur psychosocial institue un auditeur et un locuteur dont est reconnue la dissymétrie, sans que soit toutefois recommandée une linguistique de l'un qui prendrait le pas sur une linguistique de l'autre. Il importe de préciser que la notion d'énonceur psychosocial n'aboutit en aucune façon à diluer la linguistique dans la psychologie ni dans la sociologie. Bien au contraire, c'est parce que ni l'une ni l'autre ne sont en mesure de fournir de propositions spécifiquement linguistiques ni de dicter à la linguistique des modes opératoires directement utilisables pour son objet précis, que la reconnaissance d'une nature

psychosociale de l'énonceur ne noie pas sa propriété
première, laquelle est précisément d'être énonceur. On
peut en dire autant de l'inscription biologique de l'aptitude au langage comme partie du code génétique. La
biologie, bien que directement intéressée ici, n'est pas
plus que les sciences humaines en mesure de procurer
une base aux assertions purement linguistiques sur le
langage. Il en résulte que l'autonomie de la linguistique,
comme sans doute celle de toute science, est au centre
d'un curieux débat d'épistémologie : bien qu'une partie
de son propre objet échappe quasi fatalement au linguiste, les sciences que convoque légitimement l'étude
complète de cet objet ne sont pourtant pas en mesure de
fournir un fondement approprié à ce que la linguistique
en tant que telle peut avoir à dire.

L'énonceur psychosocial réunit en lui-même tous les
types d'usages de la langue en fonction des situations.
C'est pourquoi les distinctions d'inspiration logico-sémantique ne sont pas toujours opérantes si l'on entend le
saisir dans sa réalité, c'est-à-dire dans une perspective
discursive et textuelle. Il est à la fois, selon les circonstances, le locuteur qui prononce et l'énonciateur qui
agit ; tout comme il est à la fois, quand ce n'est pas lui
qui parle, l'allocutaire, auquel sont adressés les mots, et
le destinataire des actes de langage [5], ainsi que, si l'on se
plaît à ces catégorisations, le narrataire à qui s'adresse
un narrateur. Essentiels sont en revanche le plurilinguisme du langage en actes, pour reprendre la formule de

5. On peut trouver des distinctions logiques de ce type dans divers
travaux inspirés de la philosophie du langage anglo-américaine, comme
O. Ducrot *et al.*, éds., *Les mots du discours*, Paris, Ed. de Minuit, 1980.
Dans la mesure où ces distinctions sont liées à la théorie austinienne et
searlienne des actes de langage, elles risquent de diluer l'autonomie de
la linguistique dans une conception juridico-psychologique du sujet
comme « responsable d'un acte de parole » (*ibid.*, p. 44).

Bakhtine[6], le contrepoint des mots proférés et des propos rapportés, l'entrelacs du discours direct et des discours indirects. Dans bien des langues encodant cette pluralité, une marque spéciale sert à signaler (cf. p. 325) les paroles relatées, qu'*ego* n'assume pas. Le style dit indirect libre mériterait une étude détaillée dans ses rapports avec le style indirect proprement dit et avec le style direct ; de même les cas particuliers comme le subjonctif allemand d'assignation d'un dire et son équivalent français, le conditionnel de distanciation : « Un type révolutionnaire d'ordinateur serait bientôt lancé sur le marché. »

Une fois défini le concept d'énonceur psychosocial, le modèle de linguistique socio-opérative que l'on propose ici peut être caractérisé comme reflétant la *dialectique de contrainte et de liberté* qui relie la langue à l'énonceur. Le tableau suivant expose les grandes lignes de ce modèle :

I. *Domaines de contraintes :*

1. Système de la langue
   - phonologie
   - morphologie
   - syntaxe
   - organisation du lexique

   opérations
   de production
   et d'interprétation
   du sens

2. Circonstances dialogales

6. M. Bakhtine, *Esthétique et théorie du roman*, 1965, trad. fr. Paris, Gallimard, 1978, p. 39-40.

3. Facteurs biologiques
   (révélateurs : indices
   biolectaux (v. chapitre XI))

4. Imaginaire linguistique et statut
   (révélateurs : indices
   symbo-, socio-, polito-lectaux (v. *ibid.*))

II. *Domaines d'initiatives*

1. Construction du système de la langue
   a) par énonceur collectif, agent inconscient des changements sur de longues périodes
   b) par groupes d'énonceurs formant sociétés caractérisées : genèse des créoles, naissance de langues spéciales
   c) par énonceurs individuels lors d'actions conscientes : création néologique, activité poétique, intervention planifiée sur les langues

2. Part prise au façonnage des situations
   a) la variation (v. chapitre XI)
   b) l'usage de la parole comme instrument de pouvoir (v. chapitre VIII)

Le concept de socio-opératif implique que l'on ne peut retenir exclusivement ni les opérations de l'énonceur en situation de parole, ni le social représenté à la fois par le système de langue qu'il hérite des siens et par les circonstances dialogales toujours changeantes. Ces données sont inséparables. L'énonceur est la mesure de leur relation, comme celle du degré de contraintes et d'initiatives. Evidemment, ces deux domaines, qui sont ici distingués pour la commodité de l'exposé, interfèrent sans cesse dans la réalité de l'exercice discursif. Il n'y a jamais liberté pure ni contraintes exclusives, mais toujours pondération réciproque.

Domaines de contraintes

La grammaire peut se définir comme ce qui est obligatoire. S'il peut y avoir un choix au sein de paradigmes, comme ceux des cas accusatif, génitif, etc. dans les langues à déclinaisons, c'est, en fonction de l'intention, parmi des possibles imposés. Il s'agit donc d'un choix cerné d'impossibles. Il ne dépend pas de la volonté de l'énonceur de renoncer à assortir un nom de son classificateur dans une langue où l'on ne peut désigner un objet sans l'assigner à une classe (chapitre III, p. 61), ni de décider que verbe et nom ne s'accorderont pas dans une langue où cet accord est la règle. Règle aux aspects fort complexes, souvent, pour celui qui les observe de l'extérieur. Ainsi, en hongrois, les formes de conjugaison changent selon que l'on accorde le verbe avec le nombre et la personne du sujet (conjugaison subjective, sans complément ou avec complément indéfini), ou à la fois avec ces deux paramètres et avec un complément défini (conjugaison objective); mais, en outre, il existe une forme spéciale quand le sujet est une première personne du singulier et le complément une deuxième personne; enfin, si le sujet est autre qu'une première personne, on ne marque pas le complément de deuxième personne (la forme du verbe étant de nouveau celle de la conjugaison subjective). Ici, la parole des sujets magyarophones navigue entre des icebergs, à supposer qu'ils aient bien appris à toujours les esquiver.

Il s'agit donc, pour l'énonceur, d'un champ de servitudes, définitoire de la grammaire. Certes, les redondances, en quoi consistent souvent les contraintes grammaticales comme l'accord, ne sont pas absolument inopérantes, bien qu'elles conduisent l'énonceur à donner plus d'information qu'il ne serait « logiquement » nécessaire (dans d'autres cas, du reste, le système le force au contraire à en donner moins qu'il ne souhaiterait). Il est en effet vrai que la redondance est comme une condition de respiration du discours, sinon de renforcement de sa cohésion. Mais l'effort d'acquisition est vraisemblablement lié au degré de complexité de la grammaire, si vague que demeure cette notion quand on ne l'évalue pas sur les seuls locuteurs d'origine[7]. Même le lexique est une zone de contraintes, sans parler de la grille phonologique qui, en deçà des importantes variations individuelles et collectives (voir ci-dessous et chapitre XI), impose uniformément à tout énonceur d'analyser la face sonore des mots en phonèmes dont le nombre et les relations présentent un minimum obligatoire. Certes, chacun est « libre » de son idéation. Mais, par une *violence conventionnelle* qui est propre aux langues, l'individu ne peut faire que les mots aient d'autres sens que le(s) leur(s), ni une autre structure phonologique. Dans le lexique, les images, les analogies entre objets désignés, les confusions et contaminations de formes aboutissent à structurer d'innombrables champs. L'énonceur, confronté à ce matériau, ne peut faire mieux que de devenir à son tour, par l'usage qu'il en fait au cours de sa vie, l'agent inconscient des changements qui l'affectent indéfiniment. Il existe des tendances liées au degré d'usage. Certains mots sont plus fréquents que d'autres, et le

7. Voir aussi, au chapitre II, une évaluation de la simplicité en termes de traits dominants (p. 49-52).

nombre de leurs sens contextuels est donc plus élevé.

L'énonceur ne peut davantage échapper aux contraintes d'un type de figement que, de manière caractéristique, l'usure produit dans toutes les langues, à savoir l'idiomaticité. Il lui faut apprendre et retenir des formations plus ou moins démotivées. L'analyse spontanée est inapplicable à une expression française comme *casser sa pipe*, dont le sens ne résulte pas de la somme des sens des éléments, ou à une formation du yoruba (Nigeria) comme *kpā-rí* (« couper-tête » =) « terminer ». Certes, les expressions idiomatiques ne présentent pas toutes le même degré d'opacité. En français, *passer l'éponge, jeter de la poudre aux yeux* sont interprétables pour ceux qui ne connaîtraient pas ces formations. Mais on ne peut en modifier la forme. L'énonceur ne peut pas plus intervenir personnellement sur elle que sur le phénomène de figuration qui fait que *va voir à côté si j'y suis !*, par exemple, n'est pas un ordre à exécuter à la lettre, mais une façon de se débarrasser d'un importun en le chargeant d'une tâche absurde, tout comme son équivalent japonais *ototoi koi*, mot à mot « viens avant-hier ! », qui situe dans le temps l'absurdité que le français situe dans l'espace. Le peu d'acceptabilité des diverses opérations syntaxiques qu'on pourrait tenter d'appliquer confirme l'idiomaticité : les francophones seront assez partagés sur la validité des énoncés obtenus : *on coupera, s'il le faut, la poire en deux* (insertion) peut rallier les suffrages, mais on aura quelques doutes sur *la hache de guerre sera difficilement enterrée* (passivation), et plus encore, semble-t-il, du moins hors d'un contexte qui permette la mise en valeur contrastive et ironique, sur *c'est dans le plat qu'il a mis les pieds* (focalisation), ainsi que (au moins au nord de la France) sur *des vessies, il ne faut pas les prendre pour des lanternes* (thématisation).

L'arbitraire et la distorsion sont imposée à l'expérience et à la perception dès que ces dernières sont intégrées en catégories linguistiques. Car les langues, qui produisent du sens avec des formes, laissent évoluer celles-ci moins vite que celui-là.

Ainsi l'énonceur n'a pas de recours contre l'extériorité du système de la langue. Il n'a d'autre parti que de l'apprendre. Le domaine I.1. du tableau ci-dessus, seul domaine « strictement linguistique » selon la conception minimaliste du structuralisme, échappe au contrôle de l'utilisateur, du moins en pure synchronie. La composante « socio- » du socio-opératif se trouve au principe comme à l'aboutissement de tout : le système préexiste, convention définitoire de toute société humaine, à l'énonceur, quel qu'il soit, qui va s'en servir ; et d'autre part, c'est dans l'environnement social des instances de dialogue que ce système est mis en œuvre, ce qui, dans son histoire dialectique, le modifie lui-même. Ici se manifeste l'opératif, mais assorti de conditionnements : lois de combinaisons des phonèmes dont l'énonceur a, depuis l'enfance, appris les paradigmes ; composition, dérivation, et, dans les langues où elles existent, lois de variations formelles des mots, ou irrégularités des alternances (cf. les quatre radicaux *v-*, *all-*, *aill-*, *ir-*, du verbe *aller*) ; règles de construction des énoncés ; relations entre énoncés liés au sein d'une famille par des rapports de conversion.

Domaines d'initiatives

En dépit de toutes ces contraintes, l'initiative de l'énonceur est loin d'être nulle. Elle se laisse voir en de nombreuses zones d'apparente rigidité où il peut jouer des restrictions mêmes que lui imposent des formes déjà prêtes. Ainsi, il peut, au principe de l'acte de dire, marquer qu'il assume ou non ce qu'il dit. De nombreuses langues (turc, bulgare, ketchoua du Pérou-Bolivie, kwa- kiutl de Colombie britannique, oksapmin de Nouvelle- Guinée) opposent des affixes ou des formes verbales à d'autres, selon que l'énonceur prend ou non à son compte les informations ou les récits qu'il donne à entendre, ou selon qu'il les assigne à un agent direct ou à un simple témoin. Même une catégorie aussi fortement intégrée aux flexions verbales que l'est l'aspect dans les langues slaves demeure un instrument fort souple dont les latitudes d'usage, au gré des choix d'expression dans les textes vivants d'orature et d'écriture dialoguée, sont telles que l'emploi n'en est pas toujours prévisible, ni donc strictement codé. Ce sont encore l'examen des textes et l'attention aux dialogues qui révèlent les sou- plesses d'emploi des marques de fonctions elles-mêmes : parties intégrantes de la morphosyntaxe, on pourrait les croire automatiques ; or le *ko* du birman et surtout le *râ* du persan, tous deux indices du complément correspon- dant au patient (« complément d'objet »), relèvent pour une large part, dans leur usage, du choix de l'énonceur. La même chose est vraie du *a* de l'espagnol, marque de ce que l'on appelle, en une formulation étrange et contradictoire, « objet direct prépositionnel ». Les pré- sentations des manuels seraient moins embarrassées, et moins grandes, peut-être, les perplexités des apprentis, devant des oscillations comme *defender la sociedad* et *defender a la sociedad* (« défendre la société ») dans un même article de journal, si l'on admettait que moyen- nant un sens différent ou même parfois avec le même sens global, l'énonceur peut choisir entre le maximum (présence de *a*) et le minimum (absence de *a*) de singula- risation du patient et d'efficience du verbe[8].

---

8. Cf. B. Pottier, « L'emploi de la préposition *a* devant l'objet en

Mais, en outre, pourvu que l'on veuille bien relativiser et assouplir l'opposition trop rigide, durcissement de la pensée de Saussure, entre histoire de l'évolution des langues et états synchroniquement observables, la trace de l'énonceur humain est clairement perceptible partout. Non certes comme inventeur conscient d'un système qu'il choisit, mais au moins comme agent transitoire et plus ou moins volontaire, aux étapes successives, d'évolutions qu'il façonne par ses instances de parole. Le temps finit par les inscrire dans le tissu morphologique. Quatre exemples, parmi tant d'autres, peuvent ici suffire. Le premier est celui des quantificateurs, aussi bien universels (ex. *tout*) qu'existentiels (ex. *quelqu'un*) : dans 76 % des langues, ils sont dérivés d'interrogatifs [9], c'est-à-dire de marques des questions proférées dans la relation d'interlocution. Le deuxième exemple est celui de l'*anthropologie casuelle* : on propose d'appeler ainsi la désignation, à peu près universelle et plus ou moins analysable selon les langues, des relations spatio-temporelles d'après les noms des parties du corps humain, le corps, omniprésent au dialogue, de l'énonceur psychosocial parlant du monde qui l'environne et dont il est la mesure (v. chapitre III, p. 82). L'*échelle axiologique des êtres en langue* constitue le troisième exemple : c'est ainsi que l'on nommera la représentation sous-jacente aux séries d'articles comme les huit que possédait le kawi, ancienne langue de Java, et qui s'employaient pour déterminer les noms, répartis en huit classes : le sommet de la hiérarchie est, comme on peut s'y attendre, occupé par les êtres que l'énonceur humain révère : dieux,

espagnol », *Bulletin de la Société de Linguistique de Paris*, LXIII, 1, 1968, p. 83-95, auquel est emprunté l'exemple cité.

9. Cf. C. Hagège, *La structure des langues, op. cit.*, p. 77. Les faits cités ci-après proviennent de cette même source.

saints, héros, rois, et les plus bas degrés par le non-humain, notamment par les noms d'inanimés.

Le dernier exemple est celui d'opérations d'encodage à travers lesquelles l'énonceur inscrit dans la trame des langues son activité de parole. Certaines langues de Nouvelle-Guinée[10], de Californie, ainsi que l'anglais, utilisent un auxiliaire « faire » pour souligner la réalité (affirmation) ou la non-réalité (négation) de ce qu'on asserte, ainsi présenté comme relevant du faire ou du non-faire. La mise au jour des opérations d'encodage permet de comprendre d'autres phénomènes troublants. Ainsi, en nahuatl (Mexique), le mot *tla* sert à marquer aussi bien l'hypothèse que ce qui paraît la contredire, à savoir l'assertion forte : en réalité, on peut considérer que l'énonceur adopte dans les deux cas le point de vue de son partenaire, chez qui il enregistre (hypothèse) ou tente de réduire (assertion forte) une contestation possible[11]. On note encore dans de nombreuses langues (russe, géorgien, nahuatl, chamorro de Guam, aïnou du Japon, tchouktche d'U.R.S.S., mojave de Basse-Californie, etc.) une homologie de structure entre deux ou plusieurs des contenus suivants : passif, réfléchi, réciproque, pluriel, potentiel, adresse honorifique. Si l'on prend en considération les opérations énonciatives concrètes, cette homologie perd une bonne part de son étrangeté : mettre à l'écart, par l'emploi du passif, la mention d'un agent extérieur comme cause efficiente d'un événement est une opération comparable à l'oblitération polie (usage de l'adresse honorifique) de sa singu-

10. Cf. M. Lawrence, « Structure and function of Oksapmin verbs », *Oceanic Linguistics*, 11, 1, 1972, p. 47-66.
11. Cf. S. de Pury-Toumi, « L'espace des possibles : l'exemple du nahuatl », *Bulletin de la Société de Linguistique de Paris*, LXXVI, 1, 1981, p. 359-379.

larité (emploi du pluriel) ; de même, la non-mention d'un
agent suggère la spontanéité, et donc la propension à se
produire (potentiel) de l'action que le patient exerce soit
sur lui-même (réfléchi), soit en retour de celle qu'il reçoit
(réciproque) [12]. Enfin, on peut appeler *système de l'égo-
phore* cette vaste construction, caractéristique des langues, en vertu de laquelle les adverbes de lieu et de
temps, les démonstratifs, les articles, le cas échéant, et
les termes de référence à une autre partie du texte [13]
s'organisent tous autour d'un centre de désignation
constitué par les partenaires du dialogue, indissolublement unis dans la relation d'inversion qui fait que
chacun se nomme comme « je » et nomme l'autre d'un
« tu ». Une *écolinguistique* à venir devrait étudier la
manière dont sont intégrés en langue les repères « naturels » culturalisés : points cardinaux, particularités géographiques, habitations humaines, éléments cosmiques.

Les opérations du sujet humain s'inscrivent plus
clairement encore dans la syntaxe. Un exemple riche
d'enseignements est celui des langues mi-accusatives
mi-ergatives, qui utilisent à la fois deux des principaux
types de structures d'énoncés transitifs attestés dans les
langues. Le système dit accusatif est celui dans lequel un
énoncé à deux participants agissant l'un sur l'autre ne
marque que le complément, c'est-à-dire celui qui correspond au patient. Dans le système dit ergatif, au
contraire, c'est l'agent qui est marqué. Or les marques
(prépositions, postpositions, désinences casuelles ou
combinaisons des deux, phénomènes accentuels ou

---

12. Cf. M. Shibatani, « Passives and related constructions : a proto-
type analysis », exposé présenté au VIe Colloque International de Paris
VIII, mai 1984.
   13. Et, parmi eux, les *logophoriques*, qui renvoient au dire ou à la
pensée d'*ego* : cf. C. Hagège, « Les pronoms logophoriques », *Bulletin de
la Société de Linguistique de Paris*, LXIX, 1, 1974, p. 287-310.

tonals, etc.) ont une base informationnelle : *à l'origine, on marque ce qui est le moins attendu*, afin d'y attirer l'attention, et c'est donc l'information plus attendue que l'on laisse sans marque. Si l'on admet d'autre part qu'*ego*, source de tout discours [14], se situe spontanément lui-même au sommet de la hiérarchie des dicibles comme de celle de puissance, il en résulte tout naturellement que la probabilité d'être *agent* (défini) et non *agi* est très forte pour *ego*, moins pour « tu », et qu'elle décroît régulièrement jusqu'à l'inanimé en passant par les divers « il » puis les animés non humains. Par conséquent, dans une langue à syntaxe mixte, on devra s'attendre à voir *ego* traité accusativement, c'est-à-dire non marqué lorsqu'il est agent et marqué lorsqu'il est patient. Après *ego*, on note une *oscillation de l'axe de personnalité* : « tu » peut se situer, selon les langues, avant ou après l'axe, c'est-à-dire être traité accusativement ou ne pas l'être, et de même les « il » humains ou ceux qui ont avec *ego* les plus fortes affinités. Quoi qu'il en soit, les inanimés et la plupart des animés non humains seront, en général, traités ergativement, c'est-à-dire marqués quand ils seront agents et non marqués quand ils seront patients : l'énonceur transhistorique dont l'omniprésence bâtit la syntaxe « considère » qu'il est normal pour eux d'être agis plutôt qu'initiateurs d'action, prérogative humaine. Telle est la situation dans de nombreuses langues d'Amérique du Nord et d'Australie.

Dans d'autres langues, on aperçoit au moins, sinon une priorité d'*ego*, une affinité de la catégorie de la personne avec celle de l'agent, dont le statut est conçu comme un privilège humain. En français, dans les

14. Il s'agit toujours, évidemment, d'un *ego* inversable en « tu », et non d'un moi comme sujet unique et omnipotent.

formes verbales composées, l'auxiliaire, qui est seul
fléchi selon la personne, s'accorde de préférence avec
l'agent, tandis que le participe est accordé, comme s'il
était le verbe d'une langue ergative, avec le patient. On
dit donc *je l'ai prise* ou *je t'ai prise* (accords croisés *je*/*ai*
et *l'* ou *t'*/*prise*), plus naturellement que *tu as été prise
par moi* ou *elle a été prise par moi*, qui ne sont concevables que dans des énoncés centrés sur le patient pris
comme thème. D'autres langues indo-européennes,
comme le marvari (Inde), présentent des phénomènes
semblables.

　Il est clair que dans tous ces cas, les choix de l'énonceur ont en fait abouti à créer des contraintes, et il peut
donc paraître paradoxal de les assigner au domaine des
initiatives. Mais les langues ne cessent de se transformer,
et par conséquent, les choix motivés finissent par laisser
place aux figements, en attendant une remotivation.
Certes, le traitement de l'agent dans les langues mi-
ergatives est un phénomène syntaxique, c'est-à-dire une
contrainte. Mais il porte la marque d'une activité
d'énonciation par quoi l'homme dialogal, signant sa
présence, dit sa primauté dans l'univers, et c'est à ce titre
qu'il est assignable à son initiative. On peut en dire
autant des faits de séquence où se manifeste un ordre de
préséance des acteurs humains. Dans diverses langues
américaines (algonquien, navaho, etc.) et australiennes,
l'ordre est le même que dans l'énoncé français *je le bats*,
mais on ne peut pas suivre le même ordre que dans *il me
bat*, car alors *ego* n'apparaîtrait plus en tête alors qu'il est
situé au sommet de la hiérarchie des dicibles. On devra
donc conserver la première des deux séquences, mais en
ajoutant une marque de passif ou d'inversif, qui indique
que « je » est cette fois patient. Le parallélisme des trois
points de vue (v. chapitre IX), surgit alors en pleine
lumière : l'acteur le plus élevé dans la hiérarchie, néces-

sairement choisi comme thème (point de vue 3), correspond au sujet (point de vue 1), qu'il soit agent ou patient
(point de vue 2).

Enfin, l'initiative de l'énonceur apparaît à l'évidence
comme un des moteurs de l'évolution des langues. Soit
sur de très longues périodes, comme dans le cas des
idiomes dont son rythme rapide d'élocution a métamor-
phosé la morphologie : un cas frappant est celui du palau
(Micronésie), où les déplacements d'accents liés à ce
rythme ont entraîné une véritable mutation typologique[15]. Soit sur des périodes plus brèves, (par changement assimilable à une catastrophe au sens de R.
Thom[16]), comme dans le cas de l'hébreu israélien, qui se
constitue un verbe de possession en passant d'une
structure centrée sur « être » à une structure centrée sur
« avoir », par sélection du possesseur humain : ainsi, on
passe de la formule classique (hébreu biblique) *lo haya
l-i ha-kesef ha-darūš*, mot à mot « négation était à-moi
le-argent le-requis », à *lo haya li et ha-kesef ha-darūš*[17],
étrange structure dans laquelle apparaît la marque de
complément *et*, normalement employée après un verbe
transitif et devant le nom qui réfère à son patient. Force
est bien, alors, de considérer que *lo-haya-li* est traité
comme un véritable verbe « avoir » transitif, quoique, les
formes évoluant moins vite que les sens, sa structure soit
toujours celle d'un verbe être (*haya* « était ») à complément personnel bénéfactif (*li* « à moi »). Mais l'emploi de

15. Cf. C. Hagège, *Les catégories de la langue palau (Micronésie), une
curiosité typologique, op. cit.*

16. R. Thom, *Stabilité structurelle et morphogenèse*, Reading, Ma.,
Benjamin, 1972.

17. Exemple emprunté à H. Rosén, « Quelques phénomènes d'absence et de présence de l'accord dans la structure de la phrase en
hébreu », in *Comptes rendus du Groupe Linguistique d'Etudes Chamito-
sémitiques*, t. X, 1964, p. 83 (78-84).

et marque clairement qu'il y a eu réanalyse, comme le confirme une possibilité supplémentaire : celle d'antéposer *ani* « moi » à cet énoncé, ce qui en fait une structure à verbe « avoir » et sujet possesseur, tout comme son équivalent français *je n'avais pas l'argent nécessaire*. La structure possessive à verbe « avoir », par opposition à celle qui est centrée sur « être », prend pour référence non pas l'objet possédé, mais le possesseur, humain le plus souvent.

L'étude des évolutions à une grande profondeur historique fait apparaître, partout où la documentation est disponible ou les faits restituables avec une forte probabilité, l'existence d'un *cycle morphonosémantaxique* : lent cheminement de la sémantique à la syntaxe puis de la syntaxe à la morphologie et à la phonologie ; une fois cette branche parcourue, lent cheminement en sens inverse, refermant le cycle en attendant un nouveau cycle. Un exemple remarquable, pour une portion de chaque branche du cycle, est l'évolution des pidgins en créoles (v. chapitre II, p. 49).

Les faits, ici encore, portent la signature de l'énonceur « hominisant » les structures. On se gardera, cependant, de le magnifier comme siège de tout pouvoir. L'égologie traditionnelle bâtie sur un sujet transcendantal est largement dépassée depuis que la psychanalyse freudienne a trouvé dans l'inconscient pulsionnel un levier de décentrement, et que les recherches sociogénétiques ont dilué dans une dynamique sociale l'intériorité du « je ». L'énonceur psychosocial est dialogal par nature, même quand la situation de discours n'est pas dialogique.

Les chicanes de la parole : brisures, double-entente,
connivences paraphrastiques, effractions connotatives

Si l'on étend le regard au-delà des parties les plus
structurées de la langue, l'initiative de l'énonceur psychosocial apparaît plus large encore. Il est d'abord libre
des variations de ses registres, n'adoptant pas le même
style ni le même vocabulaire selon qu'il prononce un
discours public, fait une déclaration sentimentale ou
demande le sel à son voisin de table. D'autre part, il
manifeste constamment sa présence par des « infrac-
tions » à la continuité linéaire du discours sous la forme
d'éléments qui remettent en cause les structures canoni-
ques des exemples pour manuels de grammaire : les
briseurs de chaîne. Ces derniers disloquent les contiguï-
tés comme celle du relateur et de son régime (ex. *sur,*
mettons, tel ou tel plan, ou *sans, bien sûr, intervenir*),
fragmentent par insertion la solidarité d'un verbe et de
son complément lié (ex. *il avait peut-être soif*), ou bien
soulignent, par extraction et répétition, un élément
précédent (ex. *il a peur, entends-tu, peur !* ou *ils ont*
disparu, je dis bien, disparu).

Les briseurs de chaîne jouent un rôle essentiel ; car ils
atténuent les effets d'une des principales contraintes qui
font obstacle à l'activité dialogale, à savoir la *simulta-*
néité, incontournable, de l'émission de paroles et de la
planification du discours en phrases et ensembles de
phrases. Ils facilitent cette planification en tant qu'éléments d'une stratégie visant à éviter la contiguïté des
mots dans le discours, et du même coup la pression du
temps qui les aligne sans répit. On n'a pas toujours
entièrement construit une phrase ou un texte au
moment où on s'apprête à les proférer. A travers les
ratés, les reprises ou les suggestions de parallélismes

puisées dans cela même qu'on vient de dire, le propos se
construit, la représentation s'affine, le projet se précise à
mesure que le discours progresse. « L'idée vient en
parlant ». H. von Kleist, auteur de cette formule, applicable à de nombreux cas s'il est vrai qu'elle ne vaut pas
pour tous, ajoute dans le même passage [18] : « Je m'aper-
çois, à mon plus grand étonnement, qu'à la fin de la
période les notions apparaissent dans une clarté parfaite
[...] Je mêle à mon discours des sons inarticulés, j'allonge
les conjonctions, j'insère par moments des appositions
redondantes, et je me sers encore de bien d'autres
artifices pour gagner du temps, nécessaire à la fabrication de mon idée. »

Ainsi, les briseurs de chaîne sont un des rares moyens,
non d'abolir le temps, qui ne s'abolit pas, mais de lui
imposer des paliers. Ils ne permettent pas seulement de
modaliser l'énonciation en donnant voix à la subjectivité
de l'énonceur, qui prend ses distances par rapport à ce
qu'il dit. Ils lui accordent, fugitivement, le temps d'un
répit. Cette rémission lui permet de mieux s'écouter. Car
il lui faut bien s'écouter à mesure que sa parole progresse, pour s'assurer que ce qu'il va dire correspond à
ce qu'il veut dire. Le mot du prince Henri dans *Mariages*,
de W. Gombrowicz, n'est pas si absurde qu'il paraît : « Je

---

18. « Über die allmähliche Verfertigung der Gedanken beim Reden »,
1805, dans *Sämtliche Werke*, 4. Teil, Deutsche National-Literatur,
vol. 150, Berlin-Stuttgart, Speeman, 1878, p. 282 s. Cité par I. et J.
Fónagy, « L'intonation et l'organisation du discours », *Bulletin de la
Société de Linguistique de Paris, op. cit.*, (v. p. 109, n. 37), p. 189 (161-209).
Dans son article, von Kleist citait, entre autres exemples, la célèbre
réplique de Mirabeau au marquis de Dreux-Brézé le 23 juin 1789. On
pourra encore consulter, sur les stratégies ludiques du discours telles
que les étudient les courants contemporains d'analyse du texte, le livre
de D. Laroche-Bouvÿ, *La conversation : jeux et rituels*, thèse d'État
déposée à l'Université de Paris III.

ne sais que dire, mais quand je l'aurai dit, je le saurai. »
Les briseurs de chaîne, en outre, laissent le temps
nécessaire pour appliquer les règles de morphosyntaxe,
sur lesquelles des hésitations peuvent persister jusque
chez l'adulte. Mais évidemment, ils ne suffisent pas à
conjurer les fautes et malgré l'aide qu'ils apportent, c'est
en prononçant des phrases incorrectes mais compréhen-
sibles que les énonceurs construisent de nouvelles
grammaires et font évoluer les langues.

Un phénomène inhérent aux langues, l'*ambiguïté*, est
encore un enjeu de la liberté de l'énonceur. Il existe des
ambiguïtés lexicales, liées à la disproportion entre l'inventaire lexical des langues et la masse illimitée des
objets du monde. En syntaxe, il peut s'agir non de
simples homonymies de constructions, mais de véritables ambiguïtés référentielles. Socrate, dans *la maison
de Socrate*, peut être le possesseur, mais aussi le
constructeur, celui qui mentionne la maison dans son
discours, ou encore celui dont le nom est associé à son
évocation. Dans *la crainte de l'ennemi*, *l'ennemi* est soit
celui qui craint, soit celui qui est craint. *Anglais*, dans *le
marchand de drap anglais* peut s'appliquer soit au
marchand, soit au drap. L'ambiguïté est partout, et
l'énonceur, de quelque niveau que soit sa connaissance
de la langue ou son aptitude à s'en distancier, ne se
fait pas faute d'en jouer : les plaisanteries métalinguistiques existent dans toutes les langues et dans tous les
styles.

En privilégiant la « linguistique de la langue » au
détriment de celle de la parole, Saussure n'a pas seulement *séparé* deux perspectives solidaires qu'il aurait dû
suffire de *distinguer* ; il n'a voulu retenir que les valeurs
en système de langue, accréditant ainsi pour longtemps,
chez les structuralistes, la thèse de l'univocité, prétexte à
l'expulsion de l'ambigu hors du champ des connaissa-

bles, et leur enseignant une méfiance durable à l'égard du sens dans la réalité de sa construction en activité de parole. Si c'est à cette réalité qu'on s'applique, les structures de phrases et les mots ambigus ne peuvent plus être étudiés comme des accidents homonymiques mais comme les manifestations d'une polysémie foncière (l'homonymie étant réservée aux cas d'évolutions historiques qui ont abouti à la confusion de signifiants d'abord distincts, ou aux cas de divergences entre signifiés dont seule une recherche étymologique retrouverait les sèmes communs). Contingence de l'homonymie d'un côté, structuration analysable de la polysémie de l'autre, les deux cadres ne sont pas conciliables. La recherche est une suite contrastée de moments. Avant Saussure, la grammaire, héritière de l'âge classique, ne séparait pas les effets de sens en discours et le code de langue, comme l'attestent l'intégration du catalogue des tropes [19] et le nom même de rhétorique donné à l'étude de la langue et autrefois à la classe de première des lycées. La linguistique socio-opérative, comme certains courants contemporains, entend retrouver l'unité de la langue et du discours, et voit dans l'énonceur psychosocial le lieu de cette unité. Ce projet la situe à un point de convergence avec un dessein critique d'horizon tout différent. « La littérature et le langage sont en train de se retrouver [...] tout au moins au niveau de l'écrivain, dont l'action peut de plus en plus se définir comme une critique du langage. » Ce mot de R. Barthes suit un passage où il notait que la rhétorique, à l'issue d'un

---

19. Cf. C. Fuchs et P. Le Goffic, « Ambiguïté, paraphrase et interprétation », *Modèles linguistiques*, V, 2, 1983, p. 134 (109-136). Il faut aussi rappeler que dès 1675, la première édition du grand livre de l'oratorien B. Lamy, *La rhétorique ou l'art de parler* (v. chapitre VII, p. 208-209), accrédite l'assignation de la rhétorique à la grammaire.

règne de près de deux siècles, avait été ruinée à partir de la fin du XIXᵉ siècle[20].

Si l'énonceur psychosocial peut encoder l'ambigu, soit involontairement, soit avec une intention, il s'efforce en tant qu'auditeur de comprendre, tout comme le traducteur, qui doit prendre parti. Certes, la chose ne va pas de soi. L'échange de mots dépouillé d'ambiguïtés, la « communication réussie » sont-ils la norme, ou plutôt une trouée de clarté sur fond de permanent malentendu ? Le malentendu, au reste, est autant dans ce qui n'est pas dit que dans ce qui, étant dit, peut avoir plus d'un sens à la fois. Il serait temps d'en finir avec l'idée, héritée des versions étroites du structuralisme, et encore bien ancrée ici et là, qu'un message doit tout dire et qu'à ne pas tout dire il n'est qu'une parcelle incomplète. Les messages sont transférables de contextes en contextes, et leurs nomadisations affectent leurs sens ; ils renvoient les uns aux autres, s'éclairent les uns par les autres, souvent de manière inattendue et au défi des écarts de temps, d'espace et de cultures. Selon leur contexte, des messages identiques portent des sens variables, sinon contradictoires. Dans le dialogue comme dans les œuvres littéraires, c'est l'intertextualité qui livre les sens cachés, renvoyant les phrases les unes aux autres, fournissant en un point de quoi « lever » les ambiguïtés d'une ellipse située longtemps avant ou après. Or le maître d'encodage de ces textes de pénombre, leur maître déchiffreur aussi, c'est l'énonceur psychosocial, cryptologue assidu, autant que manipulateur d'ambiguïtés voulues, outre celles que sa langue impose ou que son inconscient lui dicte.

20. Intervention publique consignée dans *Le bruissement de la langue*, Essais critiques IV, Paris, Ed. du Seuil, 1984, intr. par F. Wahl, p. 21 (sous le titre de chapitre « Ecrire, verbe intransitif »).

Cependant, à s'en tenir à une problématique qui ne se reconnaît pas d'autre centre que l'ambiguïté, on risque d'oublier la part prise par la situation dans l'établissement des univocités. « L'aptitude à saisir simultanément les différents sens d'un même mot [...] et, *a fortiori*, l'aptitude à les manipuler pratiquement [...] est une bonne mesure de l'aptitude typiquement savante à s'arracher à la situation. »[21] On oublie trop souvent, aussi, que des courbes intonatives différentes correspondent assez fréquemment à des structures syntaxiques distinctes pour un « même » énoncé, qui ne paraît ambigu qu'à être envisagé sous sa seule forme écrite. Ainsi, *c'est le français qu'il parle* peut, selon l'intonation, avoir deux sens tout à fait différents : soit « c'est là le type ou le style de français qu'il parle », soit « ce qu'il parle, c'est le français, et non l'anglais, le russe, etc. ». Enfin et surtout, l'auditeur a pour propos principal, même si les ambiguïtés constitutives du langage et de sa mise en œuvre compromettent son effort, de déconstruire le sens qu'il reçoit comme construit. S'il y parvient largement, c'est que l'ambiguïté, composante obligée du langage, n'y règne pourtant pas en maîtresse.

Les langues ont encore le pouvoir de confier le même sens à des énoncés formellement différents : elles permettent de produire, pour un sens donné, plusieurs énoncés qui sont des paraphrases les uns des autres et qui constituent donc une même famille. L'existence de manières variées de dire la même chose tient à un double phénomène : l'abondance des synonymies lexicales (n'excluant pas les homonymies, car les langues sont des organismes historiques et donc largement aléatoires), et celle de structures syntaxiques différentes et

21. P. Bourdieu, « L'économie des échanges linguistiques », *Langue française*, n° 34, mai 1977, p. 19, n. 4 (17-34).

pourtant sémantiquement homologues. En effet, la variété des classes de mots et des fonctions permet pour des situations semblables des traitements linguistiques distincts. Connaître une langue, c'est, entre autres choses, être capable de bâtir et d'identifier des phrases formellement diverses auxquelles on attribue pourtant le même sens ou à peu près. L'activité paraphrastique de l'énonceur est donc inhérente à toute théorie du langage. La possibilité des paraphrases comme trait foncier de l'activité linguistique s'observe dans le dialogue le plus courant, par exemple sous la forme du couple question / réponse : *Est-ce qu'il est bien 9 h 50 ? — Oui, il est dix heures moins dix*, ou *Est-il célibataire ? — Oui, il n'est pas marié*. L'exploitation voulue, par l'énonceur, des connivences paraphrastiques ouvre une zone de relative liberté. Ici se profile même un des enjeux de la recherche informatique dans l'avenir proche et lointain. L'ambiguïté est un des phénomènes dont le codage en langue laisse une place au choix libre de l'énonceur. Un autre phénomène qui possède cette propriété est la reprise, par pronom anaphorique, d'un élément du contexte antérieur, qu'il y ait référence à cet élément formel lui-même ou à la réalité extralinguistique qui lui fait écho (problème linguistique des critères de la coréférence). Un troisième phénomène de ce type est l'ellipse. C'est de la capacité qu'auront les ordinateurs d'intégrer ces phénomènes, ainsi que celui de la paraphrase, c'est-à-dire de traiter naturellement ces propriétés nucléaires des langues, que dépendra dans une large mesure leur succès comme dispositifs parlants. Pour le moment, il semble que la technologie, après les déceptions déjà causées naguère par les machines à traduire, affronte encore ici un quadruple défi.

La *connotation* et les *lectures plurielles* sont un champ voisin de celui de l'ambiguïté et du malentendu. En même temps que le sens dénoté par les mots et par leur assemblage en phrases de textes, l'énonceur peut, sans le vouloir, connoter, c'est-à-dire transmettre parallèlement, une série de sens qui parlent de lui, de son histoire, de ses fantasmes, de son appartenance sociale. Seul un effort d'analyse peut parvenir à décoaguler l'idéologie inhérente aux mots de tous les jours, et par exemple à une « simple » expression comme *mère de famille*, qui fait gronder plus d'une féministe. Mais l'énonceur peut aussi décider d'investir délibérément du connoté et de densifier sa parole par l'accumulation des contrepoints. Une phrase comme *c'est un socialiste* est différemment connotée selon les tropismes électoraux de celui qui la profère. L'initiative de l'énonceur peut même, par une sorte d'effraction dans un système mal clos, atteindre le lexique : les sens connotés, qui relèvent de la contingence des situations, peuvent en venir à s'intégrer dans le sens de base, et se solidifier en dénotations. C'est une des voies d'évolution des lexiques. Ainsi, le mot *bureau*, tout en désignant toujours le même objet, a fini par s'appliquer également à diverses choses qu'il évoque, comme la salle dans laquelle il se trouve, ou les personnes réunies autour de lui pour un travail administratif. En français très littéraire, l'expression *tel qu'en lui-même*, tirée d'un vers célèbre de Mallarmé sur Edgar Poe enfin transformé en lui-même par l'éternité de la mort, est appliquée à tel ou tel dont on veut suggérer que la personnalité est immuable.

Le choix des individus ou des groupes anonymes apparaît encore dans la *minoration euphémistique*, en vertu de laquelle diverses ressources de la langue sont mises à profit pour refouler les sens et les images qui leur sont associées, en les camouflant sous la magie propitiatoire des noms biaisés. On dit beaucoup aujourd'hui en français *longue et pénible maladie* au lieu de *cancer, demandeur d'emploi* au lieu de *chômeur*, ou encore *troisième âge, pays en voie de développement, non-voyant* à la place de *vieillesse, pays sous-développé, aveugle* respectivement[22]... On dit depuis longtemps, dans le langage des armées, *repli* ou *redéploiement* de préférence à *fuite* ou *déroute*. On a toujours remplacé le mot *mort* par des évocations en demi-teinte comme *départ, disparition*. Depuis des temps fort lointains, on appelle belette («petite belle»), pour se le concilier, un animal redouté dans les campagnes, et les langues romanes possèdent des noms détournés de cet animal tout comme le français. Même exorcisme des puissances néfastes dans d'autres cultures, par la substitution, aux mots tabous, de compensations décoratives à travers lesquelles se lit le penchant de l'énonceur pour l'antiphrase conciliatrice : la liste en est longue en arabe classique, où l'on trouve, par exemple, *salīm*, «sain», *ᶜaqūq*, «jument pleine», *ḥāfil*, «chamelle aux pis gonflés», pour désigner, respectivement, un homme mordu par un serpent, une jument stérile depuis un certain temps et une chamelle dont les pis sont vides[23].

On trouve maints exemples de termes anciens qui, à partir du moment où un objet étranger, introduit par contact de cultures, devient familier, commencent, sur une initiative des énonceurs, à être utilisés pour le désigner, cependant qu'un terme nouveau, ou l'adjonction d'une qualification au terme ancien, sont choisis pour restituer un nom à l'objet autochtone. Ainsi, l'énonceur fait passer un terme non marqué (c'est-à-dire

22. En allemand, un exemple connu est celui de *Entsorgungspark*, littéralement «parc pour la libération des soucis», c'est-à-dire en fait «usine pour le traitement des déchets nucléaires»...
23. Cf. D. Cohen, «*Aḍḍād* et ambiguïté linguistique en arabe», *op. cit.*, p. 15.

fréquent de par la fréquence culturelle de l'objet qu'il
désigne) à un sens nouveau ; le terme, d'abord, devient
marqué ; mais ensuite, la fréquence de la chose nouvelle
qu'il désigne le fait passer au statut de terme non
marqué (par opposition à celui qu'on choisit pour qu'il
s'applique à l'objet relégué en arrière-plan). Les illustrations de cette *inversion de marques* sont nombreuses. En
huastec, langue maya du nord du Mexique[24], le terme
non marqué *bičim*, « daim », a commencé à s'employer
pour désigner le cheval, jusque-là inconnu et que ve-
naient d'introduire les Espagnols. Aujourd'hui, c'est
donc un terme marqué qui désigne le daim, à savoir
ic'a:mal, littéralement « pourvu de cornes ». Des phénomènes comparables sont attestés en navaho (Arizona), en
kiowa (Oklahoma), en eskimo et, à dates plus anciennes,
dans de nombreuses langues européennes.

Invention individuelle, langue poétique

A un niveau qui demeure individuel et qui, dès lors, ne
reçoit pas de consensus, on peut siter les *glossolalies*,
inventions délirantes de langues (chapitre V, p. 138). Ce
cas est, en principe, distinct des phénomènes de *xénoglossie* ou réinvention « miraculeuse » de langues existan-
tes que l'on ignore. Mais le Miracle de la Pentecôte a
donné lieu à deux autres interprétations au moins[25] :
l'araméen, langue des Apôtres, est compris de tous les
fidèles en dépit de la diversité des nations qu'ils représentent ; ou bien les Apôtres parlent une manière de
langue universelle, transparente à chacun. Or dans

24. Cf. R. Witkowski & C.H. Brown, « Marking reversals and cultural
importance », *Language*, 59, 3, 1983, p. 572 (569-582).
25. Cf. M. Yaguello, *Les fous du langage, op. cit.*, p. 31.

ces cas variables de xénoglossie, l'inspiration est voisine des mobiles du glossolale. Tous rêvent d'une langue adamique et prébabélienne, par nostalgie d'un paradis perdu. Dès lors, bien que les glossolalies soient individuelles et momentanément pathologiques, elles rappellent avec éclat un des plus vieux songes humains (cf. p. 165-168) : abattre les murailles de la langue pour accéder au domaine dont l'illusion de l'ineffable nourrit l'attrait. Ce songe ne fait que porter au-delà de ses limites une *pulsion de l'exprimable* qui se fraie des canaux variés. Car les soliloques du schizophrène, les spéculations les plus incontrôlables, les envolées les plus lyriques appartiennent autant au dicible que les discours les plus rationnels et les textes les plus aisément analysables. L'énonceur psychosocial peut non seulement hésiter, insérer des briseurs de chaîne, se reprendre, accumuler les ruptures ou les lapsus, *il peut aussi violer la syntaxe, au moins sur certains points, pour autant que cette violation ne compromet pas le sens.*

Un autre champ demeure ouvert au désir de l'énonceur cherchant à s'évader de l'implacable prison des linéarités du signe et de l'énoncé. Les créations de ce désir, inventions littéraires d'individus doués, ne sont pas plus ratifiées par la communauté que ne le sont les glossolalies. On parle, en traduisant l'expression *portmanteau-word*, due à L. Carroll, de mots-valises[26]. D'autres, soulignant leur splendide exil, les appellent des mots sauvages[27]. Ce sont pour la plupart des inventions

26. Cf., parmi les travaux récents sur ces créations assez en vogue, entre autres, chez certains disciples de Lacan, A. Grésillon, « *Mi-fugue mi-raison. Dévaliser des mots-valises* », *DRLAV,* (Université de Paris VIII), n° 29, 1983, p. 83-107. Certains des exemples ci-dessous sont empruntés à cet article.

27. M. Rheims, *Dictionnaire des mots sauvages*, Paris, Larousse, 1969.

d'écrivains jouant à subvertir la continuité des sons par l'imbrication ou la condensation, en un seul mot, de deux mots qui possèdent une ou plus d'une syllabe en commun : *bourreaucratie, canaillarchie, coïtération, délivicieuse, étudiamante, hérésistance, mécontemporain, mélancomique, mélomaniaque, prévoiricateur, romansonge, cosmopolisson* (Morand), *éléphantaisiste* et *ennuiversel* (Laforgue), *nauséabondance* (Audiberti), *nostalgérie* (Montherlant), *patrouillotisme* (Rimbaud), *ridiculiser* (E. Rostand). En allemand, on trouve, par exemple, *Hakenkreuzotter*, de *Hakenkreuz*, « croix gammée » + *Kreuzotter*, « vipère ». Tous ces exemples font assez paraître la richesse des connotations idéologiques et personnelles qui s'investissent dans ces mots de fantaisie et les saturent d'information en en faisant les équivalents d'énoncés entiers. Certaines de ces créations sont des jeux purement graphiques, également vecteurs de contenus diversement subversifs : *constipassion, ensaignement, sangsuel, effervessence, fainéhantise, Alb'atroce, seinphonie.* Mais même les plus aberrants des mots sauvages ne peuvent transgresser le système de n'importe quelle façon. Il existe un code de la violation. L'un au moins des constituants doit être soumis à la règle de continuité, et tout mot-valise appartient nécessairement à une des classes de mots que reconnaît la langue.

Dans toutes les cultures, il existe des jeux d'inversions de syllabes (ou, le cas échéant, de tons ou d'accents), des jeux d'insertions de segments factices, d'itérations, de récurrences, et bien d'autres manipulations ludiques de la langue. Certaines (Turquie, Sardaigne, Groenland) connaissent des duels oratoires, où la palme revient au plus virtuose de ces joueurs de langues. Toutes espèces de fantaisies verbales, de calembours, d'initiatives néologiques sans autre finalité que ludique en dehors de la complaisance à paraître spirituel et du succès qu'on en escompte, attestent l'immensité du champ d'invention que se taillent les énonceurs individuels dans le territoire apparemment figé des conventions de langue.

L'intuition banale de l'écart par rapport aux contraintes de la langue ne peut suffire à caractériser une autre activité nucléaire, coéternelle à l'homme dialogal. Certes, l'activité poétique participe du désir de s'assurer la maîtrise du langage par la subversion de ses lois. Mais elle est beaucoup plus que cela. Un des moyens est l'établissement de correspondances entre les sons, par la rime, l'assonance, les homologies métriques, etc. Ainsi, le sens se trouve diffusé au lieu de se concentrer sur les mots. Les parallélismes et couplages suggèrent une parenté des sens sous celle des sons. Mais le parallélisme, contrairement à ce qui est complaisamment répété, n'est pas toute la poésie, et les cultures, à travers les langues dans leur diversité, possèdent encore d'autres moyens. Tous concourent à construire le sens du poème par analogie de formes en dépassant la mécanique des associations que la langue impose entre sens et sons. A la limite, le son est pris comme sa propre fin, et la poésie des plus hardis s'engage sur la voie que traçait le mot d'A. Artaud : « Tout vrai langage est incompréhensible. » Mais cette pensée est au seuil de l'aliénation. Même à vouloir briser l'unité du signe en désertant le communicable pour tenter d'aborder le champ de sa tentation, à savoir le jeu phonique pur, l'énonceur ne peut s'arracher totalement aux tyrannies du sémantisme. La poésie n'est pas la musique, en dépit de leurs affinités. Dans les œuvres de L. Berio, K. Penderecki, J. Crumb, des syllabes ou des mots entiers de certaines langues se trouvent intégrés aux partitions, n'étant retenus que pour leurs propriétés de pur matériau sonore et associés comme tels aux instruments classiques, ainsi qu'à

diverses recherches : frottements d'archets sur des ver-
res de cristal, percussions, gongs, etc. Mais la musique
n'est pas un schéma abstrait de communication. L'énonceur psychosocial est caractérisé par son acceptation,
résignée ou active, du sceau de la société, dont la
convention sémiotique est, dès le début de la vie, la
première et la plus implacable manifestation.

Il est troublant de constater, pourtant, que l'un des
plus grands parmi les théoriciens de ce siècle, Saussure
lui-même, a conduit sa quête dans les deux directions
opposées de l'arbitraire social et de sa brisure. Celui dont
l'œuvre inscrit dans le champ théorique l'indissociabilité
du signifiant et du signifié passe pourtant les dernières
années de sa vie dans des recherches opiniâtres (amorcées, en fait, bien avant, et sans doute au même moment
où il professait son *Cours*) sur les correspondances entre
sons dans la poésie latine et grecque. Cette recherche
inédite, que l'on désigne aujourd'hui du nom d'Anagrammes et qui fait aussi son objet des paragrammes,
Saussure, pris des mêmes scrupules qui le retinrent de
publier son *Cours*, la considérait comme insuffisante,
faute d'avoir trouvé ce qui eût à ses yeux constitué une
démonstration complète. Il reste qu'elle établit assez
clairement le rôle des sons comme composante
autonome de la poésie, par les correspondances requises
entre mêmes voyelles et mêmes consonnes dans le vers
saturnien, que caractérisent la binarité des réitérations
et les anagrammes de noms de peuples enfouies dans la
trame versifiée. Ainsi s'édifie tout un paratexte, en
complète indépendance vis-à-vis des contraintes de la
linéarité, dont l'enseignement de Saussure devait imposer, pour une longue série de générations, le caractère
incontournable comme axiome !

L'énonceur et les « fonctions » du langage

Pour ceux qui se contentent de caractériser le langage comme faculté humaine, s'interroger sur ses fonctions implique qu'on le conçoit, de manière réductrice, comme un pur ustensile. Mais à condition de n'y pas voir un « instrument en vue de » quelque chose, on ne peut manquer d'être attentif aux usages qui sont faits du langage et au parti que l'espèce en tire. La problématique des fonctions n'est pas vaine, pourvu qu'on les hiérarchise et qu'on fasse apparaître leurs liens d'implication.

Chacun peut voir le langage servir à la communication : les signes d'une même langue sont *communs* à tous ses usagers. L'avantage heuristique et méthodologique d'une conception du langage, et des langues qui le manifestent, comme instruments de communication est apparu clairement tout au long de l'entreprise structuraliste appliquée à l'évolution diachronique et aux instabilités synchroniques, depuis les années trente de ce siècle[28]. Mais il convient de se garder des vues réductrices. Interaction dialogale ne signifie pas simple transfert d'information. D'abord, le discours, en quoi les langues prennent corps, institue un échange qui commande une hiérarchisation de l'information selon l'importance, et va bien au-delà d'une pure transmission de messages. Ensuite, si ces derniers communiquent, c'est qu'ils ont quelque chose à communiquer, qui n'est pas le produit d'un simple prélèvement sur le monde et l'événement. Les langues sont des modèles, façonnés par la vie sociale, d'articulation du pensable, grâce auxquels se déploie une

---

28. Cf. C. Hagège et A. G. Haudricourt, *La phonologie panchronique*, *op. cit.*

réflexion capable d'ordonner le monde. L'expérience est perçue en bloc, mais elle est hiérarchisée linéairement dans l'étendue du discours. Cette opération est à la fois, dialectiquement, la trace de la pensée et cela même qui la nourrit. Méthodes d'analyse, les langues sont du même coup des facteurs essentiels de construction de la personnalité, aussi bien pour l'individu depuis sa naissance que pour l'espèce au cours de son histoire.

La nécessité de découper l'événement en mots qui, à la fois, soient doués de sens et articulables par l'appareil phonateur humain autant que perceptibles par l'appareil auditif, autrement dit, le lien indissoluble entre le sens et les sons dans les conduites dialogales a façonné la pensée analysante. C'est parce que l'espèce humaine a utilisé à des fins linguistiques, en les affinant au cours d'une longue évolution, des organes segmentant le matériel (et orientés, au demeurant, vers des finalités vitales distinctes de la communication : nourriture, respiration, etc.), qu'elle a analysé en unités isolables, c'est-à-dire en mots, la représentation linguistique de l'univers, qui se donne à la perception comme synthèse et non comme suite de fragments. Mais l'affinement de l'appareil phonateur et de tous les organes situés au voisinage de la zone corticale est dialectiquement lié, lui-même, à l'adaptation croissante de l'espèce aux milieux qui l'environnaient et donc à l'édification de personnes humaines : le langage est à la fois, en contexte de groupe, méthode de pensée et produit de la pensée au sens le plus général. Né, peut-être, pour des fins pratiques et des significations communes, il a perfectionné l'espèce en même temps qu'elle le perfectionnait. Ce n'est pas un mince sujet d'émerveillement que la manière dont il traduit, s'il ne les façonne pas pour une part, les plis singuliers de la pensée, sinon toujours du sentiment.

Méthode d'articulation donc, le langage, malgré son

évidente inadéquation au regard de la logique, et bien qu'il intègre pêle-mêle et anachroniquement des états contradictoires de la connaissance, est centre de pouvoir cognitif. Tout objet non dénommable ou non intégrable à une proposition définitoire en langue demeure hors de prise d'une connaissance rationnelle et autre qu'intuitive. En outre, si le langage ne possède pas ce pouvoir instaurateur d'existence réelle que lui attribue l'antique mirage de la parole démiurge (les langues permettent de parler de ce qui n'existe pas sans pour autant le faire exister, et elles savent bien mentir), il possède en revanche celui de réinventer le monde en l'ordonnant selon des catégories linguistiques ; et surtout, il confère, à travers l'activité dialogale, un pouvoir d'interaction. L'énonceur psychosocial, même quand il n'investit pas l'autre par une interrogation ou une intimation, agit ou est agi : car le discours argumente, réfute, cherche à convaincre. Par là, le langage, au service de ceux qui ont pour objet d'induire des comportements, est instrument de pouvoir tout court. On apprend souvent la langue d'un autre pour commercer avec lui, mais au moins aussi souvent pour acquérir sur lui un pouvoir, politique ou religieux. Cependant, cet usage de domination n'est qu'un cas particulier, et comme une déviation, d'une fonction interactionnelle quasi ritualisée[29], source d'une connivence qui lie les énonceurs dans le dialogue au-delà même du malentendu inévitable ou provoqué. En cela le dialogue est la condition de possibilité d'une relation sociale, aussi bien par son tissu formel que par toutes les composantes informelles qui l'entourent, y compris le silence.

29. Cf. les travaux des membres du « Collège invisible », et en particulier G. Bateson, *Vers une écologie de l'esprit*, trad. fr. (éd. amér. 1972), deux vol., Paris, Ed. du Seuil, 1977 et 1980.

Du fait que le langage est fondateur de relation, l'énonceur délivre dans son usage quelque chose de lui-même. Le langage est donc une voie privilégiée de son expression. Car les langues conjuguent les processus cognitifs avec des images de pulsions. L'expression, à la limite, est thérapeutique, et c'est pourquoi la cure psychanalytique l'exploite. Les autres voies, de l'art en général à un simple regard, ne peuvent suffire et ne rencontrent pas le même consensus quant à leur interprétation. Il est vrai pourtant que la critique du langage comme instrument inadéquat, indéfiniment cantonné, par son insuffisance, en deçà de la juste expression des affects les plus subtils, est un thème récurrent de la littérature, notamment poétique. Les langues demeurent impuissantes à refléter fidèlement ce qu'on appelle parfois les « états d'âme ». Cependant, il convient de distinguer des niveaux d'impuissance. S'il est vrai que le niveau est élevé quand il s'agit d'exprimer des sentiments, en revanche le langage des sciences, en particulier celles que l'on appelle exactes, est par nécessité tout à fait adéquat à son objet, lequel est toujours très exactement défini. Le discours savant tend à se dépouiller de connotations, ou du moins, nettement plus pauvre en connotations (car elles ne sont jamais totalement absentes [30]), il est adapté à l'expression du mesurable et de l'expérimental. Les apories de la parole ne sont donc pas partout aussi fatales. Elles s'aggravent en raison directe de la charge affective. Mais une partie au moins demeure exprimable, et l'importance de celle qui ne l'est pas ne peut suffire pour que l'on doute de la fonction expressive du langage.

En relation avec cette fonction, le langage est encore

---

30. Cf. C. Kerbrat-Orecchioni, *La connotation*, Lyon, Presses Universitaires de Lyon, 1977.

un miroir de l'imaginaire psychique et social. A tous les niveaux, il reflète les tropismes des sujets parlants-désirants. Enfin, le langage répond à un autre besoin par quoi l'espèce se définit encore : le jeu. L'invention et l'activité poétique (v. p. 342 s.) en sont les manifestations les plus élaborées. Certes, la poésie est beaucoup plus qu'un divertissement gratuit. Elle puise sa nécessité au plus profond de l'être. Mais au moins pour certaines formes d'activité poétique, le lien entre poésie et jeu demeure essentiel. Tout un chapitre du grand livre de J. Huizinga, *Homo ludens* (1938), l'illustre à travers les cultures les plus variées, du monde scandinave à l'Océanie en passant par les terres d'Islam et le Japon. L'homme est un animal qui non seulement joue, mais sait jouer. Mieux, il est joueur par vocation et besoin, selon une finalité ludique parallèle aux autres finalités et indépendante d'elles. En contrepoint de l'instinct de reproduction, de la pulsion alimentaire, du besoin de s'abriter s'inscrivent, non requis et pourtant aussi vitaux à leur registre, l'érotisme, l'art culinaire, l'esthétique de l'architecture. En contrepoint du besoin de s'exprimer s'inscrit, dès la petite enfance, l'irrépressible envie de jouer des mots. Comment l'homme ne jouerait-il pas de cette aptitude qui l'oppose à tout le vivant ? Le reproche de « parler pour ne rien dire » méconnaît l'envie de parler pour autre chose que pour dire. Le discours simulacre de contenu peut être à lui-même sa propre fin, tout comme un jouet entre les mains d'un enfant. Les écrivains ne se lamentent pas tous sur les rébellions du langage au désir. Certains, de Rabelais à G. Perec, explorateur des dicibles, l'aiment au contraire pour ses pièges et leur jubilation ne cesse d'y tracer des voies inattendues.

Un fil directeur relie tous ces tropismes. Ce qui fond en un tout cohérent des « fonctions » apparemment si diverses, c'est que le langage produit du sens. Il est un

modèle générateur de textes interprétables. Cependant,
il convient de se prémunir contre les illusions d'une
logique du sens intemporelle et supra-sociale. Ce qu'elle
« découvre », ce sont, en fait, les articulations logiques de
la pensée occidentale, puisqu'elle n'emprunte ses matériaux qu'aux langues de l'Occident. Si la quête du sens
peut être féconde pour les sciences de l'homme, c'est à
condition de concilier la nécessaire recherche des invariants qui doit fonder une théorie du langage avec une
visée anthropologique à trois ancrages : les représentations linguistiques, toujours différentes selon les cultures, les pratiques sociales qui s'expriment en langue et
les discours réels en quoi se résout tout un discours
imaginaire propre à chaque groupe humain. C'est la
double participation de cette diversité et des invariants
que tente d'évaluer le calcul du sens.

Le calcul du sens

Le sens ! C'est bien la hantise, assumée ou refoulée, de
toute linguistique. Défi permanent, que lance la langue à
ceux qui font profession de l'analyser. Constante aporie
des écritures savantes, alors même que l'expérience
élémentaire impose si fort sa banale réalité. Mais piéti-
nant sur ce seuil, la linguistique ne sait pas encore
couvrir l'empan de l'intuition quotidienne au savoir
rationnel. On a déployé nombre d'artifices, en particulier
dans le structuralisme américain des années cinquante[31], pour escamoter le sens en s'en tenant aux
formes. Piètre ruse ! « Que n'a-t-on tenté pour éviter,
ignorer ou expulser le sens ? On aura beau faire, cette
tête de Méduse est toujours là au centre de la langue,

---

31. Cf., en particulier, M. Joos, *Readings in linguistics, op. cit.*

fascinant ceux qui la contemplent. »[32] Il n'est pas question ici, pour téméraire que soit le projet, de se dérober à ce regard fixe. Il faut au contraire s'interroger sur les opérations qui fondent un des plus troublants mystères du langage : l'énonceur psychosocial, alors même que le matériau de la langue et les lois de son organisation lui sont imposés dès qu'il naît au langage, peut pourtant dire à peu près tout ce qu'il veut.

Les opérations qu'il accomplit pour produire et interpréter du sens sont complexes et très mal connues. Alors que les langues sont d'une considérable diversité typologique (v. chapitre III), il y a une universalité du processus de production-réception de sens. Certes, une partie des opérations selon lesquelles le sens se déploie est reliée à l'inconscient et donc inaccessible à l'analyse directe. D'autre part, on est fort loin encore, aujourd'hui, de connaître les traces neurologiques de ces opérations. Mais il est possible de proposer un calcul du sens si l'on adopte le point de vue de l'auditeur. Comprendre les phrases d'un texte, c'est appliquer pour ce texte une succession d'opérations cycliques à la série ordonnée des composantes telles qu'elles apparaissent dans le tableau des zones et des modalités du sens (v. *supra* p. 287). Si ces opérations sont cycliques, c'est parce qu'une fois épuisé le sens livré par une des composantes, on recommence l'opération sur la composante suivante en traitant le reliquat que l'opération précédente a laissé sans interprétation, et ainsi de suite jusqu'à la dernière composante dans l'ordre où les donne le tableau. Les opérations appliquées à la zone A du sens d'un texte traitent donc, successivement, — le référent reconstruit, — le signifié des signes, — la sémantique de la syntaxe, — la séquence,

32. E. Benveniste, « Les niveaux de l'analyse linguistique », 1964, repr. dans *Problèmes de linguistique générale, op. cit.*, p. 126 (119-131).

– le contexte étroit, – le contexte large. Ces cycles
opératoires concernent la zone du sens correspondant,
on s'en souvient, à des traces formelles repérables, seules
admises par certaines écoles structuralistes comme
relevant de la linguistique. Le reliquat qui demeure
après application de la dernière des opérations traitant la
zone A doit à son tour être traité. Car il est rare que le
processus de compréhension fasse appel aux seules
composantes de la zone A. Celles de la zone B sont donc
ensuite l'objet d'opérations interprétatives ordonnées.
Ces opérations, conformément aux indications du tableau des zones de sens, traitent cycliquement l'aptitude
culturelle et les présuppositions, les circonstances ponctuelles, le degré de connaissance entre énonceurs, les
statuts sociaux relatifs, enfin les conditions économiques
et politiques (v. p. 287).

On peut, semble-t-il, fournir une preuve indirecte de la
réalité phénoménale de ces opérations, qui font plus que
simuler par hypothèse les processus naturels de compréhension. L'observation quotidienne des échanges
verbaux fait apparaître, dans les cas d'erreurs d'interprétation, ambiguïtés, difficultés de transmission, un ordre
de priorité. Ce qui est d'abord perçu, c'est la lettre des
messages, c'est-à-dire la partie de leur sens dont les
supports sont les composantes de la zone A, du moins
dans les cas où ces supports sont suffisants pour
permettre la reconstruction d'un sens. Il est bien connu
que la communication à distance, par exemple au
téléphone, annule certains des facteurs, externes par
rapport au tissu discursif, qui sont intégrés dans les
composantes de la zone B, mais non ceux qui relèvent de
la zone A. En outre, une hypothèse peut être formulée,
qui, dans l'état actuel de la recherche, n'est pas expérimentalement contrôlable, mais pourrait le devenir un
jour : des traces neurologiques correspondent sans doute

non seulement aux procédures interprétatives cycliques, mais également à leur ordre d'application ; bien que leur succession ne puisse, vu l'immédiateté de la compréhension dans la plupart des cas, se déployer en espace temporel mécaniquement mesurable, elle doit suivre un déroulement propre aux activités fondées sur des mécanismes nerveux, et qu'on propose ici d'appeler *chronie opérative*.

Peut-être ne parviendra-t-on qu'à établir purement et simplement une telle chronie en tant que cadre. Or il est clair qu'elle est commandée par des mécanismes cérébraux, et qu'il existe un déterminisme des opérations s'appliquant aux zones du sens. S'il demeurait longtemps impossible d'identifier ces mécanismes, alors il faudrait provisoirement admettre que la liberté de l'énonceur est plus grande qu'on ne l'imagine. Certes, l'état physique et mental des partenaires, ainsi que la diversité des situations, échappent au contrôle. Mais chacun a sa propre façon de recevoir un texte. Les figures qu'étudie la rhétorique classique disent clairement la marge d'incertitude, le jeu de pondérations, qui dominent tout échange verbal. On peut aussi choisir de dire moins pour suggérer davantage (litote), interroger en paraissant constater, intimer sous prétexte d'inviter. Et le décodeur peut ne vouloir saisir que la lettre de ces formulations au lieu de leur esprit, même s'il n'est pas moins dépendant que le locuteur à l'égard des glissements de sens, lapsus divers, malentendus et doubles-dires qui sont, tout autant que les articulations « claires », le tissu du dialogue.

C'est pourquoi en envisageant les individus au sein d'une situation dialogale, on se donne le moyen de conjuguer l'une avec l'autre la langue et la parole, si mal conciliées dans les théories linguistiques. Une voie peut alors être trouvée pour échapper à l'aporie qu'affrontent

les sciences du langage. Il devient possible d'esquiver les
outrances distributionnalistes d'un structuralisme aveu-
glément attaché au système de la langue, comme celles
d'une logique extensionnelle qui ne veut retenir que la
fonction de désignation. On échappe également à la
fascination des paroles contingentes, qui méconnaît le
terreau de langue où elles puisent les principes de leur
vie. Il s'agit bien d'un des enjeux fondamentaux de la
linguistique d'aujourd'hui.

Chapitre XI

LES OSCILLATIONS DE LA PAROLE

Temps linguistique et temps social

L'énonceur est apparu dans ce qui précède comme le créateur et le jouet, tout ensemble, de ce système de langue que sa parole anime. Animation, c'est-à-dire impulsion de changement. Le changement est inhérent à la définition du linguistique comme à celle du social. Mais il faut renoncer à l'ambition qui habitait un Meillet au début de ce siècle, à savoir d'explorer systématiquement les correspondances entre structures linguistiques et structures sociales, ainsi qu'entre changements de structures dans chacun des deux domaines. La vieille et féconde problématique des relations entre langue et société doit se chercher d'autres objets : non seulement les éléments constitutifs n'ont, comme il va de soi, presque rien à voir, mais les rythmes d'évolution sont entièrement différents. Un exemple va l'illustrer.

On a depuis longtemps souligné, dans les pays anglophones et francophones en particulier, que la suprématie masculine se mire complaisamment dans la langue. La revendication féministe fait volontiers état de textes comme celui-ci, écrit il y a plus de quatre-vingts ans et de

résonance pourtant moderne : « La féminisation des
mots de notre langue importe plus au féminisme que la
réforme de l'orthographe. Actuellement, pour exprimer
les qualités que quelques droits donnent à la femme, il
n'y a pas de mots. On ne sait si l'on doit dire *une témoin,
une électeure* ou *une électrice, une avocat* ou *une avocate* »[1]. On aime à citer aussi ce passage de Damourette
et Pichon, écrit dans les années trente : « La facilité avec
laquelle le français, soit par le procédé flexionnel, soit
par le procédé suffixal, sait former des féminins différenciés devrait vraiment détourner les femmes adoptant
des professions jusqu'à ces derniers temps exclusivement masculines de ridiculiser leurs efforts méritoires
par des dénominations masculines écœurantes et gro-
tesques, aussi attentatoires au génie de la langue qu'aux
instincts les plus élémentaires de l'humanité. N'y en a-t-il
pas qui s'intitulent sur leurs cartes de visite : *"Maître
Gisèle Martin, avocat"*, et d'autres qui se font adresser
leur correspondance au nom de *Mademoiselle le Docteur
Louise Renaudier* ? Le bon sens populaire a jusqu'ici
résisté à cette extraordinaire entreprise ; on dit couramment *une avocate, une doctoresse*, mais il est à
craindre que la ténacité des intéressées n'emporte le
morceau [...] Ne se rendent-elles pas compte que [...] au
point de vue social même, elles ne font, en laissant
obstinément à leur titre sa forme masculine auprès de
leur nom féminin et de leur appellation féminine de
Madame ou de *Mademoiselle*, que se proclamer elles-
mêmes des monstruosités, et que, dans une société où il
deviendra normal de les voir exercer les métiers d'avocat, de médecin, d'écrivain, il sera naturel qu'il y ait pour
les femmes se livrant à ces métiers des dénominations

féminines comme il y en a pour les *brodeuses* ou les *cigarières* ? » [2]

Les faits sont moins simples que ces textes ne le donnent à penser. D'une part, il n'est pas vrai que la norme française d'aujourd'hui (des années quatre-vingts comme des années trente) puisse former si naturellement des féminins. Il en va autrement, certes, en français parlé, beaucoup moins bridé par les interdits académiques et par conséquent fidèle encore à une tradition préclassique dont « le travail stérilisant des pédants [a] réussi à séparer [...] la langue écrite », arrêtant « l'essor littéraire et par conséquent l'expansion normale de formations naturelles et utiles » [3]. Mais une certaine rigidité du français officiel rend douteuse la dérivation de genre dans les noms d'agent à forme de base masculine : on ne dit pas *écrivaine, témoine, policière, menuisière, savante, ingénieuse, professeuse, soldate, metteuse en scène, compositrice, autrice* [4] (ceux de ces mots qui existent sont adjectifs féminins, et non pas substantifs).

D'autre part, même si aucun de ces mots ne suscitait l'embarras des lettrés et les foudres des puristes, leur intronisation ne saurait être, pour autant, un préalable à l'abolition des inégalités. Celle-ci a fait de sérieux progrès par elle-même, et la société française n'a pas attendu que *ministresse* remplace *femme-ministre* ou que l'on dise

2. J. Damourette et E. Pichon, *Des mots à la pensée*, Paris, D'Artrey, 1911-1927, t. I, § 277 (p. 320-321).

3. *Ibid.*, p. 317. Le français parlé ignore ces entraves. On peut songer, parmi bien d'autres exemples, à la langue des lycéens, qui distingue sans la moindre difficulté *le prof* et *la prof*. Ici, au lieu d'une dérivation de genre, on utilise tout simplement le genre de l'article devant un nom rendu invariable par abréviation.

4. Cf. M. Yaguello, *Les mots et les femmes*, Paris, Petite Bibliothèque Payot, 1978, p. 118-139.

Madame la Mairesse pour que s'accroisse le nombre des professions asexuées. « L'absence du féminin dans le dictionnaire a pour résultat l'absence, dans le code, des droits féminins », écrivait R. de Gourmont en 1902[5]. Pourtant, la société française est depuis longtemps engagée sur la voie d'une égalisation des sexes, alors que les formations dérivées sont toujours aussi peu usuelles (sauf, répétons-le, dans les emplois vivants de la langue parlée). Elles n'ont pas même reçu l'impulsion, inverse, des faits sociaux en mutation, ni des idéologies qui leur sont liées, en sorte qu'on ne peut dire, non plus, que « tant que les mentalités ne changeront pas, la langue restera à la traîne »[6]. La langue n'évolue nullement au rythme des mentalités, lesquelles elles-mêmes changent moins vite que les lois. Si les langues peuvent être de si précieux témoignages sur les phases du social et de ses représentations, c'est précisément dans la mesure où les états de la connaissance et la culture y abandonnent leurs marques successives. Mais chaque nouvelle phase est un dépassement, de sorte que les pesanteurs de la langue témoignent pour le passé, non pour le présent. C'est pourquoi, par exemple, il est vain de dénoncer l'emploi par les femmes de formes d'expression dont la lettre implique l'anatomie masculine, et de les réputer « machistes », comme on le fait pour les mots italiens *fottere* (« foutre »), *se ne fotte* (« elle s'en fout »)[7] ; car il est caractéristique de la langue de démotiver la lettre sous la fréquence de l'emploi, et de désamorcer par là tout

5. *Loc. cit.*

6. M. Yaguello, *ibid.*, p. 136.

7. Cf. N. Galli de' Paratesi, « Les mots tabous et la femme », in *Parlers masculins, Parlers féminins ?*, éd. par V. Aebischer et C. Forel, Neuchâtel-Paris, Delachaux et Niestlé, coll. « Textes de base en psychologie », 1983, p. 71 (65-77).

risque d'allégeance à l'idéologie qui sous-tend les mots quand ils apparaissent.

La connotation négative est évidente dans beaucoup d'expressions qui réfèrent aux femmes. « Une *femme galante* est une femme de mauvaise vie, un *homme galant* est un homme bien élevé [...] Une *femme savante* est ridicule, un *homme savant* est respecté. Une *femme légère* l'est de mœurs. Un homme, s'il lui arrive d'être léger, ne peut l'être que d'esprit. On dit une *fille* ou une *femme facile*, mais pas un *homme facile*, une *femme de petite vertu*, mais pas un *homme de petite vertu* »[8]. En réalité, ces façons de dire sont des reflets de l'inégalité d'hier ou de l'appropriation du langage, comme d'autres instruments de pouvoir, par la composante masculine des sociétés d'autrefois, et non des images des relations contemporaines entre les sexes. Il est vrai qu'elles peuvent choquer les sensibilités. Il est peut-être vrai, même, qu'elles contribuent à forger, ou à entretenir, une mentalité. Mais si tel est bien le cas, rien de linguistique ne s'oppose à une entreprise réformatrice, à travers laquelle les féministes, comme d'autres à d'autres phases, signeraient dans la langue leur passage : on a déjà réussi à effacer certaines dissymétries en accréditant *historienne*, *avocate*, *actrice* (mais non encore *factrice*, apparemment, sinon par jeu), *sculptrice* (inégalement accepté parmi les intéressées elles-mêmes), *étudiante*, etc. Les limites d'une telle action sont celles de la langue. L'utilisateur ne peut la transformer à son gré (v. chapitre VIII). De la société, il a le pouvoir de modifier les institutions, les lois, ou même, par une révolution, la structure des rapports fondant une communauté. Mais il n'a pas le pouvoir (ni sans doute le désir conscient) de transformer la nature sociale des liens entre individus,

---

8. M. Yaguello, *Les mots et les femmes, op. cit.*, p. 142.

fondement d'une existence collective dans tout groupe humain. Parallèlement, on peut intervenir sur le lexique, par exemple sur celui des noms féminins d'agent et de profession, mais on ne peut modifier les structures phonologiques et morphosyntaxiques qui donnent à la langue ses propriétés typologiques.

La raison de cette résistance au changement est l'ancienneté d'un figement. Ainsi, la syntaxe est, pour une part, gelée. Les représentations qu'elle pétrifie sont celles des sociétés à leurs étapes archaïques. Les populations vivant à l'écart des grands courants économiques et sociaux, selon des modes non industriels, sont aussi celles dont les langues présentent la plus forte concentration de traits archaïques : en phonologie, les clics (v. chapitre I, p. 23 s.) ; en morphologie, les systèmes de numération quinaire (par cinq), duodécimal (sur base douze), vicésimal (sur base vingt), les réseaux denses et complexes d'adverbes de temps et de lieu, l'abondance et la précision descriptive, ou la richesse métaphorique, des classificateurs, morphèmes indiquant la forme des objets (leur variété est limitée, il est vrai, par l'usage courant que font les sociétés humaines d'objets de formes simples, puisque l'on ne trouve dans les langues aucun classificateur référant à des formes en zigzag à amplitude irrégulière ou en polygones à côtés inégaux, ou tout autre contour que celui des figures géométriques les plus élémentaires) ; en syntaxe, la richesse des marques de relations spatio-temporelles et actantielles indiquant dans le plus petit détail qui fait quoi à qui moyennant (ou avec ou pour ou en direction de) quoi ou qui. Les traits archaïques ainsi concentrés dans ce type de langues ont moins bien résisté dans les zones où se sont formées des sociétés industrielles ou assimilées. Dans ce second cas, ils sont dispersés entre langues, la syntaxe de chacune étant évoluée sur certains

plans, conservatrice sur d'autres. Ainsi, en hébreu israélien, l'opposition du masculin et du féminin à la
deuxième personne du singulier et du pluriel se main-
tient aussi bien dans les pronoms que dans la morphologie verbale, à tous les temps de toutes les formes,
alors que la langue s'est dotée d'une structure
possessive « moderne » à verbe « avoir » (cf. chapitre X,
p. 331-332).

Ces divergences d'évolution font assez paraître que le
temps linguistique, s'il est certes relié au temps social,
l'est par des liens subtils, tressés de dissymétries accu-
sées. En particulier, le façonnement réciproque des
langues et des sociétés au cours de centaines de milliers
d'années n'a pas abouti à faire des langues de simples
reflets des luttes de classes, ni, plus généralement, des
superstructures. Cette vérité ne s'est pas toujours imposée, si l'on en juge par la durée d'un règne fameux, celui
des divagations du linguiste soviétique N. I. Marr, qui
déclarait, par exemple : « C'est lors de l'apparition de la
propriété collective et, corrélativement, de la division de
l'action en nom de personne (actif) et en nom de résultat
de l'action, en production (passif), puis, selon le bond de
la production à un nouveau degré, après un bond de la
structure synthétique à une structure analytique accompagnant la manifestation formelle de la pensée, que le
passif s'est scindé en deux objets différenciés, l'objet
direct et l'objet indirect ; l'actif s'est également scindé en
deux sujets, le totem collectif ou d'ensemble, et le totem
particulier, lors de l'apparition de la propriété de groupe.
A cela se relie à son tour [...] la fission [...] du totem en
[...] sujet collectif [...] et sujet singulier, évolution du sujet
particulier avec apparition de la propriété privée. » Il y
aurait donc un « lien évident entre le concept général et
l'infrastructure matérielle, la production et les rapports
de production, le caractère social [...] Le genre féminin

n'est pas un simple détail formel : il a mis en évidence la création du mot à l'étape où se produisait, dans l'infrastructure matérielle, un conflit entre le principe social féminin et le principe masculin attaquant victorieusement ; il signifiait ce fait accompli : le régime matriarcal (le matriarcat), proprement féminin, avait cédé la place au régime patriarcal (le patriarcat), proprement masculin, mais qui néanmoins ne l'était pas encore pleinement : les femmes gardaient une position indépendante dans la production, où le droit matriarcal conservait encore sa place » [9].

On sait que Staline, après l'avoir longtemps soutenu, mit fin, dans le célèbre article publié par la *Pravda* le 20 juin 1950, seize ans après la mort de Marr, au règne sans partage où était encore installée sa doctrine en Union soviétique. Il fallut donc attendre tout ce temps pour que s'imposât, par les voies officielles, une évidence scientifique : les langues ne sont pas purement et simplement superposées à une infrastructure sociale. Encore convient-il de souligner que la déclaration suivante de Staline était moins inspirée, sans doute, par un souci de vérité scientifique que par l'opportunisme politique : « La langue est radicalement différente d'une superstructure. Prenons, par exemple, la société et la langue russes. Au cours des trente dernières années, la base ancienne, capitaliste, a été liquidée en Russie, et une nouvelle base, socialiste, a été construite. Conformément à cela, la superstructure au-dessus de la base capitaliste a été liquidée et une nouvelle superstructure correspondant à la base socialiste a été créée. Aux anciennes institutions politiques, juridiques et autres ont par

9. N. I. Marr, « Le langage et la modernité », Conférence prononcée à Léningrad, puis Moscou et Tbilissi, in *Rapports de l'Institut de la Culture matérielle*, Léningrad, 60, 1932, p. 116 s.

conséquent été substituées des institutions nouvelles, socialistes. Mais malgré cela, la langue russe est restée pour l'essentiel ce qu'elle était avant la Révolution d'Octobre [...] Le seul vocabulaire du russe a changé dans une certaine mesure [...] en ce sens qu'il s'est enrichi d'un nombre important d'expressions et de mots nouveaux qui sont apparus dans le sillage de la nouvelle économie socialiste, d'un nouvel Etat, d'une nouvelle culture socialiste [...] ; nombre de mots et d'expressions ont changé de sens [...] ; un certain nombre de mots vieillis ont disparu du vocabulaire. En ce qui concerne le lexique de base et le système grammatical du russe qui constituent le fonds de la langue, ils se sont au contraire conservés intégralement [...] La langue n'est pas engendrée par telle ou telle base ancienne ou nouvelle au sein d'une société donnée, mais par toute la marche de l'histoire de la société [...] au cours des siècles. Elle n'a pas été créée par une classe quelconque, mais par [...] toutes les classes de la société [...] Ce n'est un secret pour personne que le russe a aussi bien servi le capitalisme et la culture bourgeoise russes avant la Révolution d'Octobre qu'il sert actuellement le régime socialiste [...] On doit en dire autant des langues ukrainienne, biélorusse, ouzbek, kazakh, géorgienne, arménienne, estonienne, lettone, lituanienne, moldave, tatare, azérie, bachkire, turkmène et autres langues des nations soviétiques qui ont aussi bien servi l'ancien régime bourgeois de ces nations qu'elles servent le régime nouveau, socialiste. Il ne peut en être autrement. La langue [...] s'est précisément constituée [...] pour servir également les membres de la société indépendamment de leur appartenance de classe. » [10] Ainsi, il ne saurait y avoir de langue de classe,

10. J. Staline, « Marxisme et questions de linguistique », article paru dans la *Pravda*, 20 juin 1950.

bien qu'à l'évidence la langue puisse donner lieu à des utilisations de classe.

Une des constantes que ce texte souligne, à savoir la différence entre le lexique et la grammaire, beaucoup plus résistante au changement spontané (et plus encore concerté), requiert quelque précision. Elle n'implique pas que les parties les plus structurées des langues ne puissent pas s'adapter, elles-mêmes, aux évolutions socioculturelles. Suivant un courant antiraciste auquel adhéraient certains anthropologues des années vingt de ce siècle, E. Sapir pouvait écrire : « Quand il s'agit de la forme linguistique, Platon a pour égal le porcher macédonien, et Confucius le chasseur sauvage de l'Assam. »[11] Pourtant, l'adaptation des grammaires au milieu socioculturel s'observe tout aussi bien que celle des organismes vivants à leur environnement. Le biologiste S. J. Gould, répliquant à une attaque contre la théorie néo-darwinienne de l'évolution, affirme que la structure même des organismes fournit le critère de leur capacité à s'adapter. Ainsi, les animaux à température constante sont *a priori* mieux structurés pour survivre dans une période où le milieu est soumis à des modifications thermiques considérables[12]. Parallèlement, une structure linguistique récursive comme l'imbrication des propositions relatives (type français *l'enfant qui voulait acheter le jouet dont le camarade qu'il admirait avait parlé a fini par l'obtenir*) a plus de chance de se maintenir dans une langue utilisée par une société d'écriture que dans une langue d'oralité, où l'effort de mémoire qu'elle requiert est incompatible avec les circonstances de la communication. Or on constate

---

11. E. Sapir, *Language*, op. cit., p. 219.
12. S. J. Gould, *Ever since Darwin : reflections in natural history*, New York, W. W. Norton & Co., 1977, p. 45.

justement que les relatives imbriquées sont beaucoup plus fréquentes dans les langues qui s'écrivent
que dans les autres. L'évolution de la grammaire des langues selon un schéma néo-darwinien n'est donc pas à
exclure.

Cela dit, il demeure vrai que le lexique évolue moins
lentement. Le texte de Staline rappelle une fois de plus
que sa dynamique et celle des domaines plus structurés
ne sont pas commensurables. De là, précisément, sa
valeur historique de conservatoire d'idéologies. Les
noms d'institutions sociales et d'activités humaines
tiennent un discours déchiffrable sur l'histoire des
sociétés. Ainsi, le daco-roumain connaît deux verbes
« travailler » : l'un, *a lucra*, est venu du latin *lŭcrāri*
« gagner de l'argent », ce mot prenant le sens de « travailler », à l'origine, dans la partie du territoire occupée par
des communautés libres de Valaques qui ne dépendaient
pas de l'empereur de Byzance ; en revanche, l'autre
verbe, *a munci*, provient du vieux slave *mončiti*, qui
signifiait « (se) torturer » : l'évolution vers le sens de
« travailler » s'est accomplie, cette fois, en liaison avec la
législation féodale du travail imposé à ses serfs[13], de
même qu'en français, où l'on sait que *travailler* est issu
du latin tardif *tripaliare*, sur *tripalium*, « joug, instrument de torture ».

Mais ce discours des mots est un discours *historique*.
Certes, quelques phénomènes, à la frontière du lexique
et de la grammaire, peuvent jeter une lumière sur les
représentations mentales dans diverses sociétés, parce
que l'analyse morphologique livre des correspondances
à peu près transparentes aujourd'hui encore : ainsi, en

13. Cf. A. Niculescu, « Roum. lucra (a) — munci (a) "travailler" »,
Bulletin de la Société de Linguistique de Paris, LXXVIII, 1, 1983,
p. 325-335.

nahuatl (Mexique), le verbe *nemi*, « se déplacer, aller »,
s'il reçoit, à la fois, un suffixe *-lia*, l'orientant sur un
participant de l'action, et un préfixe *ta-*, marquant un
but indéfini, ou un préfixe *mo-*, réfléchi, ou une syllabe
de redoublement, prend le sens de « penser (à) » :
ta-nemi-lia, « il réfléchit », *mo-nemi-lia* (mot à mot « il se
déplace vers lui-même »), « il est préoccupé », *ki-nej-
nemi-lia* (*ki* = « lui » (complément personnel défini), *nej* =
syllabe de redoublement), « il pense à lui »[14]. Mais les
formes ne sont pas toujours aussi déchiffrables. Le plus
souvent, à mesure que l'écart de vitesse s'accentue entre
les deux trajectoires du temps linguistique et du temps
social, les mots se démotivent en se dépouillant des
contenus idéologiques qui les investissaient autrefois, et
les spéculations de l'originel deviennent de plus en plus
inopérantes.

Car *la langue, en l'emportant dans son mouvement,
culturalise le naturel*. En samo (Haute-Volta-Burkina),
« bégayer » a la même construction que « tuer », et
« oublier » que « mordre » ; en cèmuhi (Nouvelle-Calédo-
nie), « oublier » gouverne le même type de complément
que « frapper », et « se réjouir » le même type que « mordre » ; en guarani (Paraguay), « dormir » et « pleuvoir »
(l'un et l'autre assignables à des animés, le second parce
qu'il s'agit d'une puissance naturelle) ont les mêmes
compatibilités que « courir », alors qu'en géorgien, c'est
avec « avoir faim » que « dormir » se compare[15]. Ces faits
ne suffisent pas pour que l'on attribue aux Samos et aux
Cèmuhis une représentation activiste du bégaiement, de
l'amnésie et de la joie, ni aux Guaranis une vue de
l'univers qui, à l'opposé de celle des Géorgiens, sélec-

---

14. Cf. S. de Pury-Toumi, « Y rester ou s'en sortir ? », *Amérindia*, nº 9,
1984, p. 25-47. Il s'agit du dialecte nahuatl de Tzinacapan.
15. Cf. C. Hagège, *La structure des langues, op. cit.*, p. 116.

tionnerait ce qui s'anime. La sémantique intuitive qui fonderait de telles attributions n'est pas absurde, mais rien de général ne peut être dégagé de ces faits contingents : « dormir » est traité différemment en guarani et en géorgien, alors qu'à l'origine, les sociétés qui parlaient ces langues étaient animistes l'une et l'autre. Un chaînon ancien nous échappe, phénomène historique aujourd'hui oublié, par lequel peut-être s'« expliquerait » la divergence.

Ainsi, même les parties des langues les moins résistantes au changement ou les plus accessibles à l'initiative demeurent des champs de relative inertie. Comme si, par la stabilité qu'elles assurent à leurs usagers, les langues s'étaient ainsi façonnées, sous l'effet de l'inconscient collectif, qu'elles puissent leur être des garanties contre les risques d'une aventure. L'aventure du vivant. Et pour affronter cette aventure, les langues humaines comme viatiques, ou héritage tutélaire de l'espèce.

Et pourtant, si lentement que ce soit lorsque l'on compare leur dynamique aux fractures du social, les langues changent. Certes, les chocs, générateurs de bouleversements, qui secouent les groupes n'ont pas universellement d'effet immédiat, et certaines sociétés paraissent figées dans l'immuable. Mais les langues sont plus lentes encore. Pourtant, le changement est constitutif de leur nature même. Il appartient à leur définition. Toute théorie du langage qui l'ignore ou l'omet manque son objet. Non seulement les langues changent, mais elles sont même les seuls systèmes de signes dont le changement soit certain, avéré, attesté. Changement des sons comme des sens. Nous ignorons si l'on a toujours fait les mêmes gestes pour exprimer les mêmes contenus. Mais nous savons de savoir sûr que les langues, sur de vastes périodes et le plus souvent à l'insu de ceux qui les parlent, ne cessent d'évoluer. Nous en possédons un indice très simple, que tout le monde peut observer : la variation.

La parole variable

Même dans les communautés les plus homogènes, on peut apercevoir qu'il n'existe pas de forme linguistique fixe et immuable, ni dans les prononciations, ni en syntaxe, ni dans le vocabulaire, ni même dans la morphologie. Une observation attentive révèle que non seulement un groupe, mais encore un individu unique, ne se sert pas en toutes circonstances d'une langue identique. Au moment où les enfants acquièrent les structures essentielles de la langue, ils acquièrent simultanément la conscience des variations de registres. Il ne s'agit donc pas d'une recette à fins décoratives, dont l'apprentissage se ferait en apostille à celui de la langue comme entité homogène. Il s'agit d'un fait nucléaire. La variation est inhérente au langage.

C'est pourquoi il peut paraître surprenant que la linguistique de la seconde moitié du xxᵉ siècle n'ait donné droit de cité aux faits de variation que depuis une quinzaine d'années, en réaction contre les excès des modèles étroitement formalistes qui ont dominé les années soixante. Ces modèles se donnaient pour objet une langue idéalement purifiée de tout parasitage social et historique, une langue définie, dans la grammaire générative classique, par la compétence du fameux « locuteur-auditeur idéal »[16]. Or même si l'on admet qu'une théorie linguistique doive pratiquer des choix, les conduites d'abstraction pure et définitive finissent par

16. N. Chomsky, *Aspects of the theory of syntax, op. cit.,* p. 3.

occulter la réalité des langues comme systèmes que leur usage quotidien inscrit en dynamique. C'est précisément parce que les concepts chomskyens de compétence (connaissance intériorisée de la langue) et performance (emploi de la langue tel qu'on l'observe), tout comme les concepts saussuriens de langue et parole, correspondent à deux modalités d'un réel unique, et non aux fondements de deux linguistiques incompatibles, que l'étude de la variation n'est d'aucune manière en contradiction avec la notion de système. Si un système est caractérisé par sa cohérence, au moins globale, et par son organisation en unités discrètes (opposables les unes aux autres par des différences de nature et non de degré), comme le sont les phonèmes, il ne s'ensuit pas que ces unités soient immuables. Justement parce qu'elles se définissent d'abord par des différences, leur contenu peut se diversifier, pourvu que ces différences soient maintenues. La variation est, en dépit de l'apparence, liée à la notion de système.

Le cas de variation le plus connu est celui des situations dialectales. Si l'on considère comme dialectes d'une langue des systèmes dont les différences, même observables à tous les niveaux, ne font pas obstacle à l'échange verbal, la variation dialectale est la règle, et c'est l'homogénéité totale qui fait figure d'exception. Dans les cas extrêmes, aux deux franges opposées d'un ensemble dialectal, il peut se faire que la communication devienne difficile. La variation dialectale concerne des systèmes linguistiques entiers. Mais il existe encore une série d'oscillations propres à des portions de systèmes. Les variables qui doivent ici servir de discriminants sont nombreuses : le sexe, l'âge, le statut social, l'identité professionnelle, le lieu d'origine, le milieu d'éducation, le mode de vie (urbain ou rural, sédentaire ou nomade, plus ou moins stable, plus ou moins mobile), l'intégration à une entité ethnique et politique, l'imaginaire. Les marques linguistiques qui intègrent ces variables seront appelées *indices*, et on les caractérisera ici par des adjectifs à suffixe *-lectal/-lectaux*, précisant quel type de variable est encodé par chaque indice. On parlera donc d'*indices biolectaux* pour le sexe et l'âge, variables liées au biologique tel que la langue l'interprète ; d'*indices sociolectaux* pour le statut social, l'identité professionnelle, le lieu d'origine, le milieu d'éducation, le mode de vie, toutes variables relevant de l'aptitude humaine à construire des relations entre individus, entre groupes, ainsi qu'entre ces derniers et l'environnement ; d'*indices symbolectaux* pour ceux qui reflètent le rapport symbolique à la langue tel qu'il est vécu par ses utilisateurs ; d'*indices ethnolectaux* pour ceux qui marquent en langue l'intégration des personnes à une entité ethnique ; enfin, d'*indices politolectaux* pour les marques linguistiques des statuts et options politiques[17].

Par opposition aux autres variables, celles qu'expriment les indices biolectaux appartiennent à une zone systématiquement codée. Ces indices apparaissent dans les nombreuses langues où se marque formellement la bipartition sexuelle de l'espèce. Dans le domaine des sons, un cas connu est celui de la diphtongaison des voyelles longues ou accentuées chez les femmes russophones ou arabophones. On sait aussi que les Mongoles tendent à prononcer *u* et *a* comme *ü* et *ä* respectivement, sans les confondre, cependant, avec ces sons, dont la spécificité domine le système de l'harmonie vocalique (précisément, *ü* et *ä* sont appelés « voyelles féminines » dans la terminologie mongole traditionnelle). On sait enfin que les hommes et les femmes possèdent des inventaires de sons fort différents dans les langues dont les usagers connaissent une forme accusée de division sexuelle du travail (communautés de chasseurs nomades youkaguirs de Sibérie orientale, etc.). En morphologie, les indices sont aussi nombreux ; les langues sémitiques et la plupart des langues couchitiques et tchadiques distinguent, pour « tu » et parfois même pour « je », un masculin et un féminin du pronom indépendant ou de l'indice affixé au verbe ; en japonais, plusieurs particules modalisant l'énoncé selon le degré d'assertivité, de doute, de questionnement, varient en fonction du sexe de l'adresseur ou de l'adressé. Quant au lexique, nombre de langues asiatiques, océaniennes, amérindiennes, présentent, selon que le sujet de l'énonciation est homme ou femme, des séries distinctes de noms de parenté, d'objets d'usage quotidien (outils, ustensiles de ménage, armes, espèces vivantes), ou de verbes d'activités. Enfin, l'écho linguistique des différences d'âge apparaît dans l'assignation de certains mots et de certains styles aux plus anciens, cependant que d'autres appartiennent aux plus jeunes.

Les données que l'on dit « naturelles » ne le sont jamais tout à fait si c'est au prisme du discours qu'on les envisage. La parole les culturalise. Les articulations de sons et les usages morphologiques et lexicaux mentionnés ci-dessus ne résultent pas de contraintes physiologiques qui rendraient un sexe incapable de les produire d'autre façon. Il n'y a de contraintes ici que liées aux cultures, et c'est pourquoi les indices biolectaux ne sont pas dissociables des indices sociolectaux.

Ce lien apparaît encore dans tous les cas où les expressions d'adresse (pronoms ou indices personnels, noms d'appel, formes verbales) marquent explicitement le type de rapport qui s'institue entre individus de générations ou de statuts différents. En effet, au sein de structures comme la famille (parents et enfants), la maison (maîtres et domestiques), l'école, l'administration, l'armée, l'association religieuse, etc., les formes varient avec les degrés de la hiérarchie des âges et des positions sociales, économiques, professionnelles, scientifiques, politiques. Le schéma binaire, cependant, s'il est répandu, n'est pas exclusif. D'autres variations viennent doubler ces variables. Certaines de ces variations sont codées. Le roumain et le hongrois possèdent, en dehors de la forme de familiarité équivalant au français *tu*, deux, et même, dans certains dialectes, trois formes de politesse selon le degré de distance entre adresseur et adressé. La forme de distanciation maximale du roumain, *dumneavoastră*, signifie littéralement « votre seigneurie », et utilise donc, comme en français (cf. *vous*), une marque de pluriel, le possessif *voastră*, « votre ».

Mais ce type d'encodage est lui-même variable. L'emploi du pluriel ne marque pas universellement la multiplication honorifique de l'adressé : le persan et le turc se servent d'un pluriel « nous » pour référer, au contraire, à l'adresseur, par fusion (dépréciative, et donc polie) de son individualité dans l'anonymat d'une collection. Enfin, s'il est vrai que « je » et « tu » soient les partenaires de l'événement dialogal, il ne s'ensuit pas qu'il n'y ait d'autres personnes, comme le soutient une tradition qui pose une « corrélation de personnalité » les opposant à « il » comme à une « non-personne »[18]. « Il » est tout autant que « tu » une personne susceptible de recevoir des marques linguistiques d'égards : le tigrigna

---

18. E. Benveniste, « Structure des relations de personne dans le verbe », *Bulletin de la Société de Linguistique de Paris*, XLIII, 1, 1946, p. 1-12, repr. dans *Problèmes*, *op. cit.*, p. 225-236.

et l'amharique (Ethiopie), le roumain, l'arabe jordanien possèdent deux et même, dans certains dialectes roumains, trois formes différentes selon le degré de respect que l'on veut témoigner à la personne dont on parle. A ces marques correspondent, dans des langues d'Asie comme le japonais ou le coréen, des formes verbales ou des affixes spéciaux indiquant que l'on honore ou non celui ou celle qui est le propos du dialogue.

Il existe aussi des usages plus librement choisis. Les formes de familiarité, du « tu » aux diminutifs et aux noms affectifs, ne soulignent pas toujours le statut supérieur de celui qui en fait usage : elles apparaissent très naturellement comme formes de tendresse dans le discours amoureux ou dans l'adresse des parents aux enfants. D'autre part, les formes de politesse s'emploient couramment entre partenaires de statut pourtant égal, comme marques de distance ou d'absence d'intimité. Inversement, il arrive que tel qui devrait recourir à une forme de politesse soulignant son statut social inférieur se serve en fait d'un « tu » parce qu'il n'est pas accoutumé au maniement différentiel des structures d'adresse. Un emploi plus surprenant est attesté dans les dialectes arabes du Liban, de Syrie et de Jordanie, où il arrive couramment [19] qu'un père appelle son fils « Père », égalisant le rapport par la promotion honorifique de l'inférieur en hiérarchie. Enfin, des variables peuvent se trouver en conflit. L'âge paraît alors l'emporter, le plus souvent, sur le statut : on emploie de préférence les formes de politesse avec un partenaire plus âgé, même s'il est d'un statut inférieur.

Les indices *biolectaux* et ceux, parmi les indices *socio-*

---

19. M. R. Ayoub, « Bi-polarity in Arabic kinship terms », in G. H. Lunt, ed., *Proceedings of the Ninth International Congress of Linguists*, The Hague, 1964, p. 1100-1106.

lectaux, qu'on a examinés jusqu'ici sont, bien que codés, l'objet d'un choix, puisque l'apparence physique et sociale du partenaire est le critère visible de leur emploi. En revanche, les marques formelles des variables liées à l'identité professionnelle, au lieu d'origine, au milieu, au mode de vie, à l'entité ethnique et à la représentation symbolique ne paraissent pas être immédiatement conscientes. Il en est ainsi des indices sociolectaux d'ordre phonétique, comme, en France, l'articulation roulée du *r*, propre à certaines zones géographiques et certains milieux ruraux, la fermeture de « è » à « é » en syllabe non terminée par une consonne et la réalisation ouverte de tous les « o » en syllabe terminée par une consonne, d'où une prononciation identique de *pomme* et de *paume* ou de *sole* et de *saule* dans le sud et certaines parties du nord et de l'est de la France, par opposition au centre, à l'ouest et à la région parisienne. Mais les variables interfèrent. Le mode de vie peut remettre en cause les habitudes acquises depuis l'enfance, pour peu que son activité professionnelle conduise un individu à se déplacer fréquemment et donc à adopter les usages articulatoires des zones qu'il parcourt. Mais en outre, le modèle n'est pas nécessairement réel. Beaucoup adoptent une prononciation qu'ils n'ont pas entendue chez des usagers précis, et qu'ils considèrent comme plus convenable que d'autres à leur fonction ou au rôle social qu'ils entendent jouer. Ici apparaît donc, par interférence, une autre variable, la représentation psychosymbolique, encodée par les indices *symbolectaux*.

Ceux-ci sont plus inconscients encore. Ainsi, certaines particularités phoniques se trouvent valorisées et viennent se substituer à des usages acquis dans le milieu d'origine mais qui font l'objet d'une censure involontaire. C'est un tel procès d'assimilation inconsciente aux pratiques articulatoires vécues comme prestigieuses qui traverse certains locuteurs francophones : soucieux de parler « élégamment », ils vont jusqu'à remplacer par un « è », prononciation « pointue », jugée plus distinguée, de la bourgeoisie des grandes villes du nord de la France et en particulier de Paris, les « é » des participes passés des verbes du premier groupe, ainsi que le « -ez » de la deuxième personne du pluriel au présent : *parlé* et *parlez* seront donc prononcés comme *parlais*, c'est-à-dire avec un « è » final « comme à Paris », alors même que la tendance, dans une bonne partie du pays, est au contraire, en fin de mot, de fermer tous les « è », y compris ceux des trois personnes du singulier de l'imparfait ou du conditionnel *(parlais, parlais, parlait ; parlerais, parlerais, parlerait)*, en les prononçant « é ».

Ainsi, dans l'interlocution comme construction en commun d'un sens, mais aussi confrontation de personnes en quête d'une voie verbale, d'affirmation, une part entièrement subjective est en œuvre. Le sujet parlant est un sujet désirant. Et les indices symbolectaux où s'investit son désir peuvent transcender les autres et révéler, en s'imposant, la face cachée de la parole. Dans les nombreux cas où ce n'est ni le sexe, ni l'âge, ni aucune des variables sociales qui commandent les indices linguistiques de l'oscillation, il faut admettre que les facteurs décisifs sont d'ordre symbolique : l'énonceur est pris dans un processus pulsionnel : libération vis-à-vis des emblèmes d'appartenance sociale disqualifiée, ou identification à la communauté idéale par mimétisme des sons, qu'il s'agisse de résurgences de prononciations abandonnées, d'adoption d'usages articulatoires nouveaux ou d'hypercorrectismes de lettrés. Une illustration de ce dernier cas est la liaison sans enchaînement, qui consiste à prononcer, par exemple, « avète » le *avait* de *il*

avait un plan, alors qu'une pause très nette le sépare de
un, et que par conséquent l'absence d'enchaînement
devrait annuler la liaison. On a observé[20] que les principaux discours politiques en France pendant une période
donnée contenaient un nombre d'autant plus important
de ces liaisons, hypercorrection inadéquate, que l'énonceur est plus élevé dans la hiérarchie des fonctions
politiques, comme si son imaginaire lui imposait le profil
respectable de celui pour qui l'orthographe va de soi et
qui le fait savoir. Mais la phonétique n'est pas seule en
cause. C'est tout un style, reflet de la singularité de
chacun, qui se donne à entendre ou à lire à travers le
choix d'un lexique marqué comme plutôt modernisant
ou plutôt archaïsant, et à travers une syntaxe plutôt
soutenue ou plutôt relâchée[21].

On peut distinguer, des indices symbolectaux proprement dits, les *signaux,* définis comme extériorisa-
tions, volontaires ou non, des sentiments. Les signaux
ont fréquemment pour support la courbe intonationnelle, laquelle ne donne pas toujours matière à une
interprétation uniforme, comme on le sait. Dès que les
traces linguistiques de l'oscillation ne correspondent
plus à des variables « objectives », comme le sexe, l'âge
ou le statut, mais à des états d'âme changeants, l'existence de traces, généralement prosodiques, peut au
mieux se constater, sans qu'il soit toujours aisé d'assigner à chacune un contenu fixe subsumant sous l'unité
d'un fait formel la diversité des humeurs de l'homme
dialogal. Comme les indices symbolectaux, les signaux
décrivent, au gré des paroles aléatoires, les volutes de la

20. P. Encrevé, « La liaison sans enchaînement », *Actes de la recherche en sciences sociales,* n° 46, *op. cit.,* p. 39-66.
21. Cf. A.-M. Houdebine, « Sur les traces de l'imaginaire linguistique », in *Parlers masculins, Parlers féminins ?, op. cit.* p. 105-139.

subjectivité. L'homme inscrit indéfiniment sa différence dans les plis de la langue, malgré les incontournables de la grammaire. Les oscillations de sa parole sont une autre trace de sa singularité.

Il inscrit aussi dans sa langue l'affirmation de son identité ethnique. La nécessité qui l'y pousse fournit la clé de certaines évolutions inexplicables autrement. Les indices ethnolectaux sont investis d'une fonction que, dans une terminologie distincte de celle qui est ici proposée, on a suggéré d'appeler ethno-démarcative[22] : le groupe spécifié imprime dans sa langue son souci d'être reconnu comme différent. Un tel souci s'exacerbe le long des marches frontières, où le voisinage immédiat rend plus pressant le besoin de s'identifier en s'opposant. C'est pourquoi, par exemple, les Gascons du sud de la Gironde, vivant près de la vieille frontière qui séparait l'Aquitaine des Celtes et des Bituriges, ont conservé les radicaux *tir-* et *bir-*, abandonnés partout ailleurs, au futur des verbes *ténguer*, « tenir » et *vénguer*, « venir ». En hébreu israélien, on trouve d'intéressantes paires d'opposition accentuelle : à *xerút*, « liberté », *tikvá*, « espérance », *bimá*, « scène », accentués sur la dernière syllabe, s'opposent respectivement *xérut*, « Parti politique Hérout », *tíkva*, nom de l'hymne national israélien et *bíma*, « Théâtre de la Bima (troupe nationale) », accentués sur la première syllabe. Or cette accentuation est caractéristique du yiddish, alors que la précédente est propre à l'hébreu classique. Et comme les mots accentués à la yiddish désignent justement des réalités israéliennes typiques, il apparaît que les Juifs yiddishophones d'Europe, quand ils parlaient en milieu yiddish de phénomènes nés dans ce milieu, accentuaient selon leur

22. J. Allières, « La fonction ethno-démarcative en linguistique », in *Actes du IIᵉ Colloque de Linguistique fonctionnelle*, Clermont-Ferrand, C.R.D.P., 1975, p. 173-180.

langue d'origine les mots qui les désignaient. On pourrait citer bien d'autres exemples, pris dans des cultures très diverses, de cette affirmation linguistique d'une identité sociale[23].

Cette signature du groupe en exergue de la langue est indice de vie. Elle peut, par là, servir de mesure négative. En effet, à l'autre extrême, on trouve des populations qui non seulement n'ont pas le pouvoir d'affirmer leur différence à travers la langue comme source de variations où inscrire son identité, mais présentent un usage minimal de la parole. Impressionnant phénomène de déprivation linguistique, corollaire d'une déréliction sociale. On en rencontre des exemples en Europe même : « Entraînés hors de l'usage des idiomes qui, ethniquement et socialement, leur sont traditionnels, coupés de l'usage des idiomes qui circulent dans le milieu dominant, [...] les paysans miséreux du Basento (Italie) [...] ne savent littéralement plus parler. Ils sont affectés d'un déficit profond et radical de la verbalisation. »[24] Tant il est vrai que l'espèce humaine est dialogale par nature et que si les voies du dialogue se ferment sous la pression de la misère et de l'isolement, la parole fait place au balbutiement comme la vie à une demi-mort sociale.

Cependant, l'étude de la variation, signe de vie, ne saurait être un prétexte à l'occultation des récurrences qui font la langue. La variation est liée au système, comme on l'a dit plus haut. Elle l'est aussi en un autre sens. Il faut renoncer au durcissement de la pensée du

23. Cf. C. Hagège et A. G. Haudricourt, _La linguistique panchronique_, _op. cit._, p. 154-158.
24. T. de Mauro, « Sociolinguistique et changement linguistique : quelques considérations schématiques », in _Proceedings of the XIth International Congress of Linguists (Bologna-Florence, 1972)_, Bologna, Il Mulino, 1974, t. II, p. 822 (819-824).

sociolinguiste W. Labov [25], laquelle n'autorise pas à imputer à la variation, pour s'en débarrasser, les structures que l'on croit « déviantes », « parlées », ou « dialectales ». Elles ont en fait leur grammaire propre. Les oscillations de la parole, qui construisent l'histoire de la langue (comme on l'a vu, par exemple, dans le cas des formes pronominales d'adresse), ne sont aucunement un lieu d'anarchie. Un système les informe et la dialectique des contraintes et des libertés y joue tout autant. L'inhérence de la variation à la norme n'est pas celle du libre arbitre à l'obligation. Il s'agit de deux composantes indissociables. La linguistique socio-opérative les traite solidairement.

25. *Sociolinguistique*, tr. fr. (Paris, Ed. de Minuit, 1976) de *Sociolinguistic patterns*, Philadelphia, University of Pennsylvania Press, 1972.

Chapitre XII

L'AMOUR DES LANGUES

Du langage à la parole,
en passant par la, une *et* des *langues*

Tous les linguistes parlent de langage, de langue, de discours. Mais le besoin de proposer des définitions explicites apparaît comme un aboutissement, non comme un *a priori*. Aboutissement indispensable, au demeurant, faute duquel l'impression prévaut que les linguistes, privilégiant sans le dire cet aspect ou cet autre, ne traitent pas tous la même matière. Il faut donc, au terme de ce parcours en territoire de paroles, déployer les champs, les objets et les disciplines. Exposer, en d'autres termes, la manière dont sont définis, par un accord tacite entre linguistes contemporains d'obédiences variées, les concepts de base. Le langage est le premier d'entre eux. C'est pour l'espèce une aptitude définitoire. Etudier le langage, c'est considérer le rapport de l'homme avec cette aptitude, depuis les « origines », dont la linguistique parle peu. C'est examiner, par exemple, les formes autres que verbales (langages gestuels, langages des signes de sourds, etc.), ou la pathologie (types divers d'aphasies).

En contrepoint du langage, il y a la langue. Ni *une*, ni

des langues, mais le concept de langue. Domaine complexe d'investissement de traits qui concourent à dessiner le visage de l'homme tel qu'il apparaît dans sa relation définitoire à son code et à l'usage qu'il en fait.

On peut s'intéresser encore, non plus à *la* langue, mais à *une* langue, c'est-à-dire à un système de systèmes, utilisé dans la relation d'interlocution et répartissant des signes à deux faces, sonore et sémantique, en classes de formes et de fonctions. De cette caractérisation, on déduira divers traits, dont on vérifiera l'application sur les langues réelles.

Si c'est, à présent, de ces dernières que l'on part, alors on devra, en procédant par induction, en étudier le plus grand nombre possible selon la phonologie, la morphosyntaxe, le lexique. Il ne s'agit plus des propriétés de la langue en général, mais d'objets vivants situés au cœur des conduites communicatives dans les sociétés humaines particulières, que ces objets contribuent à caractériser comme distinctes. La comparaison entre langues indiquera les voies d'une recherche d'universaux, sur fond desquels se distinguent les composantes d'une typologie. De tous ces itinéraires, le présent livre a contribué à indiquer les jalons.

Enfin, on peut s'intéresser aux discours. Mais au moins de deux façons. Certains ne séparent pas les textes du système linguistique particulier qu'ils manifestent. Ils l'opposent à un autre système, au cours d'un exercice de conversion des discours en discours seconds, lesquels, à travers une grille nouvelle, disent pourtant la même chose. Vaste et fascinante tautologie. C'est l'ivresse du traducteur. Penchant fondateur, définitoire d'humanité, au cœur de toutes les aventures où se nouent les destins de nations d'abord étrangères. Dévorante passion, mais nullement gratuite, du même en d'autres mots, qui sature d'immenses bibliothèques de traductions. Infinie sollicitude pour le dire babélique. Les plus fous le prennent même comme sa propre fin. A l'affût de la plus parfaite adéquation de messages homosèmes en deux systèmes hétérogènes, cette passion n'est qu'une autre face de l'amour des langues.

Mais il est une façon différente de s'éprendre des discours. Il ne s'agit plus ici de s'investir dans l'effort impénitent pour contenir au sein du même les égarements du sens. Ce qu'on aime, au contraire, c'est la complexité opaque des surgissements qui le renouvellent sans cesse. Les textes d'orature et d'écriture en sont les lieux. Ils mettent en jeu des facteurs multiples de construction et de déconstruction du sens.

Parmi les autres domaines, le langage demeure à part. Faculté fondatrice, ce qu'évoque le concept n'est pas de nature à inspirer la passion. *Une* langue est un objet dont l'épistémologie peut fixer les contours. L'article indéfini indique assez, déjà, que cet objet, plus qu'à l'imagination désirante, parle à la raison classifiante, et sollicite l'attention au générique. Restent *la* langue et *les* langues. Ce sont bien des lieux d'investissement. Ils peuvent inspirer des formes variées d'inclination.

La passion de (se) dire

Pour le locuteur d'une langue donnée, l'activité de dire et la connaissance du système qui la fonde sont indissociables. Les situations de clivage demeurent périphériques. Par là, elles font mieux apparaître la centralité de cette association solidaire. Ainsi, l'étranger qui apprend une langue à l'âge adulte ou qui l'a, depuis son enfance et parallèlement à sa langue maternelle, entendue plus qu'utilisée, la comprend souvent mieux qu'il ne la parle. Ce type d'usager, manifestant plus d'aisance à la réception qu'à la production, connaît l'essentiel de la grammaire et du lexique sans pouvoir, néanmoins, s'exprimer aussi spontanément qu'en sa langue propre. Une dissociation s'effectue donc en lui qui, certes, est pleine d'enseignements ; ce qui est reçu est de la langue, ce qui est (plus ou moins bien) produit est de la parole.

Mais dans les cas centraux, loin de ces franges, les deux sont étroitement unies. Si l'on met à part le narcissisme élémentaire de qui « s'écoute parler », et puise dans ses propres productions un plaisir apparenté à la simple sollicitude pour soi, l'attachement à la langue possède toute l'importance d'une fonction régulatrice. C'est une condition de stabilité, sociale et psychologique. On connaît, certes, des cas de détachement vis-à-vis d'une langue vernaculaire. Mais ils sont explicables. Les descendants d'émigrés qui, à partir d'une certaine génération, adoptent comme langue unique ou principale celle du pays d'accueil, le font dans la mesure où la valeur symbolique d'un système de communication vécu comme miroir de leur nouvelle citoyenneté gagne en puissance à leurs yeux. Au point de devenir aussi forte que l'était celle de la langue d'origine chez les premiers émigrés à la charnière de deux cultures. Il peut même se faire que certains groupes adoptent une langue voisine de prestige. Mais alors, il s'agit de briser l'isolement politique et social auquel les accule la pratique d'une langue minoritaire dans un Etat fortement centralisé. Pour peu qu'ils ne trouvent pas dans leur histoire d'assez puissantes motivations pour défendre l'idiome qu'ils ont en propre, particulièrement lorsque l'existence de l'écriture confère à ceux des voisins, par contraste, un prestige aussi général qu'objectivement injustifié, il arrive qu'ils abandonnent leur langue nationale. Tel serait le cas des Bats et des Andis, au Caucase, par rapport aux langues de prestige que sont pour eux le géorgien et l'avar, respectivement. Telle serait même, assez souvent, la situation des Biélorusses à l'égard du russe[1]. Il existe, enfin, des cas, semi-pathologiques, d'aversion pour la langue maternelle comme forme de la haine à l'endroit de la mère. L'exemple qu'en offre Wolfson est assez souvent cité[2].

Mais tous ces cas sont encore périphériques. Dans la majorité des situations, la langue est objet d'attachement. Elle est un espace d'appropriation symbolique. L'énonceur vit à travers sa langue sa relation au groupe avec lequel il la partage. Le terme le dit explicitement : avec ce groupe, il entre en *communication*. Tirant du social sa caractérisation, il s'investit dans la langue qui en est le fondement.

Le fantasme métalinguistique

Le spécialiste de la langue s'efforce de parler d'elle en termes d'extériorité. Il lui faut garantir la cohésion d'un discours. Echapper à l'enfermement dans le cercle de la parole-objet-d'un-sujet-parlant. Par conséquent, construire une métalangue, c'est-à-dire un modèle descriptif qui, tout en se servant des mots de la langue, atténue les effets de l'inextricable circularité. Pour cela, la métalangue doit arracher les mots au terreau des discours incertains, pour les parer de la rigueur des édifices de science. Mais jusqu'où peut-on aller ?

Les deux invariants sémantiques ou traits minimaux et universels de sens que certains proposent de reconnaî-

---

1. Cf. C. Hagège, «Voies et destins de l'action humaine sur les langues», *op. cit.*, p. 40.
2. Cf. *Le schizo et les langues*, Paris, Gallimard, coll. «Connaissance de l'inconscient», 1970.

tre à la base de *jument*, par exemple, seraient représentés par les notations + ÉQUIDÉ et + FEMELLE. Elles n'épuisent pas les traits référentiels, beaucoup plus nombreux, qui correspondent à la notion de « jument », mais sont considérées comme suffisantes en métalangue, puisqu'elles permettent d'opposer *jument* à la fois à *cheval* (+ ÉQUIDÉ, + MÂLE) et à *vache* (+ BOVIDÉ, + FEMELLE). Au reproche de circularité qu'on n'a pas manqué de leur adresser, les partisans de ce genre d'analyse répliquent en général (v. chapitre III, p. 80-81) que ces notations ne sont pas des mots du français, mais les termes d'un lexique métalinguistique de propriétés objectives, en deçà de toute intégration en langue. Comment démontrer, cependant, que le linguiste n'interprète pas ces composantes sémantiques en s'appuyant sur une saisie intuitive des éléments lexicaux identiques, en code écrit, aux étiquettes conventionnelles de son écriture métalinguistique ?

Il se peut alors qu'il n'y ait pas d'autre métalangue que celle qui, depuis fort longtemps et dans de nombreuses cultures, est disponible pour le simple écolier, à savoir l'ensemble des termes techniques de la grammaire, comme, en français, *singulier, première personne, préposition, adjectif, subordonnée,* etc. Ce sont là des mots métalinguistiques, qui, bien que spécialisés dans un usage technique, ne relèvent pas d'un métalangage formalisé. Ils échappent donc à une aporie où s'enferme ce dernier. Cette aporie tient à deux faits au moins : d'une part, « on est [...] contraint de reconnaître une multiplicité de métalangages, tantôt à cause de la diversité des langues, tantôt à cause de la diversité des théories linguistiques » ; d'autre part, même si cette difficulté n'existait pas, la linguistique, étant elle-même un langage formalisé premier, n'en appellerait pas moins, à son tour, « un langage formalisé second pour en

vérifier la consistance ». Or il n'existe rien de semblable :
« c'est le discours naturel qui est chargé de rendre
compte du langage formalisé »[3]. Ce métalangage naturel
échappe à l'exclusive souvent citée : « Il n'y a pas de
métalangage », laquelle s'adresse au métalangage logique[4]. De cette exclusive, au reste, on comprend et peut
approuver l'inspiration quand on lit ce qu'ajoute J. Lacan : « Nul langage ne saurait dire le vrai sur le vrai,
puisque la vérité se fonde sur ce qu'elle parle, et qu'elle
n'a pas d'autre moyen pour ce faire. » Et ailleurs : « La
signification renvoie toujours à la signification, aucune
chose ne pouvant être montrée autrement que par un
signe [...] C'est dans la mesure où l'analyste fait se taire
en lui le discours intermédiaire pour s'ouvrir à la chaîne
des vraies paroles, qu'il peut y placer son interprétation
révélante »[5].

L'existence à peu près universelle, au moins dans les
cultures qui possèdent une tradition grammairienne, de
lexiques métalinguistiques contenant des termes comme
ceux qu'on vient de citer atteste que depuis longtemps, il
s'est trouvé des individus pour ressaisir en conscience le
déroulement inconscient d'une démarche aussi naturelle
que de parler, et pour en faire l'objet d'un discours
ordonné, c'est-à-dire pour adopter à l'égard de la langue
une vue scientifique. De manière analogue, d'autres
phénomènes humains spontanés, depuis les comportements sociaux jusqu'à l'échange de biens en passant par
les conduites mentales et affectives, ont suscité une
réflexion fondant aussi des sciences humaines.

---

3. J. Rey-Debove, *Le métalangage*, Paris, Le Robert, coll. « L'ordre
des mots », 1978, p. 8.
4. Et à « lalangue » de Lacan : v. M. Arrivé, « Quelques notes sur le
statut du métalangage chez J. Lacan », *DRLAV*, n° 32, 1985, p. 1-19.
5. J. Lacan, *Ecrits*, Ed. du Seuil, Paris, 1966, p. 868 et p. 352-353.

Mais le linguiste ne s'en tient pas toujours aux désignations traditionnelles des êtres de langues. Il pourrait, en n'en retenant que ce qui lui paraît utilisable, et en ajoutant éventuellement ses propres créations, construire un système descriptif et explicatif de la langue qui s'exprime lui-même en une forme limpide et de technicité mesurée, sans que cela mette en question d'aucune manière la profondeur de sa visée. C'est ce qu'ont fait certains parmi les plus grands, de Saussure à Benveniste en passant par Meillet, pour ne citer que des linguistes écrivant en français. Chez eux, le recours à des dichotomies savantes, la reconstruction comparative ou l'échafaudage d'un système de l'énonciation trouvent leur expression dans une ligne de prose aussi élégante que rigoureuse, aussi lisible que féconde. Elle n'exige aucun code annexe de décryptage.

Mais la nostalgie d'une « scientificité » dont on croit devoir emprunter la parure aux sciences exactes sans posséder d'informations adéquates sur leurs problèmes et leurs méthodes produit parfois une inflation formalisatrice dont le linguiste est la victime éprise autant que l'auteur péremptoire. Amoureux des formules qu'il construit, il s'enivre aux jeux qui des unes dérivent les autres. Ou bien, épris de son propre discours, dont il se repaît à l'abri de toute promiscuité du réel et de tous les risques de démenti que l'on y affronte à chaque pas, il s'investit dans une rhétorique abreuvée aux courants du jour et satisfaite des circularités où toute rhétorique pure aime à se lover.

Ephémères tyrannies. Certes, il convient de briser la continuité préscientifique entre le monde étudié et le discours impressionniste qui, dans maint savoir de jadis, le racontait. Mais s'il est vrai que la quête d'un métalangage réponde à ce besoin, l'excès n'en est pas moins gratuit. La preuve n'est pas faite que l'accumulation

des formules algébroïdes soit génératrice d'explications
plus lumineuses, ni, moins encore, qu'elle permette la
découverte de faits nouveaux. Sans doute cette objection
est-elle implicitement admise, à en juger par la pratique
courante, selon laquelle on assortit de gloses les formules qui devraient suffire par elles-mêmes[6]. Quant aux
dissertations autarciques, elles ont l'intérêt d'illustrer
l'amour du discours sur la langue. C'est là une tentation
déjà ancienne dans l'histoire de la réflexion sur le
langage. La trivialité d'un contenu est moins évidente
quand elle est maquillée sous la recherche d'une forme.
Nourrie par ce goût du beau discours, la volupté grammairienne risque de prendre la langue pour prétexte, et
d'occulter l'objet sous la jouissance du dire qu'il suscite.
Ou bien, épris de métalangue, le linguiste s'égare dans
une dérive ludique au lieu de dominer un instrument
commode.

Peu accessible, son travail est donc peu connu. Ceux
qui ne font pas profession de recherche scientifique ne
peuvent aisément croire à l'utilité sociale, et même
intellectuelle, d'une entreprise que son ésotérisme semble vouloir préserver de toute tentative pour la comprendre de l'extérieur. Mais même aux yeux des autres
scientifiques non linguistes, en particulier ceux qui
couvrent les champs des sciences humaines, le propos
échappe. C'est en se gardant de l'ésotérisme formalisa-
teur que la linguistique est en mesure d'affronter un
enjeu fondamental : renonçant à n'être qu'une scolastique dont les autres chercheurs ne voient pas quelle
incidence elle peut avoir sur leur propre recherche, elle
se donnerait alors les moyens de devenir ce que beau-

---

6. Pour un exemple de cette situation dans certains travaux linguistiques contemporains, cf. C. Hagège, *La grammaire générative. Réflexions critiques, op. cit.*, p. 177-178.

coup, découragés par ses caricatures, lui reprochent de n'être pas : une discipline capable d'éclairer les réalités sociales et historiques.

Les langues objets d'amour

Les sujets parlants-désirants orientent-ils leur désir vers la langue elle-même ? Cet « instrument » qu'ils façonnent inconsciemment au fil des âges, se mêlant, à l'occasion, de le contrôler sous la poussée d'un fantasme de maître (v. chapitre VIII), n'est pas une surface glacée d'abstraction. Pour celui qui parle, et en particulier pour celui qui fait profession de parler sur la parole, pour le linguiste, ce peut être un objet d'amour. Mais sont-ils du même ordre, cet attachement de l'homme à sa langue comme à un territoire inaliénable au centre de lui-même et ce plaisir du grammairien que la langue a choisi et qui l'a choisie, moins parce qu'il lui fallait bien vivre de quelque chose que parce qu'il s'en est épris ? Et n'y a-t-il pas aussi des hommes indifférents ou hostiles aux langues et même des linguistes qui n'aiment pas les langues ?

Le désir de se dire habite tout diseur. L'amour des langues, quant à lui, n'est pas universel. Il est étrange par l'objet qu'il cultive, puisqu'il s'agit d'une série de systèmes reproduisant exactement la même chose qu'un seul suffit à dire. Ce dernier, la langue maternelle ou dominante, n'est nullement exclu du désir possessif. Mais il est vrai que les situations de bilinguisme sont favorables à l'amour des langues. Du moins quand elles ne sont pas créées par une nécessité politique ou sociale, comme celle qui, sur le marché des valeurs linguistiques, déprécie la langue maternelle et pousse l'usager à payer le prix nécessaire à l'apprentissage d'une langue de prestige, plus chère mais plus rentable.

Le pullulement de l'identique, aux yeux du glosso-phile, n'a point figure d'obstacle. D'autres jugeront absurde et vaine cette répétition indéfinie d'un même contenu sous tant de masques. Mais chez lui, les langues sont objets d'amour. Pour les associations qu'elles forment entre certains sons et certaines significations. Pour les phrases qu'elles permettent de construire. Pour les mots qu'elles opposent selon des grilles chaque fois différentes et toujours subtiles. Il produit, pour faire sens, des sons étrangers avec la même volupté qu'il éprouverait à déglutir des nourritures de choix ou que ressent l'enfant qui tète. Lait maternel, langue mater-nelle. Ingérer l'un, articuler l'autre, deux mouvements contradictoires, en apparence : l'un permet de recevoir, l'autre d'émettre. Deux pulsions semblables, pourtant, dont la bouche est le lieu identique.

Certains amants concentrent leur passion sur les mots seuls, dont ils dressent d'impressionnants inventaires. Ainsi, le Cinoc de G. Perec [7]. Pendant plus de cinquante ans, il a exercé au Larousse la curieuse profession de « tueur de mots », renvoyant à l'anonymat des tombeaux pour taxinomies en voie de fossilisation plusieurs milliers de vocables dont la disparition devait faire la place nécessaire aux mots nouveaux quêtés par d'autres rédacteurs. Une fois à la retraite, le remords peu à peu l'envahit d'avoir perpétré tant de crimes lexicaux ; et de lectures en lectures, de compilations savantes en veillées de bibliothèques, il décide de rédiger un grand diction-naire des mots oubliés, dont il s'en va partout rechercher la trace. De tels pèlerinages restent souvent entreprises d'amateurs. Ceux qui s'y aventurent sont poussés par le désir, mais non nécessairement guidés par un savoir

7. _La vie mode d'emploi_, Paris, Hachette, 1978, Troisième partie, chapitre LX.

technique. Il peut manquer au logophile d'être philologue.

L'amant des langues, cependant, ne se confond pas nécessairement avec l'accumulateur de mots. Plus proche d'un grammairien que de l'étymologiste qui s'émerveille en myope des histoires individuelles de vocables sans trop se soucier des lexiques cohérents où ils prennent place, le glossophile de type passionnel collectionne les descriptions de langues avec une tendre sollicitude. Certains, même, ne se contentent pas de s'en repaître, ils n'ont de cesse qu'ils n'aient appris tous ces idiomes, et de manière assez approfondie pour être capables de s'entretenir avec leurs possesseurs naturels. En apprendre un de plus, c'est pour eux s'enivrer d'une nouvelle conquête. Frustrés de ne pouvoir les connaître tous, à mille lieues, apparemment, de l'idéal adamique d'innocence qui nourrit les nostalgies de l'avant-Babel et les rêves espérantistes, leur frénésie de diversité n'est peut-être, en réalité, que l'autre face du désir secret d'unité. Mais elle est vécue comme quête des singularités.

D'autres amoureux sont désintéressés. Ils aiment les langues sans visée de possession : ils ne prétendent s'en assurer ni la complicité, ni le contrôle savant. Ces soupirants platoniques tirent assez de plaisir de la simple audition de sonorités étrangères. A la limite, ils ne souhaitent pas comprendre. Car aimer les sons pour eux-mêmes, c'est les dérober au « parasitage » dont on croit coupable le sens. Mais ce qui fait les langues, c'est précisément cette association indestructible de deux faces qui ne se parasitent pas. C'est pourquoi le soupirant phonomane est en marge de l'amour des langues. Il permet de mieux en cerner les composantes.

Le glossophile a-t-il le « don des langues » ? Et ne seraient-ce pas plutôt leurs homologies de structures, par-delà toutes les différences obvies, qui, s'il s'y ajoute la motivation d'un puissant intérêt, suffisent à faciliter les acquisitions successives ? D'où vient cette pulsion, s'il n'est pas illusoire de soumettre à la recherche « explicative » une conduite dont les mobiles relèveraient plutôt de l'enquête analytique ? La réponse du « bon sens » a du moins le mérite de la clarté. Même chez les glossophiles qui paraissent n'aimer les langues que comme des fins en soi, la jubilation collectionneuse s'alimente de la quête d'une différence. Sous l'infinie diversité des langues, c'est celle des cultures qui fascine. Les langues appartiennent aux sociétés qui les parlent, et entrent dans la définition de ces sociétés. Pour chaque culture, toute autre est source d'étonnement, que son exotisme éveille l'intérêt ou qu'il suscite la méfiance. L'amoureux des langues est épris d'altérité. Celle des cultures à travers celle des langues. Le présent livre a tenté, parmi d'autres desseins, de fournir une justification rationnelle à cette aventure.

ÉPILOGUE

Tout énonceur s'intéresse à la langue. De quelque manière que ce puisse être, et lors même qu'il s'en défend. Il s'y intéresse comme à lui-même. Ceux qui s'y consacrent par profession s'y taillent un domaine technique de savoir, sur lequel ils tiennent un discours ordonné. Ils ont plus d'un argument solide pour en faire ainsi le lieu d'une interrogation savante. Une contribution sérieuse à la connaissance de l'homme par son activité de langage est à ce prix. L'observation naïve et la reconduction des enseignements traditionnels passent, à raison même de leur bonne volonté, à côté des propriétés essentielles. L'illusion d'une adéquation des sons aux lettres dans les langues écrites alphabétiquement et dont l'orthographe est éloignée de la prononciation, comme le français ou l'anglais, en est un exemple parmi cent autres. Ainsi la linguistique a-t-elle plus d'un titre à s'être donné le statut de science.

D'où vient alors qu'en ce dernier quart de siècle la linguistique ait perdu le prestige dont elle était parée naguère ? D'où vient qu'elle n'ait pas semblé tenir ses promesses ? Pourquoi, même, la croit-on responsable des égarements ésotériques d'autres disciplines qui ont affaire au langage, comme une certaine conception de l'analyse littéraire ? Elle qui, s'occupant de ce que

l'homme a de plus humain, devrait être tout le contraire
d'un domaine étroitement réservé. Il semble que la
linguistique ait été victime des outrances qui, en accu-
mulant de vains raffinements, ont dévoyé certaines de
ses avancées. L'obsession de scientificité l'a conduite à se
vêtir d'une fausse rigueur, dont on ne trouve nulle part
le modèle, y compris dans les sciences les plus rigoureu-
ses. La fascination des formalismes a fini par la consi-
gner dans l'étroite cellule d'un discours technique dont
on a peine à imaginer qu'il a l'homme de paroles pour
objet. Car non seulement l'historique et le social en sont
évacués, mais l'humain y est une abstraction définitive,
et les mots n'y disent rien.

Or, c'est l'homme dialogal lui-même qui peut désen-
claver la linguistique. Car il n'est pas seulement l'objet
qu'elle se donne. Il lui souffle à mi-mot, par le comportement qu'il manifeste, quelques discrets indices de
méthode. Ce n'est pas à dire, certes, qu'il faille le croire
sur parole(s). Mais de lui le linguiste peut réapprendre à
penser dialectiquement. La manière dont l'homme
construit, déconstruit et reconstruit ses langues en en
diversifiant les types sur fond d'invariants liés à sa
nature, au cours d'une longue histoire ou de l'histoire
beaucoup plus brève des langues spéciales, l'appropriation qu'il s'assure du signe, et, à travers lui, du monde et
de ses simultanéités réarticulées, l'affermissement de
son pouvoir par la réforme de ses langues et par l'écriture, en attendant que d'autres techniques encore fas-
sent surgir de nouveaux affrontements : ce sont là
quelques-uns des itinéraires à chicanes qui racontent
l'homme dialogal, et dont la linguistique ferait bien
d'intégrer le tracé dynamique, sans, bien entendu, diluer
son statut de science dans un mimétisme primaire de
son objet. Produit toujours renouvelé d'une dialectique
de contraintes, dont on ignore les formes futures, et de

libertés, dont la mesure dépendra de sa réponse aux défis alignés sur son horizon, l'homme dialogal suggère par sa nature même quelques repères d'un discours qui sache parler intégralement de lui, et non de ses masques. Encore faut-il consentir à diriger vers lui le regard.

Peut-être l'intérêt qu'il mérite grandira-t-il encore dans l'avenir. Peut-être la linguistique, si c'est bien l'homme qu'à travers l'étude du langage elle prend pour son objet véritable, est-elle promise à une belle carrière, en même temps que les autres sciences humaines, avec lesquelles on a pu voir ici quels liens profonds elle entretient. Car il se peut que l'homme prenne un jour conscience du danger mortel que les applications sauvages et intéressées de nombreux résultats de la recherche en sciences exactes font courir à son existence et à son environnement naturel. Il se peut qu'il prenne conscience, aussi, du décalage entre la très faible évolution de son cerveau depuis deux cent mille ans et les fantastiques avancées de sa connaissance du monde. Ce décalage implique bien des interrogations, éthiques aussi bien qu'intellectuelles. Si l'homme mesure cet enjeu, alors, sans relâcher d'un pouce l'effort qu'il investit à découvrir les lois du monde physique et celles de son propre organisme biologique (encore si mal connues), mais en en contrôlant les applications, il pourrait équilibrer cet effort. Et cela par une plus grande attention à sa nature psychologique et sociale, dont les sciences humaines font leur objet. Le besoin d'un tel équilibre est peut-être beaucoup plus, pour l'homme, qu'une simple exigence de l'esprit. On peut même espérer qu'entre les sciences humaines et celles de l'univers, l'écart ira s'amenuisant. En rêvant à leur harmonie, ne fait-on que s'éprendre d'une chimère ? Rien n'indique, en tout cas, qu'on doive s'interdire cette témérité.

INDEX DES NOTIONS

INDEX DES NOMS

Deuxième partie

UTILITÉ DE CE SAVOIR,
OU UNIVERS, DISCOURS ET SOCIÉTÉ

Troisième partie

VISÉE THÉORIQUE,
OU L'HOMME DIALOGAL

DU MÊME AUTEUR

Chez d'autres éditeurs

ESQUISSE LINGUISTIQUE DU TIKAR (CAMEROUN), *Paris, Société d'études linguistiques et anthropologiques de France*, 1969.

LA LANGUE MBUM DE NGANHA (CAMEROUN), Phonologie, Grammaire, *Paris, Société d'études linguistiques et anthropologiques de France*, 1970, 2 vol.

PROFIL D'UN PARLER ARABE DU TCHAD, *Paris, Geuthner*, 1973.

LE PROBLÈME LINGUISTIQUE DES PRÉPOSITIONS ET LA SOLUTION CHINOISE, avec un essai de typologie à travers plusieurs groupes de langues, *coll. linguistique publiée par la Société de linguistique de Paris, Louvain, Peeters*, 1975.

LA GRAMMAIRE GÉNÉRATIVE, Réflexions critiques, *Paris, P.U.F., coll. « Le Linguiste »*, 1976. Traduction américaine revue et augmentée : CRITICAL REFLECTIONS ON GENERATIVE GRAMMAR, *Chicago, Jupiter Press*, 1981.

LA PHONOLOGIE PANCHRONIQUE (en collaboration avec A.G. Haudricourt), *Paris, P.U.F., coll. « Le Linguiste »*, 1978.

LE COMOX LAAMEN DE COLOMBIE BRITANNIQUE, présentation d'une langue amérindienne, *Paris, Association d'ethnolinguistique amérindienne*, 1981.

LA STRUCTURE DES LANGUES, *Paris, P.U.F., coll. « Que sais-je ? »*, 1982.

LA RÉFORME DES LANGUES : HISTOIRE ET AVENIR (Language reform : history and future), (en collaboration avec I. Fodor), *Hambourg, Buske*, 1983-1984, 3 vol.

LES CATÉGORIES DE LA LANGUE PALAU (MICRONÉSIE), Une curiosité typologique, *Munich, Fink*, 1986.

DANS LA COLLECTION FOLIO/ESSAIS

DANS LA COLLECTION FOLIO/HISTOIRE

DANS LA COLLECTION FOLIO/ACTUEL

*Impression Brodard et Taupin
à La Flèche (Sarthe),
le 22 décembre 1986.
Dépôt légal : décembre 1986.
Numéro d'imprimeur : 6433-5.*

ISBN 2-07-032379-X / Imprimé en France

39654